Jeorjios Martin Beyer

Archäologie

Von der Schatzsuche zur Wissenschaft

Jeorjios Martin Beyer

Archäologie

Von der Schatzsuche zur Wissenschaft

mit Beiträgen von Dominik Bonatz, Werner Eck,
Thomas Fischer, Julia Gonnella, Joseph Maran, Urs Peschlow,
Daniel Polz, Katja Sporn, Heiko Steuer, Wolfgang Zwickel

VERLAG PHILIPP VON ZABERN · MAINZ

240 Seiten mit 62 Farb- und 17 Schwarzweißabbildungen

Umschlagabbildung: Ausgrabungsarbeiten in Sakkara (Ägypten) unter der Leitung von Jean-Philippe Lauer

Frontispiz: Der dorische Tempel der Athena Lindia in Lindos/Rhodos.
Der Ort wurde 1900–1914 von den dänischen Archäologen Christian Blinkenberg und Karl Frederik Kind ausgegraben.

Bibliografische Information der Deutschen Nationalbibliothek

Die Deutsche Nationalbibliothek verzeichnet diese Publikation in der Deutschen Nationalbibliografie; detaillierte bibliografische Daten sind im Internet über <http://dnb.d-nb.de> abrufbar.

Weitere Publikationen aus unserem Programm finden Sie unter:
www.zabern.de

© 2010 by Verlag Philipp von Zabern, Mainz am Rhein
ISBN: 978-3-8053-4166-0
Gestaltung: Vollnhals Fotosatz, Neustadt a. d. Donau
Lektorat: Cornelius Hartz, Hamburg
Alle Rechte, insbesondere das der Übersetzung in fremde Sprachen, vorbehalten.
Ohne ausdrückliche Genehmigung des Verlages ist es auch nicht gestattet, dieses Buch oder Teile daraus auf fotomechanischem Wege (Fotokopie, Mikrokopie) zu vervielfältigen oder unter Verwendung elektronischer Systeme zu verarbeiten und zu verbreiten.
Printed in Germany by Philipp von Zabern
Printed on fade resistant and archival quality paper (pH 7 neutral) · tcf

Inhalt

Vorwort 7

Einleitung 8

Die Geschichte der Archäologie
Von den Anfängen bis ins 21. Jahrhundert

Der Blick auf das „Gestern" 12
Antike und Mittelalter

Die Entdeckung der antiken Kunst 24
Renaissance und Barock

„Edle Einfalt, stille Größe" 39
Johann Joachim Winckelmann und seine Zeit

Der Weg in die Institutionen 48
Das 19. Jahrhundert

Das „heroische Zeitalter der Archäologie" 65
Die Ausgrabungen des 19. und frühen 20. Jahrhunderts

Instrumentalisierung des Vergangenen 92
Archäologie und Politik

Abkehr von der „Klassik" 105
Neue Impulse im 20. Jahrhundert

Aufbruch ins 21. Jahrhundert 119
Ein Ausblick

Die archäologischen Disziplinen

Ur- und Frühgeschichte 122
von Joseph Maran

Archäologie Ägyptens 130
von Daniel Polz

Vorderasiatische Archäologie 143
von Dominik Bonatz

**Klassische Archäologie zu Beginn des 21. Jahrhunderts –
Wandel oder Diversifikation?** 154
von Katja Sporn

Provinzialrömische Archäologie 163
von Thomas Fischer

Epigraphik und Archäologie – zwei symbiotische Wissenschaften 174
von Werner Eck

Biblische Archäologie 183
von Wolfgang Zwickel

**Christliche Archäologie – Byzantinische Archäologie
und Kunstgeschichte** 192
von Urs Peschlow

Mittelalterarchäologie 204
von Heiko Steuer

Islamische Archäologie 217
von Julia Gonnella

Anhang

Literaturverzeichnis 230
Abbildungsnachweis 240

Vorwort

Dieses Buch über die Geschichte der Archäologie fußt in seiner Anlage und z. T. auch inhaltlich auf einer sechsteiligen Artikelserie zum 40-jährigen Jubiläum der Zeitschrift *Antike Welt*. Aus den Gesprächen zur Konzeption der Serie erwuchs in der Folge der Gedanke, eine Geschichte der Archäologie zu schreiben, die nicht nur die üblichen Sternstunden der Archäologie abarbeitet, sondern die Entwicklung der archäologischen Wissenschaft von ihren Anfängen bis heute nachzeichnet. Das Angebot des Verlages war so verlockend, dass die Bedenken angesichts des Umfangs der zu behandelnden Materie schnell verschwanden.

Mein Dank gebührt allen voran Hans-Joachim Beyer und Dr. Felicia Meynersen, die meine Ausführungen kritisch begleiteten und kommentierten. Weiterhin bin ich den Kollegen zu Dank verpflichtet, die mit ihren Beiträgen zu Geschichte, Situation und Perspektiven der einzelnen archäologischen Disziplinen nicht nur Anregungen gaben, sondern den Blick in die Vergangenheit gewissermaßen durch denjenigen auf die Gegenwart und in die Zukunft ergänzten: Dominik Bonatz, Werner Eck, Thomas Fischer, Julia Gonnella, Joseph Maran, Urs Peschlow, Daniel Polz, Katja Sporn, Heiko Steuer, Wolfgang Zwickel.

Ich danke ferner der Redakteurin der Zeitschrift *Antike Welt* Alrun Schößler, die den Weg des Buches von den ersten Schritten an mit Rat und Tat begleitete, Dr. Cornelius Hartz für das Lektorat und natürlich besonders Dr. Annette Nünnerich-Asmus, die das Projekt inaugurierte und als Verlagsleiterin ermöglichte, es Wirklichkeit werden zu lassen.

Jeorjios Martin Beyer
Wiesbaden, im März 2010

Einleitung

„Nur durch Erkenntnis des Gegenwärtigen kann man den Trieb zum klassischen Altertum bekommen."

FRIEDRICH NIETZSCHE

Globalisierung, Massenmedien, Digitalisierung, Public Relations – was hat das alles mit Archäologie zu tun? Nun, eine ganze Menge. Archäologie ist immer aktuell, denn sie ist (wie jede andere Wissenschaft auch) immer ein Kind ihrer Zeit. Stets spiegeln sich in den Bildern von Relikten der Vergangenheit die Fragen der Gegenwart, die Moden, die Traditionen und auch die diskutierten Themen. Die Aktualität archäologischer Forschung zeigt z. B. die immer wieder aufflammende Diskussion um Troja, die durch die Veröffentlichungen Raoul Schrotts inzwischen zu einer Diskussion um die Wurzeln Europas mutiert ist.

War die Archäologie in aristokratischen Gesellschaften der vergangenen Jahrhunderte ein Phänomen, das auf die Wenigen beschränkt blieb, die Zugang zur Bildung besaßen, so ist mit der Demokratisierung der Bildung im letzten Jahrhundert ihre „Exklusivität" weitestgehend verlorengegangen. In der heutigen Zeit ist die Wahrnehmung dieser Wissenschaft geprägt von Dokumentationen in den Medien, prachtvollen Bildbänden, einer Vielzahl für ein breites Publikum konzipierter Ausstellungen mit Erlebnischarakter, didaktisch aufbereiteten Ausgrabungsstätten, architektonisch formvollendeten Museen mit den dazugehörigen „Gift-Shops" – und Forschern, die sich zu Recht nicht mehr scheuen, ihre Erkenntnisse mundgerecht der Öffentlichkeit zu präsentieren.

Die Archäologie bleibt trotz aller Medienpräsenz dennoch zuallererst eine Wissenschaft. Denn anders, als die modernen Dokumentationen suggerieren mögen, besteht sie nicht nur aus Graben und Finden, sondern in viel stärkerem Maße aus der Interpretation des Entdeckten. Der Archäologe ist dabei auf der Suche nach Fragen und Antworten, die sich aus den Relikten ergeben, die uns inzwischen untergegangene Kulturen hinterlassen haben. Dabei hat sich sein Selbstverständnis von Beginn der Etablierung der Archäologie als Wissenschaft vor mehr als 200 Jahren bis heute deutlich verändert.

Je nach Standort des Betrachters unterscheidet sich die Antwort auf die essenzielle Frage „Was ist Archäologie?" bisweilen erheblich. Dies betrifft nicht nur die Bestimmung des Untersuchungsmaterials oder die Differenzierung nach Ort und Zeit, sondern auch die der Methoden und Zugänge. Konstatierte der Archäologe Adolf H. Borbein zu Beginn des neuen Jahrtausends, dass der Begriff „Archäologie" Konjunktur habe, so zeigte eine – zugegebenermaßen provokative – Auflistung Hermann Behrens' aus dem Jahre 1997 die inflationäre Benutzung dieses Begriffs für alle möglichen in die Vergangenheit gerichteten Fragestellungen. Dort finden sich nicht nur die „Archäologie des Intimen" oder diejenige „des paulinischen Sexualverständnisses", sondern auch die ganze Bandbreite der spezialisierten Forschungsfelder wie Bergbau-, Umwelt-, Feuchtboden- oder Inselarchäologie. Allein die schiere Zahl der Verwendungsmöglichkeiten belegt die Vielschichtigkeit des Begriffs – und gleichermaßen die Schwierigkeiten der Eingrenzung des Betätigungsfeldes.

Was also ist Archäologie? Die Zahl der positiven Bestimmungen ist Legion. Am Beginn steht die Frage nach dem Gegenstand. Heute würde man konstatieren: Gegenstand der Archäologie sind Kunst, Kultur und Zivilisation der Vergangenheit einschließlich ihrer kulturellen Vorstufen und Nachwirkungen. Archäologie basiert dabei auf den materiellen, visuell erfassbaren Zeugnissen. Die Auswahl der einer Untersuchung für wert befundenen Hinterlassenschaften ist allerdings einer ständigen Veränderung unterworfen. Bis zum Beginn des vergangenen Jahrhunderts verstand man unter Archäologie im Wesentlichen „Klassische Archäologie". Ferdinand Gregorovius (1821–1891) brachte dies mit großer Selbstverständlichkeit auf den Punkt: „Athen und Rom ... sind die klassischen Formen der Welt" (*Geschichte der Stadt Rom im Mittelalter* [1978] I 1, 2).

Abb. 1: Detail des Hephaistos-Tempels auf der Agora, Athen.

Die Welt als Forschungsobjekt

Diese Grundeinstellung bestimmte auch den Blick der Archäologen. Im Mittelpunkt der Forschung standen die Meisterwerke der antiken Plastik, die sog. *opera nobilia*, die architektonischen Überreste der ruhmreichen Metropolen des Altertums wie Athen und Rom oder Schatzfunde, die von Reichtum und kultureller Dominanz zeugten (Abb. 1). Dieses Bild hat sich heute grundlegend gewandelt. Gehörten zu den etablierten Betätigungsfeldern zunächst nur die „Hochkulturen" des erweiterten Mittelmeerraums, allen voran die griechisch-römische Welt, Ägypten und Mesopotamien, so erstreckt sich heute der Rahmen von der Westküste Amerikas bis zur Ostküste Asiens. Die ganze Welt ist zum Forschungsobjekt erhoben.

Nicht nur der Horizont hat sich erweitert, sondern auch die Fragen und Methoden. Die Archäologie beschränkt sich nicht mehr nur auf die Glanzstücke, sondern versucht zunehmend die gesamte Bandbreite menschlicher Tätigkeit in den Blick zu nehmen, von den Relikten der Alltagskultur bis zu den Leuchttürmen künstlerischen Schaffens. Dabei spielt die Einbeziehung der Naturwissenschaften, der Soziologie, Psychologie, Anthropologie und anderer Wissenschaften eine immer stärkere Rolle. Angesichts dieser Interdisziplinarität scheint sich eher die Frage nach einer negativen Bestimmung zu stellen: Was gehört *nicht* zur Archäologie?

Der Prozess der Ausweitung führte zur Spezialisierung und Vertiefung – deutlich erkennbar an der Etablierung archäologischer Teildisziplinen an den Universitäten. So gibt es heute neben der Klassischen Archäologie als Studienfächer die Ur- und Frühgeschichte, die Vorderasiatische Archäologie, die Biblische Archäologie, die Provinzialrömische Archäologie, die Christliche und Byzantinische Archäologie, die Islamische Archäologie, die Archäologie des Mittelalters u. a. m. Die aktuelle Diskussion, die Fülle an Publikationen, die sich mit der Begriffsklärung, mit der Suche nach dem „kleinsten gemeinsamen Nenner", der „Quersumme" oder dem „Dach" und mit Fragen der theoretischen Grundlegung im Bereich der Archäologien beschäftigen, zeigt: Die Standortbestimmung der modernen Archäologie ist in vollem Gange.

Um diesem Aspekt Rechnung zu tragen, wurden Beiträge namhafter Wissenschaftler unterschiedlicher archäologischer Disziplinen in den vorliegenden Band aufgenommen. Sie zeigen einerseits die Unterschiede zwischen den einzelnen Archäologien, die sich in den angewandten Methoden, in den untersuchten Epochen und Regionen, aber auch in den an das Material herangetragenen Fragestellungen manifestieren; sie belegen aber gleichzeitig auch das allen gemeinsam Zugrundeliegende: das Forschen nach den Wurzeln unserer eigenen Vergangenheit.

Ohne die Kenntnis der historischen Rahmenbedingungen ihrer Entstehung ist auch die unterschiedliche Entwicklung der einzelnen Disziplinen kaum verständlich. Das gilt selbstverständlich auch für die Archäologie als Ganzes. Denn: Die Geschichte der Archäologie ist eine stete Folge von Paradigmenwechseln. Die Entwicklung der Archäologie als Wissenschaft nachzuzeichnen, ist Ziel der folgenden Ausführungen.

DIE GESCHICHTE DER ARCHÄOLOGIE

Von den Anfängen bis ins 21. Jahrhundert

Der Blick auf das „Gestern"

Antike und Mittelalter

Die Auseinandersetzung mit der unmittelbaren Vergangenheit, mit den Ahnen, aber auch mit der nicht mehr greifbaren Vorgeschichte über die Mythen gehört für alle Kulturen dieser Welt zu den essenziellen Konstanten. Mithilfe von Mythen, Legenden und Geschichtsschreibung konnten sich soziale Gemeinschaften des eigenen Daseins vergewissern – eine Identitätsfindung durch den Blick auf das „Gestern".

Der Kontakt zur eigenen Geschichte und Kultur erfolgte dabei über die Vergegenwärtigung der eigenen kulturellen Leistungen. Dies diente seinerseits nicht nur der künstlerischen Orientierung, sondern auch der Schaffung bzw. dem Erhalt der eigenen Macht und Überlegenheit auf politischem, religiösem oder allgemein kulturellem Gebiet. Oft handelte es sich dabei um die Konstruktion eines Idealbildes – gleichgültig ob es auf einer historisch bekannten Vergangenheit oder auf einer mythischen Vorzeit aufbaute. Als Medien der Tradierung dienten sowohl die Literatur als auch die Bildende Kunst.

Antike Leitkultur

Besonders deutlich ist die Beschäftigung mit der eigenen Geschichte und den Traditionen und Hinterlassenschaften der Vorfahren in der griechischen und römischen Epoche zu fassen. Die geistige Auseinandersetzung mit der Kunst der Vergangenheit verband sich dabei mit der Vorstellung einer idealen Vollkommenheit, an der sich die Gegenwart orientieren sollte. Auch in dieser Hinsicht war das Wissen um die kulturellen Leistungen der eigenen Geschichte ein grundlegender Bestandteil des Bildungskanons. Dabei lag der Fokus in besonderem Maße auf der Literatur. Die großen Dichter und Denker schufen die Paradigmen, an denen man sich orientierte, allen voran Homer und die großen Philosophen. Sie bildeten seit dem Hellenismus die Orientierungspunkte für das eigene Dasein (Abb. 2). Seit dieser Epoche – und verstärkt in römischer Zeit – gerieten auch die Werke der großen Künstler in den Blickpunkt.

So nimmt es nicht wunder, dass – befördert durch die Kunstschriftstellerei – bereits im Hellenismus nicht nur die Literaten, sondern auch die Bildhauer und Maler der griechischen Zeit, Phidias, Praxiteles, Apelles, für jeden Gebildeten ein Muss waren. Die Römer bewunderten die Errungenschaften griechischen Geistes so sehr, dass der Dichter Horaz ausrufen konnte: „Legt die griechischen Muster weder nachts noch bei Tage aus der Hand!" – *Vos exemplaria Graeca nocturna versate manu, versate diurna* (Horaz, *De arte poetica*, 268 f.). Die Intensität der Beschäftigung mit der Kunst der Griechen in römischer Zeit, ihre Neigung griechische

Originale zu kopieren und für die eigene Bildwelt zu nutzen, führte dazu, dass bis weit ins 19. Jh. die Kenntnis griechischer Kunst beinahe ausschließlich durch den Filter römischer Kopien erfolgen musste. Der Kulturhistoriker Jakob Burckhardt (1818–1897) brachte es wie folgt auf den Punkt: „Ohne die Römer wüssten wir nichts von den Griechen und würden nicht einmal etwas von ihnen zu wissen begehren" (J. Burckhardt, *Gesamtausgabe* XIII 19). Es ist die Verwandtschaft der römischen zur griechischen Kultur, die eine nach heutigen Maßstäben wissenschaftliche Auseinandersetzung mit den Relikten der Vergangenheit abseits rein ästhetischer Werturteile lange verhinderte.

Die Römer kannten die bewunderten Werke der Griechen zwar z. T. aus eigener Anschauung – dort, wo sie aus ihrem ursprünglichen Kontext gerissen und in Rom ausgestellt waren –, und wie erwähnt von Kopien griechischer Bildwerke. Die Geschichte berühmter antiker Monumente jedoch konnten sie „nur" in entsprechenden Publikationen erfahren: Neben verstreuten Erwähnungen in der Literatur waren es v. a. die enzyklopädischen Werke wie die Naturgeschichte Plinius d. Ä. (ca. 23–79 n. Chr.) oder die von

Abb. 2: Die Überreste des Apollontempels im griechischen Delphi.

Reiseschriftstellern wie Pausanias (ca. 115–180 n. Chr.), in denen diese eine ausgiebige Behandlung erfuhren. Solche Traktate führten dazu, dass das Wissen um den Bestand an Denkmälern und eine Vorstellung von ihrem Erscheinungsbild nicht verloren ging (s. Info). Gleichzeitig förderten sie aber auch die Ausbildung eines Kanons, der die Erforschung der Antiken bis weit in das 19. Jh. hinein bestimmen sollte.

Archäologisches Reflektieren?

Die zahlreichen Erwähnungen antiker Denkmäler und ihrer Schöpfer in den Werken der römischen Historiker und Literaten sprechen für den hohen Stellenwert, den sie besaßen. Sie bezeugen, dass die Römer einen Sinn für griechische Kunst besaßen, dass sie Handel mit den Antiken trieben, sie imitierten und kopierten und sie für ihre Belange nutzten, sei es als Mittel der Selbstdarstellung und Repräsentation oder als schieren Schmuck für die eigenen Villen und Gärten.

Am besten literarisch dokumentiert ist die Suche nach geeigneten Skulpturen in den Briefen des römischen Rhetors Cicero (106–43 v. Chr.) an seinen Freund Atticus. Im Stile eines Innenarchitekten ordert er von ihm, während dieser sich in Athen aufhält, mehrfach griechische Originale für die Ausstattung seiner Villa in Tusculum. Trotz aller Kennerschaft scheint es Cicero bisweilen nicht so sehr auf die Qualität der Stücke angekommen zu sein – er vertraute dabei auf den Geschmack des Atticus –, sondern vielmehr auf den Preis und darauf, ob sie zu seinem Ruf als philosophisch und literarisch tätigem Men-

> Die Konzentration auf die großen Künstler der Vergangenheit wird auch bei der folgenden Passage aus der Naturgeschichte Plinius' d. Ä. deutlich. Da das beschriebene griechische Original verloren ist, schöpfen die heutigen Archäologen wie die zeitgenössischen Leser des Plinius gewissermaßen aus denselben Quellen:
>
> „Niemand wird zweifeln, dass Phidias der vorzüglichste aller Bildhauer war, wenn er den von ihm verfertigten Jupiter Olympius zu beurteilen versteht; damit aber auch diejenigen, welche nichts von ihm gesehen, inne werden, dass er das ihm erteilte Lob mit Recht verdient, wollen wir einige wenn auch nur kleine Beweise seines Genies mitteilen. Diese Beweise sollen also nicht der Schönheit seines olympischen Jupiters, nicht der Größe seiner Minerva zu Athen (sie misst 26 Ellen und besteht aus Elfenbein und Gold), sondern nur dem Schilde der letztern entnommen werden. Auf dem erhöhten Rande desselben meißelte er die Schlacht der Amazonen, in der Mitte den Kampf der Götter und Giganten, am Fuß desselben aber den der Lapithen und Kentauren ein, und vereinigte somit alle Teile der Kunst auf ihm. Was er an dem Sockel der Statue anbrachte, nannte er die Ausgeburt der Pandora; 20 Gottheiten sind es, deren Geburt hier dargestellt ist, und unter ihnen bewundert man am meisten die Victoria. Kenner bewundern auch die Schlange und unter dem Spieß selbst die erzene Sphinx. Diese wenigen Andeutungen mögen genügen und zugleich dartun, dass dieser nie genug zu lobende Künstler auch in Nebendingen seine Vortrefflichkeit bewährt hat."
>
> Plinius d. Ä., *Naturalis historia*, XXXVI 180.

schen passten. Die für den privaten Teil gedachten Statuen sollten bei Symposien letztlich auch als Aufhänger für den gebildeten Diskurs dienen. Auf diese Art verschaffte sich die römische Oberschicht einen Zugang zu den bewunderten Meisterwerken. Die wachsende Kenntnis griechischer Meisterwerke schuf ihrerseits einen enormen Bedarf, der dazu führte, dass zunehmend Kopien der bewunderten Skulpturen für die Ausstattung privater und öffentlicher Räume produziert werden mussten. Über solche Kopien sind uns eine ganze Reihe verlorener griechischer Originale überliefert.

Die verbreiteteste Art der Auseinandersetzung mit den Kunstwerken – und den historischen Stätten jenseits der Adria – war aber weiterhin das Studium der berühmten Werke der Literatur. Vergleichbar der *Grand Tour* der Neuzeit bezeugen touristische Reisen nach Griechenland und Kleinasien allerdings auch, dass eine ganze Reihe von Kunstliebhabern nicht nur mit dem Geiste reisten, sondern die z. T. auch für sie „antiken" Denkmäler in Augenschein nehmen wollten.

Ein ganz besonderes Kapitel der „Aneignung" antiker Kunst bildet die systematische Plünderung griechischer, wie auch später römischer Stätten durch Herrscher. Die Liste ist lang: Nicht nur Kunstwerke aus den griechischen Städten, sondern v. a. die großen überregionalen Heiligtümer Griechenlands wurden ihrer Skulpturenausstattung beraubt. Was die Kunstsammler der späten Republik und frühen Kaiserzeit nicht bereits in ihre Villen geschafft hatten, entführten nun Kaiser wie Caligula (12–41 n. Chr.) und Nero (37–68 n. Chr.). Allein aus dem Apollonheiligtum in Delphi (Abb. 2) überführte Letzterer trotz aller Wertschätzung, die er – so der Rhetor Dion Chrysostomos (nach 40–vor 120 n. Chr.) – für die Heiligtümer Griechenlands hegte, eine Unmenge an griechischen Kunstwerken nach Rom. Pausanias notiert für Delphi etwa 500 Bronzestatuen, die der Raffgier Neros anheimfielen. Auch Kaiser Konstantin schaffte eine ganze Reihe an monumentalen Denkmälern aus Griechenland fort, um seine neue Residenzstadt Konstantinopel am Bosporus zu schmücken, darunter die sog. Schlangensäule (vgl. Abb. 3), ein Teil eines vergoldeten Dreifußvotivs für den Sieg der Griechen bei Plataiai im Jahre 479 v. Chr. (Abb. 3).

Selbst wenn es keine Archäologie, keine systematische Erkundung der Monumente der Vergangenheit gab, so sind doch bisweilen Ansätze archäologischer Reflexion zu erahnen. Denn was heute der Terminus Archäologie beinhaltet, ist in der Antike zunächst allgemein die Suche nach den eigenen Wurzeln. In Platons Dialog *Hippias maior* bezeichnet der Begriff *archaiología* die Kenntnis der Vergangenheit. Darin eingeschlossen waren neben dem Wissen um die Mythen und die Kenntnis des Ursprungs der eigenen Kultur und der Sitten auch diejenige um die Formen der ersten Siedlungen und Städtegründungen – eine durchaus gegenständliche Konnotation. Immerhin steht hinter dem Begriff *archaiología* bei Platon bereits als Kern eine Vorstellung von – im wahrsten Sinne des Wortes – „vergangenen Kulturleistungen". Er unterscheidet somit deutlich zwischen einer unmittelbar zurückliegenden, geschichtlichen und einer in das Dunkel des Vergessens gefallenen, fernen Vergangenheit.

Viel konkreter ist die Auseinandersetzung mit den antiken Überresten in einem anderen Fall: Immer wieder kamen bei Baumaßnahmen beim Ausheben der Baugruben Denkmäler vergangener Zeiten ans

Tageslicht. Und der Umgang mit diesen war letztlich kein anderer als der, dem heutige Zufallsfunde oftmals anheimfallen. Der antike Geograph Strabon (ca. 63 v. Chr.–23 n. Chr.) erwähnt einen Fall antiken Kunsthandels der besonderen Art: Als Caesar das 146 v. Chr. zerstörte Korinth wieder aufbauen ließ, wurden bei der Entfernung der Trümmer in den Nekropolen der Stadt eine Unmenge an korinthischer Keramik und Bronzegefäßen entdeckt. Systematisch wurden daraufhin die Gräber durchforstet und der römische Kunstmarkt mit den wertvollen Produkten überschwemmt. Schon nach kurzer Zeit war dieser jedoch so übersättigt, dass die Händler kaum mehr hohe Preise erzielen konnten.

Verstreut in den antiken Quellen finden sich Hinweise auf Deutungsversuche, die sich aus solchen Zufallsfunden ergaben. So mutet die Argumentation des griechischen Historikers Thukydides (ca. 460–399/6 v. Chr.) nahezu modern an; er nutzt einzelne Rüstungsmerkmale exhumierter Toter auf der Insel Delos sowie die Art ihrer Bestattung als „Beweis", um sie als Karer zu identifizieren. Aber auch Probleme der Deutung antiker Relikte spricht Thukydides an, wenn er über die Bewertung der Überreste Athens und Spartas durch nachfolgende Generationen spricht: „Denn angenommen, die Stadt der Spartaner verödete, übrig blieben aber die Heiligtümer und von den anderen Bauten die Grundmauern, so würde, glaube ich, nach Verlauf langer Zeit den späteren Menschen starker Zweifel an ihrer tatsächlichen Macht im Verhältnis zu ihrem Ruhm kommen ..." (Thukydides I 10, 2ff.).

Auch aus der Spätantike und dem Mittelalter sind vereinzelt Ausgrabungen belegt. In den meisten Fällen handelt es sich dabei um zufällige Funde. Gezielte Grabungen fanden nun zum Vorteil und Nutzen der christlichen Kirche statt. Das „mythische" Vorbild der Helena, der Mutter Konstantins, die im 4. Jh. n. Chr. auf der Suche nach dem Heiligen Kreuz fündig geworden sein soll, wirkte insofern nach, als immer wieder nach Reliquien gegraben wurde. Der Erfolg war dabei in besonderem Maße von der „Vermarktung", die die ergrabenen Gegenstände erfuhren, abhängig.

Ein Beispiel einer solchen Grabung ist etwa die zu Beginn des 12. Jhs. bei der Stadterweiterung von Köln erfolgte Freilegung von Gräbern, die aufgrund einer Vision als Gebeine von Jungfrauen interpretiert wurden, die dem Martyrium zum Opfer gefallen waren. Das Interessante an diesem Vorgang ist nicht so sehr die Auffindung und Deutung, sondern die Dauer und Intensität der Grabungstätigkeit. Ein halbes Jahrhundert nach der Auffindung der ersten Gräber wurde die Suche 1155–1164 systematisiert. Die vorgefundenen spätantiken Inschriften ließen für die Ausgräber keinen Zweifel an ihrer Identität als Märtyrergräber. Spuren der mittelalterlichen Grabungen traten bei archäologischen Untersuchungen im Jahre 1942 zutage.

Solche und ähnliche Tätigkeiten dienten allerdings ebenso wenig wie ihre Vorläufer aus der Antike der Ergründung der Vergangenheit. Selbst wenn man gezielt nach konkret definierten, antiken Überresten suchte, handelte es sich doch eher um Schatzsuche, keinesfalls aber um wissenschaftlich motiviertes Forschen.

Veränderte Vorzeichen

Eine bedeutende Zäsur in der Beschäftigung mit der griechischen und römischen Kunst bildete die Christianisie-

Abb. 3: Die Überreste der sog. Schlangensäule, von Konstantin I aus Griechenland nach Konstantinopel gebracht, befinden sich auch heute noch in Istanbul, als Teil des At Meidani an der Stelle des antiken Hippodroms. Sie war über die Jahrhunderte fester Bestandteil der Platzgestaltung, wie mittelalterliche islamische Miniaturen beweisen, die das Monument noch mit den zugehörigen Schlangenköpfen zeigen. Ein Teil eines dieser Köpfe wurde 1848 entdeckt.

rung des römischen Imperiums seit dem 3. Jh. n. Chr. Den Christen – so viel sie auch von der antiken Kultur, der sie ja selbst angehörten, ohne Probleme übernahmen – galten die meisten der Bildwerke als Zeichen der überwundenen heidnischen Kulte. In der Spätantike und im frühen Mittelalter geriet deshalb das Wissen um die Kultur der Antike mit der Zeit zunehmend in Vergessenheit. In Dichtung und Malerei lag dies vorrangig in der durch das Christentum tabuisierten Vorstellungswelt des Heidentums begründet. Besonders asketisch eingestellte Kirchenführer und Mönche beließen es nicht nur bei der Schließung der Heiligtümer und Tempel, sie begannen ein bis dahin nie dagewesenes Zerstörungswerk, dem viele Kunstdenkmäler zum Opfer fielen.

Fragmente antiker Kunstwerke hingegen konnten durchaus ein Eigenleben führen, das ihr Bestehen sicherte. Wenn sie nicht der Zerstörung anheimfielen, wurden die mit dem christlichen Verständnis nicht vereinbaren Skulpturen und Bauwerke neu verwendet, umgedeutet oder umgearbeitet. Die Nutzung der antiken Denkmäler trieb dabei zuweilen merkwürdige Blüten. So berichtet Magister Gregorius im 12. Jh. von einem großen Haufen zerschlagener Statuen im Bereich des ehemaligen Nervaforums, darunter auch Kopf und Rumpf einer Pallas-Statue. Sie diente dem Nachweis, dass die heidnische Antike endgültig überwunden war. Gleichzeitig strömte aber auch ein Hauch von Furcht und Ehrfurcht von diesem „Trümmerdenkmal" aus.

Die schrittweise Etablierung einer eigentlich „christlichen" Kunst brachte auch die ästhetische Auseinandersetzung mit den Bildwerken der Antike beinahe zum Erliegen. In einigen Bereichen baute sie zwar formal auf antiken Traditionen auf. Die Bildwelt allerdings wurde systematisch christianisiert. Dies betraf die Genres der Malerei und des Mosaiks, im Mittelalter auch der Skulptur. Andere Bereiche jedoch, die unverdächtig waren, heidnische Vorstellungen zu transportieren, tradierten die Kunstformen der Antike oder nutzten Kunstwerke für ihre Belange. Für die Gestaltung zeitgenössischer Architektur etwa spielten die Bauwerke der Vergangenheit eine bedeutende Rolle. Sie gerieten in der Regel zu Lieferanten von Baumaterial – oder dienten als „Gerüst" für Umbauten. Spolien wurden zur repräsentativen Verschönerung öffentlicher Bauten z. T. von weit her herbeigeschafft.

Hier stehen die mittelalterlichen Baumeister in der Tradition der Spätantike. Nicht erst seit der Errichtung des Konstantinsbogens in Rom dienten Werkstücke älterer Bauten als willkommene Ergänzung zu den speziell angefertigten Teilen. Besonders beliebt als Spolien waren im Mittelalter Säulen und Kapitelle, deren hohe Qualität die Bauten aufwertete. Aber auch andere Denkmäler wurden genutzt. Zahlreiche Reliefs wurden in Wände verbaut, Sarkophage in Brunnen verwandelt.

Auch in anderen Bereichen lässt sich diese Tendenz beobachten, wie etwa in der Einbeziehung von Gemmen, Kameen und anderen Schmuckformen in die Gestaltung von liturgischem Gerät. Nur in den seltensten Fällen spielte bei der Nutzung die Kenntnis der ursprünglichen Bedeutung oder der Herkunft eine Rolle. Dennoch wurden die jeweiligen Stücke in der Regel kaum aus praktischen Erwägungen und nur selten aus profan ästhetischen Gründen verwendet. Zumeist spielten die „wundersamen Kräfte" des Steins oder ins Christliche gewendete Interpretation der dargestellten Inhalte die entscheidende Rolle für ihre Wiederverwendung.

Vom Licht im Dunkel

Bedenkt man den Grad der Eliminierung antiken, als „heidnisch" verstandenen Kulturgutes seit der Christianisierung Europas, so scheint es erstaunlich, dass es trotz des inzwischen angewachsenen zeitlichen Abstands durch das gesamte Mittelalter hindurch dennoch immer wieder auch eine inhaltliche Beschäftigung mit der Antike gab. Die Auseinandersetzung mit dem antiken Erbe fand v. a. im Bereich der Literatur und der Philosophie statt. Antike Denkmäler wurden nicht erforscht, sie wurden aber – wie oben erwähnt – wahrgenommen, „benutzt", ja sogar bewundert.

Wie nicht anders zu erwarten, konzentrieren sich die seltenen Fälle einer konkreten Auseinandersetzung mit der Kunst der Antike auf Rom. Die mittelalterlichen Romführer, an deren Anfang der sog. „Graphia-Libellus" (um 1030) stand, sind eine beredte Quelle für die Beziehung der mittelalterlichen Menschen zu den sie umgebenden Antiken. Finden sich in den Ausführungen des Magister Gregorius z. T. negative Beurteilungen antiker Kunstwerke – er bezeichnet den berühmten „Dornauszieher" als „höchst lächerlich" (*simulacrum valde ridiculosum*) –, so werden in den späteren Romführern die Hinterlassenschaften der Römer als Sehenswürdigkeiten aufgeführt (s. Info). Die antiken Monumente werden zunehmend zu „Mirabilia", bewundernswerten Werken der

Abb. 4: Seit der Renaissance hatte das imposante Reiterstandbild des Marc Aurel seinen Platz auf der von Michelangelo konzipierten Piazza del Campidoglio, dem Kapitol. Um es vor weiteren witterungs- und umweltbedingten Zerstörungen zu schützen, wurde das heute in den Kapitolinischen Museen gezeigte Original durch eine detailgetreue Kopie ersetzt.

Vergangenheit, die zu betrachten sich lohnt: „Diese und viele andere Tempel und Paläste der Kaiser, Konsuln, Senatoren und Präfekten, welche zur Zeit der Heiden in dieser goldenen Stadt gewesen sind, so wie wir in den alten Annalen lasen und mit unseren Augen es gesehen und von den Alten es gehört haben, wie gar schön sie von Gold, Silber und Erz, Elfenbein und Edelsteinen glänzten, haben wir durch die Schrift zum Andenken der Nachkommen, so viele wir konnten, deutlicher zu machen uns bemüht" (*Narratiodeumirabilibus urbis Romae* 32).

Der Erhalt antiker Denkmäler geschah im Mittelalter v. a. durch die christliche Umdeutung. Die Verwertung antiker Kunst zum eigenen Nutzen führte jedoch in keinem Fall zu einer tiefgreifenden Auseinandersetzung. Das Standbild des Marc Aurel auf dem Kapitol verdankte z. B. seinen Erhalt und seine Berühmtheit weniger seiner Zugehörigkeit zu den „Mirabilia" als vielmehr der Tatsache, dass man in dem Abgebildeten Kaiser Konstantin erkannte – oder zumindest erkennen wollte (Abb. 4). Die Wirkung, die es erzielte, war immens.

Ab dem 12. Jh. verlor die bis dahin tradierte Deutung als Konstantin an Sicherheit. Eine erste Umdeutung erfuhr die Statue durch Deutsche: Die in Italien wirkenden Staufer widmeten es in ihrem Sinne in einen Theoderich um. Mit dem Erscheinen der ersten Romführer wurden Zweifel an den überkommenen Deutungen auch schriftlich diskutiert. Im Gegensatz zu vielen seiner Vorgänger war der erwähnte Magister Gregorius bewandert in Fragen antiker Kunst – und so verwarf er die meisten der vorgeschlagenen Deutungen als falsch. In seinen Ausführungen sind eine ganze Reihe beinahe archäologischer Beobachtungen zu den besprochenen Stücken zu finden. Zum einen zieht er antike Texte zur Erklärung heran, zum anderen bemüht er sich um eigene Anschauung. Dabei geht er systematisch und konsequent vor und versucht in den besprochenen Stücken ihren eigentlichen Kontext zu ergründen. Dass viele seiner Deutungen fehlgehen – auch die der Marc Aurel-Statue –, liegt an der Ausgangslage. Die monumentalen Reste des alten Rom befanden sich zu seiner Zeit in der Regel nicht mehr an ihrem ursprünglichen Ort.

Zwischen Repräsentation und Vergessen

Die Kombination von scheuer Bewunderung für die „ehrwürdigen" Antiken, einem ausgeprägten Repräsentationswillen und dem Streit um Besitzansprüche konnte sogar auch zu denkmalschützerischen Maßnahmen führen. Eines der antiken Wahrzeichen Roms, die Trajanssäule – in den *Mirabilia Urbis Romae* ist ihr ein ganzes Kapitel gewidmet – schützte ein Senatsbeschluss aus dem Jahre 1162. Unter Androhung der Todesstrafe und der Konfiszierung des Familienbesitzes wurde bestimmt, dass sie im gegenwärtigen Zustand „bis ans Ende der Welt erhalten bleiben solle" (*integra et incorrupta permaneat, dum mundus durat*).

Das Verhältnis des Mittelalters zur Antike war – nicht nur in Rom – hochgradig ambivalent. Die bewusste Rückwendung zeigt sich nicht nur in der Verwendung antiker Denkmäler oder Spolien. In einigen Fällen wird der Rückgriff auf antike Traditionen besonders evident.

Die sog. Casa dei Crescenzi aus der Mitte des 12. Jhs. (Abb. 5) verwendet nicht nur Teile eines römischen Architravs zum

Schmuck, sondern ergänzt diesen durch Eigenproduktionen von Friesen mit bacchantischen Szenen, die ihre Herkunft von römischen Vorbildern eindeutig zeigen. Im Bauschmuck dieses Gebäudes drückt sich auch ein „bürgerliches", ja „republikanisches" Selbstverständnis aus, das dem päpstlichen Machtanspruch auf Rom seine Grenzen aufzeigen will. Die Inschriften verweisen dabei deutlich auf die Traditionen des antiken Rom. In einer dieser Inschriften wird explizit die Absicht geäußert, durch das Bauwerk das alte Rom zu erneuern (*verum quod fecit hanc non tamen vana coegit gloria quam Rome veterem renovare decorem*). Das Gebäude selbst ist als Amtslokal „dem römischen Volk zu Ehren" (*adsum Romanis grandis honor populis*) errichtet.

In der Form noch deutlicher sind die Rückbezüge auf die Antike im Falle des staufischen Kaisers Friedrichs II. (1197–1250): An kaiserzeitliche Tradition anknüpfend ließ dieser im Jahre 1231 eine neue Goldmünze prägen. Diese bezeichnenderweise Augustalis genannte Emission trug als Beischrift IMP[erator] ROM[anorum] CESAR AVG[ustus] und als Bild eine Büste des Kaisers mit Lorbeerkranz und Feldherrnmantel.

So sehr das Bemühen um einzelne „nützliche" Denkmäler im Mittelalter vorhanden war: Maßnahmen wie der Senatsbeschluss zur Rettung der Trajanssäule blieben die Ausnahme. Hier handelt es sich letztlich um kommunale Entscheidungen, die erst in fernerer Zukunft Wirkung zeigten. Der Erhalt von Brücken und Toren folgte nicht dem Interesse an der antiken Architektur, sondern v. a. praktischen Erwägungen: Man schätzte ihre bauliche Qualität. Und so erscheinen die antiken Reste Roms gewissermaßen als Solitäre in einer fremden Umgebung.

Einen gewissen Eindruck vom Bestand an antiken Denkmälern im mittelalterlichen Rom vermitteln – freilich einige Jahrhunderte später – etwa die Skizzen und

---

💡 Die Beschreibung einer Venusstatue durch Magister Gregorius zeigt, dass der Autor Kenntnis von den antiken Mythen besaß und auch seinen Homer – offenkundig in lateinischer Übersetzung – gelesen hatte. Der erotischen Anziehungskraft der Statue konnte er sich allerdings kaum entziehen:

„Die Römer hatten diese Statue der Venus geweiht. Sie ist so dargestellt wie in dem Bericht über den leichtsinnigen Wettstreit mit Juno und Pallas, als sich Venus dem Paris nackt zur Schau stellte. Und der leichtsinnige Schiedsrichter, der sie betrachtete, sagte: ‚Nach unserem Urteil besiegt Venus sie beide'. Diese Statue aus parischem Marmor ist mit einer so wunderbaren und unerklärlichen Kunstfertigkeit geschaffen, dass sie eher wie ein lebendes Geschöpf, nicht wie eine Statue erscheint. Denn sie hat mit Purpurrot übergossene Wangen, wie wenn sie wegen ihrer Nacktheit erröten würde. Und wer sie aus der Nähe betrachtet, meint, in ihrem schneeweißen Gesicht fließe Blut. Wegen ihrer wunderbaren Schönheit und wegen einer magischen Beeinflussung wurde ich dreimal gezwungen, sie wiederzusehen, obwohl sie zwei Stadien von meiner Herberge entfernt war."

Magister Gregorius, *Narratio de mirabilibus urbis Romae* 12

Abb. 5: Der heute unscheinbar wirkende Backsteinbau der Casa dei Crescenzi ist ein Musterbeispiel für die Verwendung von Spolien in der mittelalterlichen Architektur. Sie sollten dezidiert auf die einstige Größe Roms verweisen.

Stiche von Künstlern wie Marten van Heemskerk (1498–1574) oder Jean-Baptiste Leprince (1734–1781); sie bezeugen jedoch im gleichen Atemzuge auch die großen Lücken zwischen den einzelnen Ruinen, die von den Bewohnern nur allzu gerne als Viehweiden genutzt wurden (Abb. 6).

Nicht nur Rom, auch das andere bedeutende Zentrum antiker Kultur, Athen, lag im Dämmerschlaf. Hatte es bereits im Verlauf der römischen Epoche zunehmend an Bedeutung verloren, so war es in byzantinischer Zeit zu einem unbedeutenden Provinznest herabgesunken. Alle Blicke konzentrierten sich auf Konstantinopel. Und so kann Michail Choniatis – bezeichnenderweise ein Kirchenmann des späten 12. Jhs. – über die einstige Weltmacht sagen: „O Stadt des Jammers, wo sind deine Tempel hin?" (Michail Akominatos [Choniatis], *Patrologia Graeca* 140, 298 f.). Und es kam noch viel schlimmer: Durch die Eroberung des gesamten Balkans durch das Osmanische Reich gerieten auch die Hinterlassenschaften der griechischen Antike bis weit in das 19. Jh. aus dem Blickfeld. So war es den Antiken im Westen des Mittelmeers vorbehalten, als Anschauungsmaterial für die Rückbesinnung auf die griechische und römische Kultur zu dienen.

Abb. 6: Der Blick auf das heute bestens ergrabene Forum Romanum lässt vergessen, dass im Mittelalter neben den drei Säulen des Castor-Tempels, dem Erkennungszeichen des Forums, Vieh weidete. Der regelmäßig dort abgehaltene Viehmarkt verschaffte dem ehemaligen politischen Zentrum Roms die Bezeichnung „Campo Vaccino".

Die Entdeckung der antiken Kunst

Renaissance und Barock

Die Wiederentdeckung der Antike erfuhr mit dem „Humanismus" des 14. Jhs. einen entscheidenden Schub. Dichter wie Dante (1265–1321), Petrarca (1304–1374) und Boccaccio (1313–1375) haben mit ihren epochalen Werken den Weg vorgeprägt, der die Antike und ihre Kulturleistungen als Leitstern für die folgenden Jahrhunderte definierte. Dabei spielte die Loslösung des Studiums der alten Schriften aus dem Kontext der kirchlichen Deutungshoheit eine entscheidende Rolle. Sie führte in letzter Konsequenz auch zu einer Etablierung des Individuums als Maßstab, zur Herausbildung eines anthropozentrischen Weltbildes, das die mittelalterliche theozentrische Vorstellung von der Ordnung der Welt ablöste. Diese radikalen Veränderungen betrafen auch das Menschenbild.

Die Befreiung des Einzelnen aus dem Kollektiv, der Leistungsgedanke, der auf dem agonistischen Prinzip der Antike aufbaute, das neue Selbstbewusstsein der Städte als Hort der Kultur, die Rückbesinnung auf die naturgetreuen Darstellungsformen besonders des menschlichen Körpers, der nun auch im wörtlichen Sinne zum Maß aller Dinge wurde, dies alles sind Zeugen eines der entscheidenden Paradigmenwechsel der europäischen Kulturgeschichte. Sie alle werden in geradezu monumentaler Weise in einem der wohl bekanntesten Bilder der Renaissance sinnfällig in Szene gesetzt: *L'uomo Vitruviano* („der vitruvianische Mensch"), einer 1492 entstandenen Proportionsstudie Leonardo da Vincis (1452–1519).

Studieren, Nachahmen, Ergänzen

Besonders in Italien hatte seit dem Ende des 12. Jhs. das zunehmende Interesse für Kultur und Kunst der Antike auch die konkrete Beschäftigung mit den Artefakten zur Folge. Die Bildende Kunst setzte die Themen der antiken Mythologie und Geschichte um und nutzte dabei die „Anschauung". Die Entwicklung der Hinwendung zu einem konkreteren Studium der Antiken lässt sich hervorragend anhand der Künstlerbiographien des Malers und Architekten Giorgio Vasari (1511–1574) nachzeichnen.

Am Beginn der Beschäftigung stand die Nachahmung. Und hier reicht der Arm bis ins Mittelalter zurück. Eines der zahlreichen Beispiele für diese Neuorientierung ist der Bildhauer und Architekt Nicola Pisano (1205/7–1278). Er hatte mit den Skulpturen am Baptisterium in Pisa und am Dom von Siena neue Maßstäbe gesetzt. Von ihm berichtet Vasari: „Nicola [Pisano] beachtete die Schönheit dieses Werkes [Meleagersarkophag, Pisa], und da es ihm vor allem wohl gefiel, wandte er großen Eifer und viel Fleiß auf, dieses und einige andere gute Skulpturen jener antiken Marmorsärge nachzuahmen, wodurch er bald als der beste Bildhauer seiner Zeit gerühmt wurde" (G. Vasari, *Lebensläufe* [*Edizione Giuntina*] II 59).

Der Weg der Wiederentdeckung der Antike als ästhetisches Ideal ist gepflastert mit den großen Namen der Zeit: Lorenzo Ghiberti, Donatello, Andrea Mantegna, Andrea del Verocchio, Raffael, Bramante oder Michelangelo. Ihrer eigenen künstlerischen Betätigung ging in den meisten Fällen ein durchaus konkretes Studium der antiken „Vorbilder" voraus. So ist von Ghiberti, Raffael und Bramante bekannt, dass sie „unermüdlich" und „mit großem Eifer" die antiken Kunstwerke studierten, Mantegna erhielt bereits sehr früh Unterricht anhand von Gipsabgüssen nach Antiken und Donatello und Verocchio ergänzten sogar antike Skulpturen.

Von Michelangelo erzählt Vasari eine bemerkenswerte Anekdote: Nachdem dieser für seinen Mäzen Lorenzo de Medici die Nachbildung eines schlafenden Cupidos nach antikem Vorbild geschaffen hatte, schlug ihm Lorenzo vor, die Skulptur so zu färben und zu behandeln, dass es antik aussehe und als Original verkauft werden könne. Zum Spaß – und ohne Lohn – ging Michelangelo auf dieses unlautere Angebot ein, mit dem Ergebnis, dass das Stück als antikes Original in die Sammlung eines römischen Kardinals verkauft wurde. Als dieser den Betrug entdeckte, musste der Händler die Kaufsumme zurückerstatten. Dem jungen Michelangelo jedoch entstand kein Schaden; vielmehr wurden seine besonderen Talente anerkannt. Zeugt dieser Vorfall zunächst vom Wert, den Sammler in der Renaissance den antiken Kunstwerken zumaßen, so belegt er gleichzeitig auch die enormen „praktischen" Kenntnisse der Renaissancekünstler im Umgang mit den Antiken. Antike Skulpturen waren also nicht nur Vorbild, sondern auch Messlatte.

Die Grundlage für die Beschäftigung mit der Antike bildete weiterhin die Kenntnis der antiken Kunstschriftsteller. Man nutzte nicht nur die Schriften des Vitruv, das antike Standardwerk zur Architektur, man las die antiken Dichter und Literaten – und man kannte sie auswendig. Besonders deutlich wird dies am Beispiel der Auffindung einer der wohl bekanntesten antiken Skulpturen, der Laokoon-Gruppe, im Jahre 1506. Die hinzugezogenen Michelangelo und Giuliano da Sangallo (um 1443–1516) erkannten sofort in dieser das von Plinius d. Ä. (ca. 23–79 n. Chr.) beschriebene Werk.

Nicht bei allen Künstlern der Renaissance steht die konkrete Nutzung antiker Kunstwerke im Zentrum. Ausgerechnet Leonardo da Vinci stellt eine andere Facette der Auseinandersetzung mit den antiken Traditionen und Vorbildern dar. Er lässt sich zwar allgemein von den Ideen der griechischen und römischen Epoche inspirieren, sucht aber immer eigene Wege der Gestaltung. In seinem Traktat über die Malerei wird die Antike mit keinem Wort erwähnt. Sicherlich ist dies aber auch der noch nicht vorhandenen Kenntnis antiker Gemälde, wie etwa der Malereien von Pompeji und Herculaneum, geschuldet. Leonardos Eigenständigkeit steht in starkem Kontrast zu der weit verbreiteten Tendenz, die antike, idealisierte Formensprache zu imitieren oder doch zumindest nachzuempfinden, ja er formuliert seine grundsätzliche Ablehnung der Suche nach Vorbildern ausgesprochen deutlich: „Ein Maler soll niemals die Manier eines anderen nachahmen."

Abb. 7: Raffaels 1510/11 entstandenes Fresko „Die Schule von Athen" zeigt eine ganze Reihe antiker Geistesgrößen im Diskurs. In diesem Wandbild wird der außerordentliche Grad der Bewunderung für die griechische Kultur, vor allem für die Philosophie, als Wiege der eigenen Kultur besonders evident.

Auf dem Weg zur „antiquarischen Wissenschaft"

Der Erste, der sich aus vorwiegend wissenschaftlichen Beweggründen dem Studium der Antike zuwandte, war Flavio Biondo (1392–1463). Für Gregorovius ist Biondo der „Gründer der Archäologie", der „antiquarischen Wissenschaft". Neben anderen verfasste er 1446 ein Werk mit dem Titel *Roma instauratā* („Das wiederhergestellte Rom"). In diesem versucht er nicht nur eine Rekonstruktion der antiken Topographie Roms, sondern macht auch Vorschläge zur Wiedergewinnung des Verlorenen. Als einer der Ersten teilte er die Aufgaben der antiquarischen Altertumskunde in drei Bereiche ein: die analytische Untersuchung der geschichtlichen Rahmenbedingungen, die geographische Prospektion und die Topographie der Monumente.

Die antike Architektur Roms bildete auch für Raffael (1483–1520) einen zentralen Bezugspunkt (Abb. 7). Eine ganze Reihe von Bauwerken – etwa die Maxentiusbasilika, der Argentarierbogen oder das Pantheon – und Motive von der Trajanssäule und der „Domus Aurea" erscheinen in seinen Bildern. Als Oberaufseher der römischen Altertümer war er seit 1515 gewissermaßen offiziell mit der Pflege und

Erforschung der antiken Kulturgüter befasst (s. Info). Die wissenschaftliche Genauigkeit, mit der er seine Studien zu den antiken Monumenten betrieb, zeigt sich auch bei der Nutzung antiker Fachbücher zur Architektur, wie Vitruvs zehn Bücher zur Architektur oder die Abhandlung über Aquädukte des Frontinus (ca. 40–103 n. Chr.): In mehreren Fällen konnte er anhand des Vergleichs der Ausführungen mit den erhaltenen Bauten sowie durch exakte Messungen Fehler der antiken Autoren korrigieren.

Die von Raffael vorgenommene Vermessung der Denkmäler Roms wurde in genauen Plänen und Zeichnungen festgehalten, die ebenso detailgetreu wie anschaulich sein sollten. Autopsie und konkrete Umsetzung erfolgten dann durch den Architekten und Maler Pirro Ligorio (1513–1583), dessen Pläne in großen Partien erhalten sind. Dieser führte zudem für den Kardinal Ippolito II. d'Este (1509–1572) anlässlich der Errichtung der Villa d'Este Grabungen im Bereich der Villa Hadriana in Tivoli durch. Wie Ligorio wurden auch andere „Hofantiquare" meist beauftragt, im Rahmen der Planung und des Baus neuer Schlösser Sondierungen und Grabungen vorzunehmen.

Ohne die Vorarbeiten Raffaels und die von ihm angestoßenen kritischen Studien des Vitruvtextes wäre ein bedeutender Teil der Renaissancearchitektur, etwa die

> In einem Brief Raffaels an Papst Leo X. zeigt sich der ganze denkmalpflegerische Elan des Künstlers deutlich – gleichzeitig aber auch die ungebrochen anhaltende „Nutzung" des antiken Baumaterials. Im Fortgang der hier zitierten Passage kommt Raffael auf seine Vermessungsarbeiten zu sprechen, die neben denen Leon Battista Albertis auch Grundlagen schufen, nach denen in der Renaissance und im Barock Bauwerke geplant wurden.
>
> „Wie viele Päpste, Heiliger Vater, ... haben den Ruin und den Verfall der antiken Tempel zugelassen, und der Statuen, der Triumphbögen und der übrigen Bauwerke, die den Ruhm ihrer Erbauer darstellen? Wie viele haben veranlasst, dass allein zur Beschaffung von Vulkanerde unter den Fundamenten gegraben wurde, wodurch die Gebäude in kürzester Zeit eingestürzt sind? Wie viel Kalk ist aus Statuen und anderem antiken Schmuck gebrannt worden? So dass ich sogar sagen würde, dass dieses ganze neue Rom, das man jetzt sieht, wie groß es auch sei, wie schön, wie sehr mit Palästen, Kirchen und anderen Gebäuden geschmückt, mit Kalk erbaut ist, der aus antiken Marmorsteinen gebrannt ist. Und ich kann mich auch nicht ohne große mitleidige Erregung daran erinnern, wo doch, seit ich in Rom bin, noch keine 12 Jahre vergangen sind, dass viele schöne Dinge zerstört worden sind, wie die Zielsäule, die sich in der Via Alexandrina befand, der Bogen, der am Eingang zu den Thermen des Diokletian stand, der Tempel der Ceres an der Via Sacra, ein Teil des *Forum transitorium*, das vor wenigen Tagen verbrannt und zerstört worden ist ... Außerdem sind viele Säulen zerstückelt und entzweigebrochen worden, so viele Architrave, so viele schöne Friese sind zerbrochen, dass es wirklich eine Schande dieser Tage gewesen ist, das zugelassen zu haben."
>
> Brief Raffaels an Papst Leo X. aus dem Jahr 1519.

des Andrea Palladio (1508–1580), kaum denkbar. Und so liest sich auch der Titel des unter der Ägide Raffaels entstandenen Berichts zu den antiken Denkmälern Roms mit dem Titel *Roma instauranda* („Das wiederherzustellende Rom") wie ein Programm: Die Erweckung der Antike als Leitkultur in der Renaissance.

Die enorme Bedeutung Vitruvs für die Architektur der Renaissance zeigt auch, dass die nach seiner Wiederentdeckung – Vitruvs Schriften waren auch in der Spätantike und im Mittelalter durchaus bekannt – im 15. Jh. schnell eine ganze Reihe von Kopien und Drucken erschienen, die bald durch illustrierte Fassungen ergänzt wurden. Die bekannteste unter ihnen, die 1521 erschienene italienische Ausgabe von Cesare Cesariano, wurde umgehend auch in andere Sprachen übersetzt. Mehr noch: Leon Battista Alberti (1404–1472) verfasste 1452 mit dem zehnbändigen Werk *De re aedificatoria* („Über die Baukunst") ein eigenes Handbuch zur Architektur nach Vorbild des Vitruv. Vor der Etablierung des Vitruv. und dem Erscheinen von Albertis Handbuch gestaltete sich die Orientierung an den antiken Vorbildern ausgesprochen schwierig. Von Filippo Brunelleschi (1377–1446), dem berühmten Erbauer der Kuppel des Florentiner Doms, ist etwa bekannt, dass er sogar Grabungen unternahm, um verschüttete antike Bauglieder zu entdecken, anhand derer er die idealen antiken Proportionen zu rekonstruieren hoffte; die Grabungen trugen ihm in der Bevölkerung sogar den Vorwurf ein, er sei ein Schatzgräber.

Auch in der Folgezeit beschäftigten sich Künstler mit dem antiken Erbe. Allerdings ist eine Tendenz deutlich spürbar: Der enge Bezug zwischen dem „Künstler" und dem „Forscher", wie er in Brunelleschi oder Donatello (um 1386–1466) aufscheint, löst sich auf. Die Trennung dieser beiden Bereiche ist evident, und es gibt nicht wenige Beispiele, die ihre künstlerische Tätigkeit nur noch neben der wissenschaftlichen Betätigung ausüben.

Dieser Bruch, die Isolierung der wissenschaftlichen Betätigung von der künstlerischen Umsetzung, verlief selbstverständlich nicht linear. Es gab noch stark in der Tradition der Antike verhaftete Künstler, so z. B. in der Familie Caracci. Agostino Caracci (1557–1602), wie sein Bruder Annibale (1560–1609) und sein Cousin Ludovico (1555–1619) Maler, soll während eines Vortrags über den Laokoon zur Illustration eine Zeichnung der Skulpturengruppe an die Wand des Saales geworfen haben.

Rubens und Poussin

Zu den zentralen Figuren dieser künstlerischen Auseinandersetzung mit der Antike zählen Maler wie Peter Paul Rubens (1577–1640) und Nicolas Poussin (1594–1665). Für Rubens bildete die Beherrschung der lateinischen Sprache die Basis seiner künstlerischen Tätigkeit. Gleichzeitig zeichnete er aber auch viel nach Antiken (Abb. 8). Seit seiner Italienreise begann er darüber hinaus zu sammeln, ja er schuf für seine Stücke in einem dem Pantheon nachempfundenen Kuppelbau einen musealen Ort.

Das besondere antiquarische Interesse Rubens' spiegelt sich v. a. in seiner Korrespondenz. Mit dem Gelehrten Nicolas Claude Fabri de Peiresc (1580–1637) setzte er sich über die verschiedensten Themen auseinander, diskutierte etwa anhand von Stichen Funktion und Bedeutung von Dreifüßen (s. Info). Peiresc hat

Abb. 8: Rubens' „Studien nach dem Kopf des Laokoon" (1628/39), Feder in brauner Tusche, schwarze Kreide und Rötel. Kopenhagen, Statens Museum for Kunst.

sich, obwohl er selbst nichts publiziert hat, große Verdienste als Multiplikator und Verbreiter wissenschaftlicher Erkenntnisse erworben und zählte zu den bekanntesten Altertumsforschern der Zeit. Er war gewissermaßen das Musterbeispiel eines Antiquars, dessen oberste Maxime das beständige Zusammentragen von antiken Gegenständen und Manuskripten – zuweilen auch nur in Kopien – war. Wie viele andere Zeitgenossen auch interessierten ihn dabei v. a. tragbare, also mobile Kunstgegenstände.

Rubens äußerte sich zur antiken Kunst beinahe ausschließlich in seinen Briefen. Seine erst im Jahre 1766 veröffentlichte Abhandlung *De imitatione statuarum* ist zunächst eine praktische Anleitung, wie Plastik in Malerei umzusetzen sei. Immerhin finden sich darin aber auch Aussagen zur ästhetischen Perfektion und zum Vorbildcharakter antiker Skulptur, ohne deren Kenntnis man laut Rubens nicht zur Vollendung in der Malerei kommen könne.

Das Interesse des Vaters an den antiken Denkmälern führte dazu, dass sein Sohn, Albert Rubens (gest. 1657), sich mit Haut und Haaren dem Studium der Antike verschrieb. Im Jahre 1665 wurden seine Untersuchungen posthum in dem umfangreichen Werk *De re vestiaria* ediert. Mit der Abhandlung *Dissertatio de Gemma Augustea* zollte er dem Vater Ehre, der dieses berühmte Stück in Zeichnungen nach einem Abguss dokumentiert und selbst ein Werk über antike Gemmen geplant hatte.

Nicolas Poussin (1594–1665) vereinigte gewissermaßen wissenschaftliche Recherche mit künstlerischer Umsetzung. Das intensive Studium antiker Autoren führte z. B. zur Illustration von Ovids *Metamor-*

💡 In vielen Fällen dienten Briefe der Diskussion strittiger Fragen in der Bewertung und Identifizierung antiker Kunst. Ein in der Forschung gern angeführtes Beispiel ist ein Brief Peter Paul Rubens' an seinen Freund Nicolas Fabri de Peiresc. Rubens hat von diesem eine Sendung mit präzisen Zeichnungen eines antiken, in einem Neptuntempel gefundenen Bronzedreifußes erhalten. In seinem Antwortschreiben teilt Rubens Peiresc ausführlich seine Ansichten über den von ihm käuflich erworbenen Dreifuß mit. Am Ende des Briefes folgt eine Zusammenstellung von Zitaten aus Isidor, Athenaeus, Servius, Pausanias u. a. m., die Rubens' Sohn Albert zusammengestellt hatte.

„Früher nannte man alle von drei Füßen getragenen Geräte Dreifüße, obgleich sie zu verschiedenen Zwecken, z. B. als Tische, Sitze, Kandelaber, Kochtöpfe dienten. Unter anderen hatten die Alten ein Gefäß, das man auf das Feuer setzen konnte und das zum Kochen des Fleisches diente, wie man es noch heutzutage in verschiedenen Gegenden Europas benutzt. Dann vereinigte man den Kessel mit dem Dreifuß, so wie wir unsere Kochtöpfe von Eisen oder Erz mit drei Füßen herstellen. Aber die Alten haben dieser Kombination sehr schöne Proportionen gegeben, und meiner Ansicht nach ist dies das Gerät, welches wir als den Dreifuß ansehen müssen, von dem Homer und andere griechische Dichter und Historiker sprechen …

Ich glaube aber nicht, dass der Dreifuß von Delphi von dieser Art war, eher glaube ich, dass es eine Art Stuhl auf drei Füßen war, wie die, derer man sich noch allgemein in Europa bedient. Dieser Dreifuß hatte kein konkaves Becken, oder wenn es konkav war, um darin die Haut des Python zu bewahren, so bedeckte man ihn oben und die Pythia setzte sich auf diesen Deckel, der ein kleines Loch besitzen konnte. Es scheint mir in der Tat unmöglich, dass sie sich auf den Boden des Beckens setzen konnte, da dies wegen der Tiefe und der schneidenden Ränder desselben zu unbequem gewesen wäre.

Es wäre auch möglich, dass man auf diesem Becken, wie auf einer Pauke, die Haut der Pythonschlange ausgespannt hatte, die man deshalb *cortina* nannte, und dass sie durchbohrt war, ebenso wie das Gefäß. Sicher ist, dass man in Rom mehrere Marmordreifüße findet, die keinerlei Vertiefung haben, und es war mitunter gebräuchlich, wie Sie aus einigen angefügten Zitaten sehen werden, auf diese selben Dreifüße Statuen zu stellen, die verschiedenen Gottheiten gewidmet waren, was nur auf einem flachen und soliden Boden möglich war. Man darf glauben, dass, nach Beispiel des delphischen Dreifußes, man denselben auch für andere Gottheiten benutzte und das Wort Dreifuß alle Arten von Orakeln und heiligen Mysterien bezeichnete …

Es besteht kein Zweifel, dass dies nicht der Dreifuß ist, der in der Kirchengeschichte des Eusebius und bei anderen Autoren so oft erwähnt wird und der zu den Räucherungen für die Idole diente, wie Sie aus den unten folgenden Zitaten ersehen werden. Und wenn ich mich nicht wiederum täusche, so muss angesichts des Materials, der Kleinheit und Einfachheit der Arbeit Ihres Dreifußes derselbe einer von denen sein, die zum Verbrennen des Weihrauches bei den Opfern dienten. Das Loch in der Mitte diente als Zugloch, um die Kohlen besser anzufachen, indem alle Kohlenbecken, oder wenigstens die Mehrzahl, irgendein kleines Loch zu diesem Zwecke haben. Und so weit man der Zeichnung nach urteilen kann, scheint der Boden des Beckens oder der Schale durchbrochen und vom Feuer angegriffen zu sein."

Brief Rubens' an Nicolas Fabri de Peiresc vom 10. August 1630

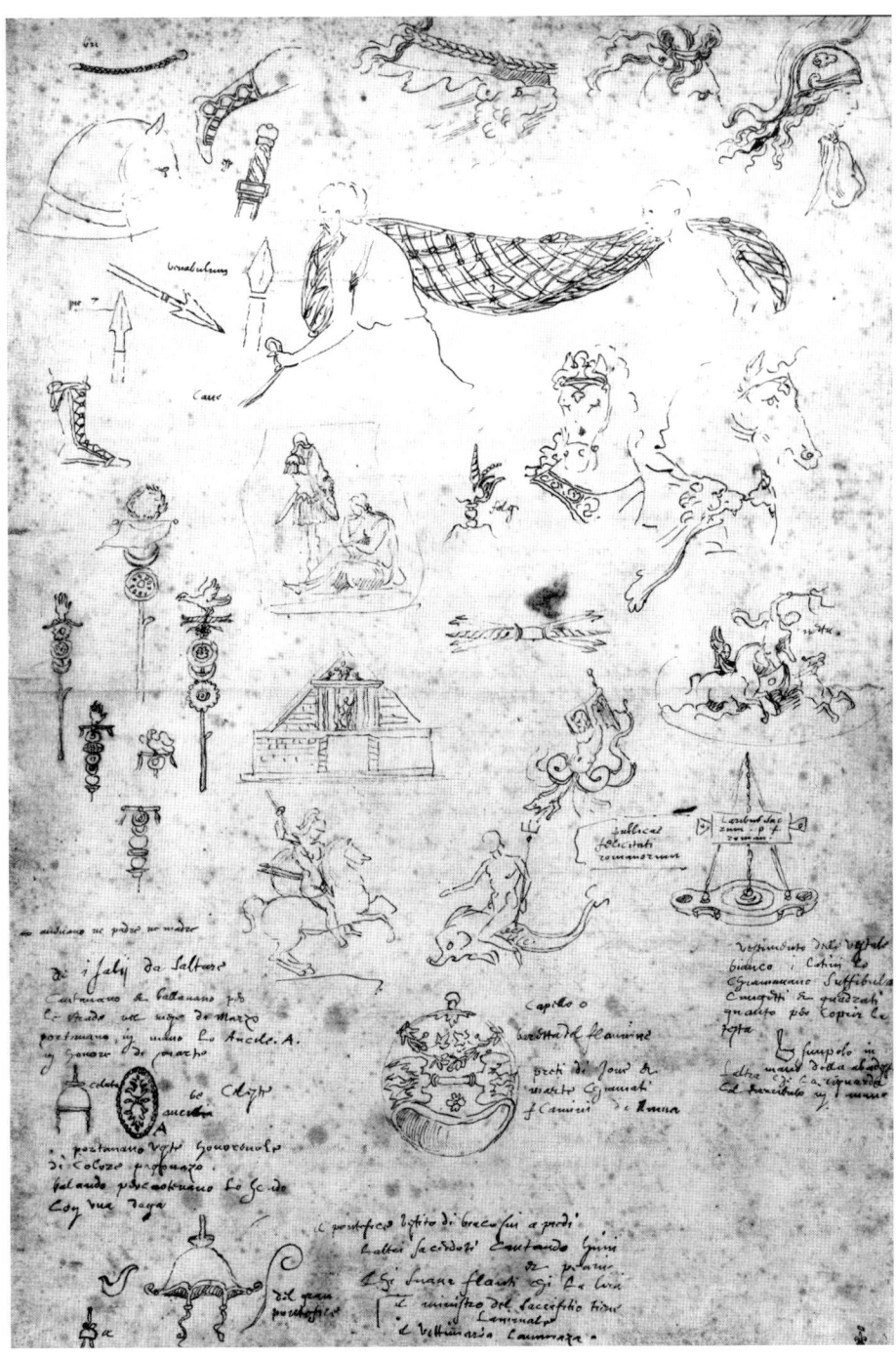

Abb. 9: Wie intensiv sich Poussin dem Detailstudium widmete, belegt diese Federzeichnung aus dem Jahre 1650. Zu erkennen sind u. a. römische Feldzeichen, ein Tropaion sowie Studien zu Pferdeköpfen, Stiefeln und Waffen. Chantilly, Musée Condé.

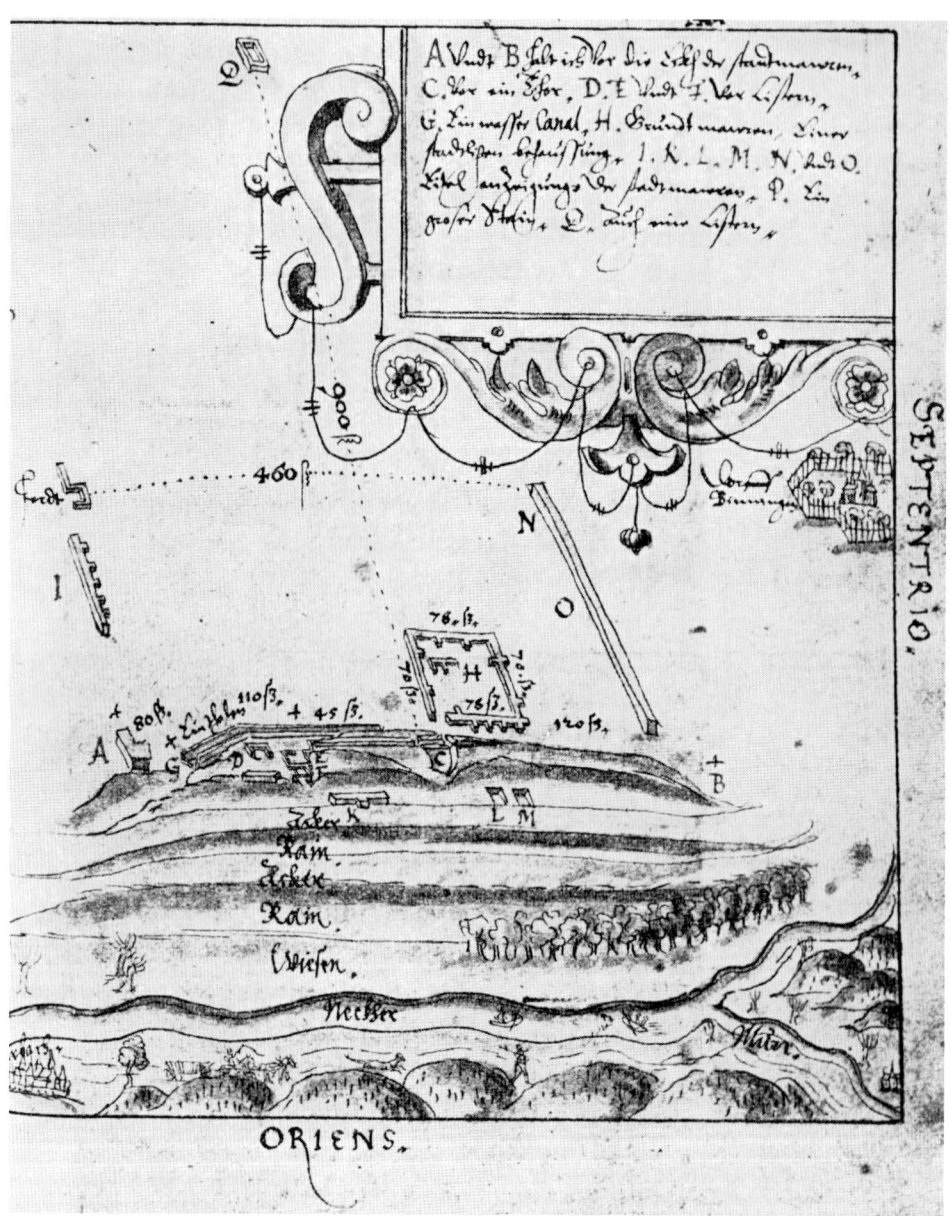

Abb. 10: Simon Studion dokumentierte seine Grabungen am römischen Kastell Benningen im Jahre 1597 in einzelnen, perspektivisch angelegten Plänen, in die neben Landmarken als Orientierungspunkten auch einzelne Maße eingezeichnet sind.

phosen. Die systematische Lektüre wurde dabei ergänzt durch die Beschäftigung mit den antiken Denkmälern. Selbst wenn konkrete Übernahmen antiker Motive in seinen Werken kaum nachzuweisen sind, so sind sie doch in Aufbau, Form und Komposition der Figuren antiken Traditionen verpflichtet. Darüber hinaus hat Poussin auch nach Antiken gezeichnet. Die historische Detailgenauigkeit von Architektur, Kleidung, Waffen und sonstigem Gerät der Studienblätter zu antiken Denkmälern findet auch in seinen Bildern ihren Niederschlag (Abb. 9). Viele dieser Zeichnungen entstanden im Auftrag von Cassiano dal Pozzo (1589 oder 1590–1657), wie etwa eine farbige Kopie des neu gefundenen Nilmosaiks in Palestrina. Durch dal Pozzo erhielt er auch Zugang zu den neuesten Funden aus den christlichen Katakomben Roms, die durch Antonio Bosios (1575–1629) Buch *Roma sotteranea* („Das unterirdische Rom") aus dem Schlummer des Vergessens geholt worden waren. Letzterer kann, trotz aller sachlichen Mängel seines erst postum erschienenen Werkes, durch seine systematische Erforschung und Dokumentation der bis dahin weitgehend unbekannten Katakomben als Wegbereiter der Christlichen Archäologie gelten.

Das Zeitalter der Antiquare

Selbst wenn sich die Archäologie im 16. und 17. Jh. nicht mehr ausschließlich auf den Bereich der Kunst konzentrierte, so war sie auch noch nicht eine Wissenschaft im eigentlichen Sinne, denn sie vollzog sich v. a. im privaten Rahmen. Sie war eine „gelehrte Liebhaberei", mit Enthusiasmus betrieben, aber eher eine Art „schönster Nebensache der Welt".

Ab Mitte des 16. Jhs. tritt – auch außerhalb Roms – an die Stelle der reinen Sammelleidenschaft vermehrt die systematische Erfassung antiker Denkmäler. In dieser Zeit entstanden zahlreiche umfassende Dokumentationen und Kataloge. In England etwa veröffentlichte William Camden (1551–1632) im Jahre 1586 eine Schrift mit dem Titel *Britannia*, einen Katalog der sichtbaren Altertümer seiner Heimat. Zu diesem Zweck entwickelte er auf den Vorarbeiten eines gewissen John Leland (1506–1552), Bibliothekar Heinrichs VIII. (1491–1547), eine Vorstufe der heute als Survey bekannten Methode, die sog. *peregrinatio*.

Für die Entwicklung der Archäologie eröffnete die Arbeit Camdens durch den Einsatz neuer Methoden neue Wege. Als einer der Ersten versuchte er weitestgehend unabhängig von den antiken Überlieferungen den Denkmälerbestand einer ganzen Region zu erfassen. Bemerkenswert ist, dass er bereits Bewuchsmerkmale in einem Kornfeld bemerkte und sie als Hinweis auf darunterliegende antike Fundamente interpretierte. Mit dem methodischen Rüstzeug im Gepäck gelang ihm die erste konzise Darstellung der römischen Epoche in Britannien. Es ist durchaus nicht zufällig, dass der Primat des Gegenstandes vor dem antiken Text, der v. a. der Situation geschuldet war, zu einer Erweiterung der Untersuchungsmethoden führte – und in der Folge zu einer verstärkten Wahrnehmung der antiken Kunst abseits der klassischen Antike. Camden ist dadurch auch einer der Exponenten der in mehreren mittel- und nordeuropäischen Ländern aufkommenden landeskundlichen Forschung.

In Deutschland löste die Entdeckung der *Germania* des römischen Historikers Tacitus (ca. 58–166 n. Chr.) im Jahre 1455

> Die Sehnsucht nach der Auffindung von Skulpturen berühmter griechischer Künstler, die im Boden großer Heiligtümer wie Olympia verborgen seien, war bei vielen Gelehrten des 18. Jhs. präsent. Die Vorstellung fußte dabei v. a. auf den Beschreibungen ganzer Skulpturenareale durch die römische Fach- und Reiseliteratur:
>
> „Hier ist das alte Elis, wo die olympischen Siege gefeiert wurden, wo man eine Unzahl von Denkmälern für die Sieger errichtete: Statuen, Reliefs, Inschriften. Die Erde dort muss geradezu vollgestopft mit ihnen sein. Dabei ist besonders wesentlich, dass meines Wissens dort noch niemand gesucht hat. All das liegt in Eurer Reichweite. Sie könnten dort mit geringen Kosten eine reiche Ernte halten."
>
> Brief Montfaucons an den Bischof von Korfu und Griechenland,
Angelo Maria Quirini, aus dem Jahre 1723.
>
> „Ich kann nicht umhin zum Beschlusse dieses Capitels ein Verlangen zu eröffnen, welches die Erweiterung unserer Kenntnisse in der Griechischen Kunst sowohl als in der Gelehrsamkeit und in der Geschichte dieser Nation betrifft. Dieses ist eine Reise nach Griechenland, nicht an Orte, die von vielen besuchet sind, sondern nach Elis, wohin noch kein Gelehrter noch Kunstverstaendiger hindurch gedrungen ist ... Ich bin versichert, daß hier die Ausbeute ueber alle Vorstellung ergiebig seyn, und daß durch genaue Untersuchung des Bodens der Kunst ein grosses Licht aufgehen wuerde."
>
> Johann Joachim Winckelmann, *Anmerkungen über die Geschichte
der Kunst des Altertums* (Dresden 1767) 83 f.

einen Boom an Studien zur Geschichte und Kultur des römerzeitlichen Deutschlands aus. Auch hier konzentrierte sich die Auseinandersetzung nicht nur auf die literarische Überlieferung, sondern zunehmend auch auf die Inschriften, die allenthalben vor Ort zu finden waren, v. a. aber in den ehemals römischen Städten an Rhein und Mosel, in Mainz, Köln und Trier. Zu den wichtigsten Vertretern der regionalen Altertumsforschung zählen die Humanisten Dietrich Gresemund (1477–1512), Beatus Rhenanus (1485–1547) und Johannes Huttich (1487–1544), aber auch Johann Georg Turmair, besser bekannt als Johannes Aventinus, (1477–1534), der für seine in den Jahren 1526–1533 entstandene Chronik Bayerns explizit darauf verwies, dass er auch „heiligtumb, monstranzen, seulen, creuz, alte stein, alte münz und gräber" der Römerzeit für seine Studie heranziehen wolle. Logische Konsequenz der Etablierung der regionalen Studien war auch das Einsetzen mehr oder weniger systematischer Ausgrabungen im 16. Jh. Als einer der Ersten trat der „Vater der württembergischen Altertumskunde" Simon Studion (1543–1605) in Erscheinung, der das Römerkastell Benningen in Württemberg ergrub und seine Ergebnisse publizierte (Abb. 10).

Nicht nur die Erstellung von „Bestandsaufnahmen" für einzelne Regionen wie im Falle der *Britannia* Camdens, auch die bereits gesammelten Informationen zwangen die Forscher dazu, ihr Material neu aufzubereiten und zu gliedern, denn mit der Zeit hatte sich eine Fülle von Einzeldarstellungen zu antiken Denkmälern angesammelt, die kaum ein Gesamtbild zu gewinnen erlaubten. Aus diesem Grund begannen einzelne Forscher mit der Systematisierung der angehäuften Informationen in großen Sammelwerken. Einer der Ersten war der oben genannte Cassiano dal Pozzo. Er führte 2300 Zeichnungen antiker Kunstwerke zusammen und ordnete sie nach Themen. Die systematische Gliederung des Materials durch Cassiano dal Pozzo orientiert sich auch an der durch den antiken Universalgelehrten Varro (116–27 v. Chr.) vorgegebenen Unterteilung in die *res divinae* und die *res humanae*, in den „göttlichen" und den „menschlichen" Bereich (Abb. 11). Sein Versuch blieb jedoch unpubliziert. Auf diese Vorarbeiten konnten die nachfolgenden Gelehrten zurückgreifen. So entstanden eine ganze Reihe umfangreicher Materialsammlungen, darunter die *Thesauri* der Niederländer Jacob Gronovius (1645–1702) und Johann Georg Graevius (1632–1703).

Die bedeutendste Erscheinung auf diesem Gebiet war der Benediktinermönch Bernard de Montfaucon (1655–1741, Abb. 12). Neben seiner Tätigkeit als Philologe und Kirchenhistoriker bemühte sich Montfaucon auch um das Studium der materiellen Hinterlassenschaft der Antike. Angeregt durch einen mehrjährigen Aufenthalt in Italien (1698–1701) entschloss er sich zu dem Vorhaben, das „ganze Altertum in seiner sichtbaren Erscheinung" in einem umfassenden Werk darzustellen. Dazu trug er – wie andere auch – mit großer Energie Bildmaterial aus älteren Publikationen, aber auch unpublizierte Zeichnungen zusammen. Seine eigentliche Leistung besteht jedoch in der Systematisierung des Materials nach inhaltlichen Kriterien.

Das Werk erschien 1719 unter dem Titel *L'antiquité expliquée et représentée en figures* in zehn Bänden mit ca. 40 000 Abbildungen auf 1200 Tafeln in einer Auflage von 1800 Stück. Es wurde den Händlern aus den Händen gerissen und war bereits nach wenigen Monaten vergriffen. Diese außerordentliche Beliebtheit ist ein beredtes Zeugnis dafür, dass es für jeden an antiken Denkmälern Interessierten zum Standardwerk avancierte. Auch Goethe erwähnt es in seinem *Wilhelm Meister*. Es folgten Neuauflagen und Supplementbände.

Montfaucon war jedoch nicht nur der Sammler, der in seinen Werken, das Wissen seiner Vorgänger zusammentrug und systematisierte. Am Ende seines Lebens schlug er – angesichts der gerade aktuellen Entdeckungen in den Vesuvstädten Pompeji und Herculaneum – in einem Brief vor, das antike Olympia auszugraben, ein Vorhaben, das erst nach Winckelmann in die Tat umgesetzt wurde (s. Info).

Die Abkehr vom reinen Sammeln

Das Leben und Streben der Antiquare war bestimmt von philologischen Denkmustern. Letztlich versuchten sie, das antike Material zu ordnen und zu lesen wie einen Text. Beinahe scheint es so, als seien die antiken Relikte nur dazu genutzt worden, Ordnungssysteme nach dem Muster Varros zu erstellen und zu „füllen". Mit Antiquaren wie Montfaucon befinden wir uns nun endgültig auf dem Weg zur Archäologie als Wissenschaft, als deren Gründungsvater allgemein Johann Joachim Winckelmann gilt.

Wie ein Schlusswort zu den „antiquarisch-archäologischen" Bemühungen von der Antike bis zum Barock erscheint ein 1747 erschienener Traktat von Joseph Spence (1699–1768) mit dem ausufernden Titel *Polymetis: or, An Enquiry concerning the Agreement Between the Works of the*

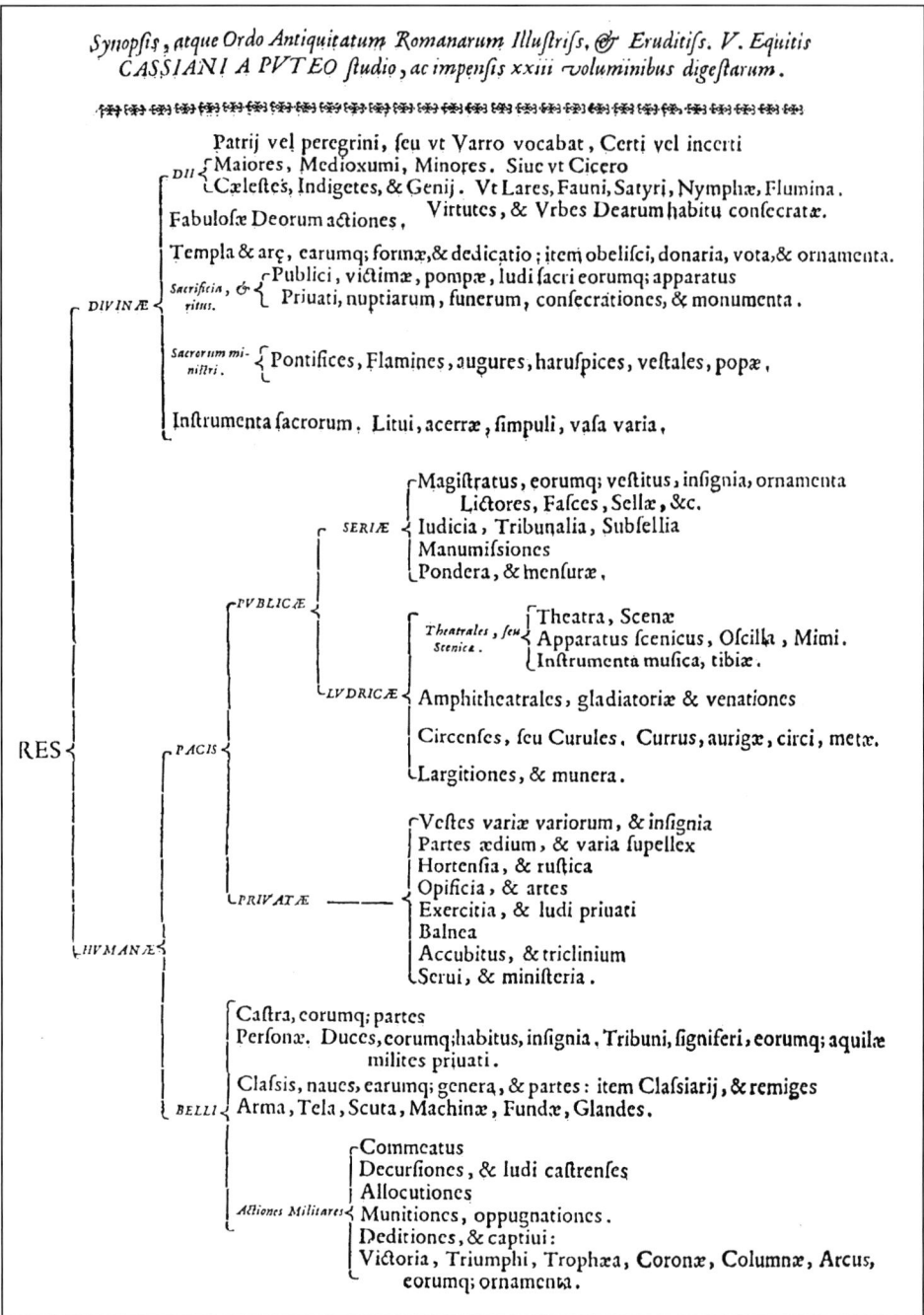

Abb. 11: Die systematische Gliederung des Materials durch Cassiano dal Pozzo orientiert sich an der durch den antiken Universalgelehrten Varro (116–27 v. Chr.) vorgegebenen Unterteilung in die *res divinae* und die *res humanae*, in den „göttlichen" und den „menschlichen" Bereich. Nach C. Dati, *Delle lodi del Commendatore Cassiano dal Pozzo orazione*, 1664.

Abb. 12: Bernard de Montfaucons Beschäftigung mit der Antike begann nach einer kurzen militärischen Laufbahn mit seinem Eintritt in den Benediktinerorden im Jahre 1676. Hier erlernte er zahlreiche Sprachen, darunter Griechisch, Hebräisch und Syrisch, und betrieb numismatische Studien. Seine Hauptwerke entstanden erst nach dem Ende seines Italienaufenthalts im Jahre 1701.

Roman Poets, And the Remains of the Ancient Artists. Being an Attempt to illustrate them mutually from one another. In diesem versucht der Autor eine Abkehr von der Gelehrsamkeit der Antiquare, allen voran Montfaucon. Diesen wirft er besonders ihre Pedanterie und ihren „Fleiß" vor.

Um seine Leser zu unterhalten, entwirft Spence ein Gespräch zwischen der Hauptfigur mit dem sprechenden Namen Polymetis („Vieldenker") und seinen Freunden Musagetes und Philander – bezeichnenderweise in einer Landvilla mit englischem Garten und antikisierenden Parkgebäuden. Das Treffen beginnt mit einer Tasse Tee. Im Laufe des Gesprächs beschäftigen sich die gelehrten Freunde v. a. mit Darstellungen aus der antiken Götterwelt. Als Anschauungsmaterial dienen dabei die in der Villa und den Gärten versammelten Kopien antiker Denkmäler, denn auf diesen Bereich konzentriert sich die Sammlung des Gastgebers. Auch die dokumentarischen Rahmenbedingungen sind für dieses Privatissimum ideal: In den Sockeln sind Schübe integriert, in denen Gemmen, Münzen oder Stiche zur Erläuterung und zum Vergleich aufbewahrt werden. Und so entspinnt sich eine Plauderei über die dort versammelten Statuen, den Apoll von Belvedere, die Venus Medici oder die Nioben. Die Ausführung der Statuen, ihre Identifizierung und Deutung wird besprochen. Man liest sich antike Autoren vor und kommt dabei auch zur Diskussion anderer Meinungen. So kritisierte Spence sowohl die Deutung einzelner Figuren der Gruppe als auch ihre Aufstellung in den Gärten der Villa Medici in Rom.

Die Abkehr von der Tätigkeit der Antiquare formuliert Spence so eindeutig, wie kaum ein anderer zuvor. In seinen Augen habe keiner mehr Verlangen nach „profound reading", die Zeit der unübersichtlichen und altmodischen Konvolute sei nun vorbei. Spence stellt sich damit in die

Abb. 13: Jean-Baptiste Siméon Chardin, *Le singe antiquaire* (1740), Paris, Louvre.

Diskussion über das Verhältnis von Antike und Moderne, das unter dem Stichwort der „Querelle des anciens et modernes" bereits am Ende des 17. Jhs. von Charles Perrault (1628–1703) angestoßen worden war. In einer Sondersitzung der Pariser Académie française im Jahre 1687 hatte dieser ein als „Le Siècle de Louis le Grand" betiteltes Gedicht vorgetragen, in dem er die künstlerische und zivilisatorische Überlegenheit seiner Zeit über das klassische Altertum postulierte.

Das negative Bild, das die Antiquare hervorriefen, gipfelt in dem berühmten Bild *Le singe antiquaire* („Der Affe als Antiquar", Abb. 13), das der französische Maler Jean-Baptiste Siméon Chardin 1740 der Öffentlichkeit präsentierte: Hier erscheint ein in eine zeitgenössische Robe gekleideter Affe, der mithilfe einiger numismatischer Folianten und einer Lupe eine Münze studiert. Im Bild des Affen als Antiquar erscheint ein Wechsel in der Bewertung der Altertumsforschung. War bis dahin der „Antiquarius" allseits geachtet, so geriet diese Bezeichnung offenkundig im Verlaufe des 18. Jhs. zum Schimpfwort. Diese Abkehr belegt auch ein Ausspruch des Archäologen Christian Gottlob Heyne (1729–1812) einige Jahrzehnte später: „Nur Komplikationen ohne Gelehrsamkeit, ohne Geschmack und Beurteilung, macht den Inhalt der meisten antiquarischen Bücher aus." Eine Fülle von Karikaturen belegen das in den Augen vieler Zeitgenossen als sinnfrei und ziellos empfundene „Treiben" dieser Spezies von Altertumsforschern. Letztlich deutet sich in ihnen der bevorstehende Paradigmenwechsel an – der Weg von „bloßer Gelehrsamkeit" zur „Wissenschaft".

„Edle Einfalt, stille Größe"

Johann Joachim Winckelmann und seine Zeit

„Ich schreibe von Dingen, die zur Erleuchtung unserer Nation und zum guten Geschmack beitragen, und nicht Sachen, die bloß Gelehrsamkeit betreffen." Diese Worte charakterisieren in vorher nicht bekannter Klarheit einen Wandel in der Beschäftigung mit der antiken Kunst. Der dies schrieb, war Johann Joachim Winckelmann (1717–1768; Abb. 14). Mit ihm betritt die Archäologie die Bühne der Wissenschaft.

Am Beginn der wissenschaftlich betriebenen Archäologie steht also ein Paradigmenwechsel, der letztlich bis heute das Gesicht des Faches bestimmt. Es ist derjenige vom Antiquar zum Archäologen. Der französische Mediziner Jacques Spon (1647–1685) ersetzte zwar als Erster in seinen *Miscellanea eruditae antiquitatis* aus dem Jahre 1685 den Begriff *antiquaria* durch *archaeologia*, den eigentlichen Wendepunkt bildet jedoch erst das Wirken Johann Joachim Winckelmanns. Auch er ist in seinen unterschiedlichen Tätigkeiten durchaus noch der antiquarischen Mentalität verpflichtet; in seinen Schriften jedoch ist der neue Ansatz deutlich artikuliert.

Eine Bilderbuchkarriere mit jähem Ende

Winckelmanns Biographie ist das Muster einer steilen Karriere. Als Sohn eines Schuhmachers aus Stendal nutzte er als Chorschüler die Möglichkeit, die alten Sprachen und später Theologie und Geschichte zu studieren. Nach einer längeren Tätigkeit als Hoflehrer wurde er Bibliothekar des Reichsgrafen Bünau in Nöthnitz bei Dresden. Die Nähe Dresdens mit seinen internationalen Kontakten, v. a. nach Italien, und die dortige Gemäldesammlung führten ihn schließlich zur Beschäftigung mit antiken Denkmälern.

Der entscheidende Schritt jedoch war seine Übersiedlung nach Rom im Jahre 1755. Hier entstanden auch die meisten seiner Schriften. Sein wissenschaftlicher Werdegang war aufs Engste mit der Person des Kardinals Albani (1692–1779) verknüpft; in ihm fand Winckelmann für die nächsten Jahre einen verlässlichen Gönner und Förderer. Wie eng das Verhältnis der beiden war, bezeugen eine Reihe von Briefen Winckelmanns an Freunde in der Heimat. Zunächst war er für den Kardinal als Bibliothekar tätig und kümmerte sich in dieser Funktion um dessen zu großen Teilen von Papst Clemens XI. gestiftete Privatbibliothek sowie um die Antikensammlung Albanis, die schon damals zu den bedeutendsten in Rom gehörte.

Nach der Fertigstellung der Villa Albani an der Via Salaria im Jahre 1760, die auch die Antikensammlung des Kardinals beherbergen sollte, war Winckelmann für die adäquate Ausstattung des Komplexes zuständig. Den Gipfel seiner archäologischen Karriere erreichte er, als am 30. März

1763 der Präsident der Altertümer von Rom, Abt Ridolfino Venuti (1705–1763), starb und er selbst als dessen Nachfolger zum päpstlichen Antiquar avancierte. Er war nunmehr Kommissar der Altertümer von Rom. Dieses Amt bedeutete zuallererst Einfluss, denn zu seinen Zuständigkeiten gehörte u. a. auch die Erteilung von Ausfuhrgenehmigungen für Antiken. Darüber hinaus hatte er die Kontrolle über Fundorte der Tiberstadt. Zusätzlich zu diesem Amt erhielt Winckelmann auf Betreiben Albanis 1763 den Posten des für die deutsche Sprache zuständigen Bibliotheksschreibers und im folgenden Jahr zusätzlich die Zuständigkeit für die griechischsprachigen Werke.

Neben den Tätigkeiten im Auftrage des Vatikans studierte er intensiv die Denkmäler der Stadt und die bedeutenden Sammlungen in den Adelspalästen Roms. Ebenso intensiv waren auch seine Kontakte zur Kunstszene der Stadt, v. a. zu den deutschsprachigen Malern Anton Raphael Mengs (1728–1779) und Angelika Kauffmann (1741–1807) sowie dem Bildhauer und Antikenrestaurator Bartolomeo Cavaceppi (1716–1799), von denen er zahllose Anregungen für sein Studium der Antiken erhielt. Von besonderer Bedeutung für Winckelmann war schließlich auch ein bedeutender Sammler, mit dem er in regem Briefkontakt stand: Baron Philipp von Stosch (1692–1757). Für die Altertumswissenschaft spielte Stosch eine ähnliche Rolle wie 100 Jahre zuvor Nicolas Fabri de Peiresc; er selbst veröffentlichte wenig, hielt aber über eine umfangreiche Korrespondenz die Fäden in der Hand. Für Stosch bearbeitete Winckelmann dessen umfangreiche Gemmensammlung, deren Ergebnisse erst nach dessen Tod zur Publikation gelangten.

Winckelmanns Wirken in Rom und seine Publikationen strahlten weit über die gebildeten Kreise aus, und so wurde er in zahlreiche Akademien Europas aufgenommen, wie z. B. die „Accademia di San Luca" in Rom, die „Accademia Etrusca" in Cortona oder die „Society of Antiquaries of London".

1755 erschien sein erstes Hauptwerk, die *Gedanken über die Nachahmung der griechischen Werke in der Malerei und Bildhauerei* – ganz im Sinne der Aufklärung eine Abrechnung mit der Kunst und Gesellschaft des Barockzeitalters. So untrennbar die „Geburt der modernen Archäologie" mit dem Namen Winckelmann verbunden ist, so sehr ist sein Wirken ohne die Aufklärung nicht denkbar. Er stand in regem Kontakt zu den führenden Gelehrten seiner Zeit und beeinflusste z. T. maßgeblich so bedeutende Literaten wie Lessing, Goethe oder Herder. Mit seinen Publikationen belebte er die Diskussion um das Verhältnis von Bildender Kunst und Dichtung – und er rückte die antiken Objekte als Kunstwerke ihrer Zeit, gewissermaßen als Zeugen, ins Zentrum der Betrachtung. Dabei leitete ihn, wie viele seiner Zeitgenossen, das Ideal der absoluten Schönheit. An diesem Ideal maß er auch die Werke der Antike (s. Info).

In seinen Schriften, v. a. in seiner *Geschichte der Kunst des Altertums* aus dem Jahre 1764, entwickelt Winckelmann die Idee einer Kunstgeschichte, die das einzelne Werk in den Zusammenhang einer fortlaufenden, „historischen" Entwicklung stellt. Konsequent teilt er die griechisch-römische Kunst in aufeinanderfolgende Stilstufen ein: den „älteren Stil", in heutiger Terminologie Archaik und Strenger Stil, den „hohen Stil" mit seinen Exponenten Phidias und Polyklet, den „schönen Stil" und den „Stil der Nachahmer", unter dem alle folgenden Phasen bis zum Ende der römischen Kaiserzeit

Abb. 14: Johann Joachim Winckelmann. Gemälde von Anton von Maron, geschaffen in Winckelmanns Todesjahr: 1786.

subsumiert werden. So überholt diese wertende Periodisierung mit ihrer biologistischen Konzeption von Geburt, Blüte und Verfall heute auch ist, sie wirkt in den Epochenbegriffen wie Archaik oder Klassik immer noch nach.

Zu den Leistungen Winckelmanns gehört auch, dass er für die Betrachtung antiker Kunst Kriterien entwickelte, die nicht nur der unmittelbaren Nutzbarmachung der Kunstwerke für das Repräsentationsbedürfnis der Adelshöfe dienten. In ihrer Breitenwirkung nicht zu unterschätzen sind schließlich auch die Publikation bislang unpublizierter Stücke in *Monumenti antichi inediti* (1767) oder die Bekanntmachung der Grabungsergebnisse aus den Vesuvstädten in dem *Sendschreiben von den Herculanischen Entdeckungen* (1762) und den *Nachrichten von den neuesten Herculanischen Entdeckungen* (1764).

Im Jahr des Erscheinens der *Nachrichten* wurde Herculaneum schon seit 26 Jahren und Pompeji seit immerhin 16 Jahren intensiv erforscht, seit 1755 bestand die archäologische Gesellschaft der „Accademia degli Ercolanei". Die Reisen von Rom aus in den Süden gehörten zum regelmäßigen Programm Winckelmanns. Hier konnte er in ungestörter Umgebung seine Kenntnisse der beiden Vesuvstädte vertiefen und auch originale Zeugnisse griechischer Architektur wie die Tempel von Paestum entdecken (Abb. 15). Auf seiner ersten Reise allerdings lag sein Augenmerk neben den Skulpturenfunden auf den im Oktober 1752 entdeckten Herculanischen Papyri. In seinem *Sendschreiben* berichtet er jedoch hauptsächlich über die Technik der Entrollung der verkohlten Dokumente und weniger über ihren Inhalt, eine Reihe von Abhandlungen eines epikureischen Philosophen namens Philodemos.

Zu Winckelmanns schnellem Aufstieg passt auch sein jäher Tod. Auf der Rückreise von Regensburg über Wien nach Rom wurde er am 8. Juni 1768 in Triest das Opfer eines grausamen Mordes. Der Täter,

> 💡 Die Beschreibung, die Winckelmann in den 1755 entstandenen *Gedanken über die Nachahmung der griechischen Werke in der Malerei und Bildhauerkunst* von der Laokoongruppe gibt, zeigt in ihrer intensiven Sprache die neue Herangehensweise an die antiken Bildwerke:
>
> „Das allgemeine vorzügliche Kennzeichen der griechischen Meisterstücke ist endlich eine edle Einfalt und eine stille Größe, sowohl in der Stellung als im Ausdrucke. So wie die Tiefe des Meers allezeit ruhig bleibt, die Oberfläche mag noch so wüten, ebenso zeigt der Ausdruck in den Figuren der Griechen bei allen Leidenschaften eine große und gesetzte Seele. Diese Seele schildert sich in dem Gesichte des Laokoon, und nicht in dem Gesichte allein, bei dem heftigsten Leiden. Der Schmerz, welcher sich in allen Muskeln und Sehnen des Körpers entdeckt und den man ganz allein, ohne das Gesicht und andere Teile zu betrachten, an dem schmerzlich eingezogenen Unterleibe beinahe selbst zu empfinden glaubt: dieser Schmerz, sage ich, äußert sich dennoch mit keiner Wut in dem Gesichte und in der ganzen Stellung. Er erhebt kein schreckliches Geschrei, wie Virgil von seinem Laokoon singt. Die Öffnung des Mundes gestattet es nicht; es ist vielmehr ein ängstliches und beklemmtes Seufzen, wie es Sadolet beschreibt. Der Schmerz des Körpers und die Größe der Seele sind durch den ganzen Bau der Figur mit gleicher Stärke ausgeteilt und gleichsam abgewogen. Laokoon leidet, aber er leidet wie des Sophokles Philoktetes: sein Elend geht uns bis an die Seele; aber wir wünschten, wie dieser große Mann das Elend ertragen zu können."
>
> Johann Joachim Winckelmann, *Gedanken über die Nachahmung der griechischen Werke in der Malerei und Bildhauerkunst*, zitiert nach: *Winckelmanns Werke in einem Band* [Berlin/Weimar 1969] 18.

Francesco Arcangeli, ein wegen Diebstahls vorbestrafter Koch, wurde bald nach der Tat gefasst und am 20. Juli 1768 hingerichtet. Es scheint wie eine Ironie des Schicksals, dass der Auslöser für diese Gewalttat kostbare Münzen waren, die Winckelmann seinem Mörder voller Stolz präsentierte.

Beinahe ein halbes Jahrhundert später erinnert sich Goethe in seinem Werk *Dichtung und Wahrheit* (1812) an den Vorfall und legt gleichsam einen Grundstein für die „Heroisierung" Winckelmanns: „Dieser ungeheure Vorfall tat eine ungeheure Wirkung, es war ein allgemeines Jammern und Wehklagen, und sein frühzeitiger Tod schärfte die Aufmerksamkeit auf den Wert seines Lebens. Ja vielleicht wäre die Wirkung seiner Tätigkeit, wenn er sie auch bis in ein höheres Alter fortgesetzt hätte, nicht so groß gewesen, als sie jetzt werden mußte, da er, wie mehrere außerordentliche Menschen, auch noch durch ein seltsames und widerliches Ende vom Schicksal ausgezeichnet worden."

Der Tod hielt Winckelmann davon ab, ein Ziel zu erreichen, das er für das Jahr 1768 geplant hatte: Eine Reise ins antike Olympia, von der er sich augenscheinlich viel versprach (s. Info im Kasten oben).

Keine Theorie aus dem Nichts

Winckelmann schrieb seine Traktate nicht im luftleeren Raum. Zahlreiche seiner Entwürfe und Annahmen waren bereits von anderen vorformuliert, viele der einzelnen Beobachtungen und Wertungen getan. Selbst Formeln wie die von der „edlen Einfalt und stillen Größe" finden sich etwa als *solemnity and simplicity* in den Arbeiten von Anthony Ashley Cooper Shaftesbury (1671–1713) oder als *noble simplicity* bei Jonathan Richardson (1665–1745), den Winckelmann nachgewiesenermaßen gelesen und exzerpiert hat. Und auch die Auswahl der seiner Theorie zugrunde gelegten Musterbeispiele waren diejenigen, die schon seit Jahrhunderten oder zumindest seit Jahrzehnten die Geister bewegten.

Winckelmanns Leistungen sind zudem ohne das Wirken von Anne Claude Philippe de Tubières, Graf von Caylus (1692–1765) nicht denkbar. Genau besehen, bildet sich in dessen Person die Übergangsphase vom Antiquar zum Archäologen ab. Graf Caylus sammelte nicht nur Kunstwerke, er unterstützte auch die Vorhaben von Künstlern, die auf ihren Reisen nach Griechenland (Jules David le Roy) und ins süditalienische Paestum (Hubert Robert) den dortigen archäologischen Bestand dokumentieren wollten. Die Universalität von Caylus zeigt sich in seinem siebenbändigen Werk *Récueil d'antiquités égyptiennes, étrusques, romaines et gauloises*, das 1752–1768 erschien. Die Publikation ist zwar noch zu den typischen antiquarischen Schriften zu rechnen, in der breiten Anlage durchaus mit denen eines Montfaucon vergleichbar, doch zeigt das Interesse des Grafen für Material und Technik der untersuchten Kunstwerke, dass er sich auch theoretisch mit ihnen auseinanderzusetzen begann. Von entscheidender Bedeutung aber war, dass er sich dem Diktat der Schriftquellen entzog: „Je mehr ich lese, desto weniger kann ich mithilfe der Autoren in Bezug auf die Künste Sicherheit gewinnen. Man muss in der Tat die Werke sehen, um über sie zu sprechen, und über eine sehr solide und ganz gesicherte Kenntnis verfügen, um über sie zu schreiben" (nach: Samuel Rocheblave, *Essai sur le comte de Caylus* [1889] 274).

Trotz zahlreicher Unschärfen und Fehler in seinen Ausführungen, die ihm bisweilen von Kritikern vorgehalten wurden, gebührt ihm der Verdienst, auf die stilistischen Eigenheiten v. a. der griechischen Kunstwerke hingewiesen und dadurch gewissermaßen erst den Weg für die theoretischen Grundlegungen Winckelmanns freigeräumt zu haben. Und obwohl sich Winckelmann und Caylus nie getroffen haben, ist die wechselseitige Befruchtung mit Händen greifbar. So schrieb Winckelmann in einem Brief: „Ihm gehört zuerst der Ruhm, in das Wesentliche des Stiles eingedrungen zu sein" (nach: Carl Justi, *Winckelmann und seine Zeitgenossen*, Bd. 2 [Leipzig 1898] 290). Anders als Winckelmann beschäftigte sich Caylus aber nicht mit den *opera nobilia*. Vielmehr beschränkte er sich – im Gegensatz zu der in den vorhergehenden antiquarischen Sammelwerken gebräuchlichen Vorgehensweise – auf die Untersuchung ihm persönlich vorliegender Originale.

Allgemein ist die Kenntnis der Publikationen der jeweiligen Kollegen und Konkurrenten vorauszusetzen, entweder durch direkten Kontakt wie etwa im Rahmen der römischen Gesellschaft, über intensive Korrespondenz oder wie im Falle von Graf Caylus über die Lektüre der jeweiligen Publikationen: trotz aller Distanz eine erlesene Gesellschaft von Connaisseuren im Diskurs!

Ein wesentlicher Unterschied zu den meisten seiner Vorgänger bestand letzt-

Abb. 15: Zu den wenigen griechischen Originalen, die Winckelmann in seinem Leben gesehen hat, gehören die außergewöhnlich gut erhaltenen Tempel von Paestum. In seinen *Anmerkungen über die Baukunst der Alten* hat Winckelmann diese ausführlich beschrieben und auf sie seine Ausführungen zur griechischen Architektur gestützt.

lich darin, dass Winckelmann das Kunstwerk, das er betrachtete, von seinem Schöpfer löste. Dabei machte er sich nicht nur frei von den antiken Quellen, er emanzipierte den Gegenstand völlig, um ihn objektiver beurteilen zu können. Selbst in dem von emphatischen Passagen durchzogenen Hauptwerk *Geschichte der Kunst des Altertums* beziehen sich konsequent Lob und Tadel nicht auf den Künstler, sondern auf das Kunstwerk. Ein ebenso bedeutender Unterschied, auch gegenüber Caylus, bestand in der Etablierung des Stils als Schlüssel für das Verständnis der antiken Kunst – und nicht nur als technisches Instrument zu ihrer Einordnung. Dieser Begriff ersetzte mit der Zeit den bis dahin gebräuchlichen des „Geschmacks", selbst wenn er ihm inhaltlich weitgehend entsprach. Im Zusammenhang dieser begrifflichen Schärfung lässt sich Winckelmann durchaus aus der Welt der philologischen Gelehrsamkeit herauslösen.

Winckelmanns Wirkung

Winckelmann schrieb zu einer Zeit, in der die Erforschung der antiken Kunst sich hauptsächlich auf literarische Quellen berief. Für viele Zeitgenossen mussten seine neuen, auf das Bild orientierten Konzepte wie eine Befreiung wirken. In seiner *Abhandlung von der Fähigkeit der Empfindung des Schönen in der Kunst und dem Unterrichte in derselben* formulierte er die Notwendigkeit der Abkehr von der schieren Gelehrsamkeit früherer Zeiten denn auch folgendermaßen: „Die sich durch bloße Gelehrsamkeit in den Altertümern bekannt gemacht haben, sind auch derselben weiter nicht kundig geworden" (nach: *Winckelmanns Werke in einem Band* [Berlin/Weimar 1969] 142). An ihre Stelle tritt der „Enthusiasmus". Neben den unausweichlichen sachlichen Korrekturen, die Winckelmanns Ausführungen an einzelnen Punkten erfahren mussten, war es v. a. dieser „Enthusiasmus", der bei den

Zeitgenossen und Nachfolgern oftmals der Stein des Anstoßes war. Christian Gottlob Heyne (1729–1812), Professor für Poesie und Beredsamkeit in Göttingen, forderte im Hinblick auf den lässigen Umgang mit den Quellen „mehr Wissenschaftlichkeit statt Enthusiasmus" (s. Info im Kasten unten).

Die Ausstrahlung Winckelmanns reichte über die Kreise derer hinaus, die sich mit dem Altertum beschäftigten. Er war weit mehr als ein bloßer Kunstgelehrter, denn er erhob den Begriff des Klassischen auf eine neue Stufe: Aus den Bildwerken der Griechen zu lernen, hieß fürs Leben zu lernen. Gerade hierin bestand der Unterschied etwa zur Haltung der Renaissancegelehrten. Es handelte sich nicht mehr um eine Entdeckung, sondern um eine Idealisierung der griechischen Antike, die sich in dem gern zitierten Diktum von der „edlen Einfalt, stillen Größe" widerspiegelt. Sie ist das unerreichbare Ziel, an dem sich alles messen lassen musste.

Die Vorbildfunktion der griechischen Kultur nahmen viele Zeitgenossen Winckelmanns als gegeben hin. An einem der bedeutendsten Werke, der 1506 wiederentdeckten Laokoon-Gruppe, konnte sich nach der geradezu hymnischen Beschreibung durch Winckelmann in den *Gedanken zur Nachahmung* in Deutschland eine kunsttheoretische Diskussion über die Ästhetik entspinnen. Interessanterweise hat Winckelmann just dieses Werk um Jahrhunderte falsch datiert.

In rascher Folge meldeten sich Befürworter wie Gegner zu Wort. Am Deutlichsten setzte sich Gotthold Ephraim Lessing (1729–1781) von den Ideen Winckelmanns ab. In der 1766 erschienenen Schrift *Laokoon oder Über die Grenzen der Malerei und Poesie* polemisiert er gegen die etablierte Auffassung, nach der ein literarisches Thema nur dann als schön gelte, wenn es auch in der Bildenden Kunst

> Der Göttinger Rhetorikprofessor Christian Gottlob Heyne zählte zu den entschiedenen Kritikern von Winckelmanns Vorgehensweise. Für ihn als philologisch orientiertem Altertumswissenschaftler besaßen die schriftlichen Zeugnisse der Antike deutlichen Vorrang vor den Kunstwerken:
>
> „Dass es der winckelmannischen Geschichte der Kunst des Alterthums, so ein klassisches Buch sie sonst ist, an historischer Richtigkeit fehlt, bemerkte man freylich in der ersten berauschenden Bewunderung nicht ... Im winckelmannischen Werke ist, wegen der unzähligen Unrichtigkeiten in großen und kleinen Sachen nicht nur der ganze historische Teil so gut als unbrauchbar, sondern auch in dem Übrigen läßt sich auf seine Kunstbestimmungen, Feststellungen von Stilen, Epochen und Perioden, und die denselben zufolge gefaßten Urteile über alle Kunstwerke und ihre Meister, ohne vorgängige genaue Prüfung seiner Behauptung, wenig rechnen ... Mehr als einmal setzte Winckelmann erst seine Einbildungskraft in Arbeit, um den Stil eines Zeitalters oder Künstlers zu erfinden und wahrscheinlich zu machen; dann leitete er daraus Urteile für die ganze Zeitgeschichte ab, und setzte sie als Grundsätze nieder, aus denen er eine Menge andre Dinge wiederum ableitete."
>
> Christian Gottlob Heyne, *Über die Künstlerepochen beym Plinius*, in: ders., *Sammlung antiquarischer Aufsätze*, Bd. 1 (1778), 165–167.

umgesetzt werden könne. Lessings *Laokoon* wiederum wird von Johann Gottfried von Herder (1744–1803) im *Ersten kritischen Wäldchen* von 1769 kritisch behandelt. An die erneute Interpretation der Laokoon-Gruppe in Johann Jacob Wilhelm Heinses (1746–1803) *Ardinghello* schlossen sich bis weit ins 19. Jh. zahlreiche Deutungen von Archäologen, Philologen, Literaten und Malern an, darunter u. a. Goethe, Heyne, Friedrich Gottlieb Welcker (1784–1868), Heinrich Brunn (1822–1894) oder Anselm Feuerbach (1829–1880).

Der Streit um die Vorrangstellung eines der beiden Medien Text und Bild spielte nicht nur in der ästhetischen Theorie, sondern auch in der Diskussion um die Objektivierung möglicher Erkenntnisse in der Folgezeit eine gewichtige Rolle.

Insgesamt ist der Erfolg der Schriften Winckelmanns aber nur verständlich vor dem Hintergrund der Aufklärung. Sie verstärkte den ohnehin in Deutschland vorhandenen Hang zum antiken Griechenland, der im Klassizismus seinen Höhepunkt erreichte. Die politischen Implikationen seiner Idealisierung der Kulturleistungen der Griechen indes – wie z. B. die Idee der Freiheit – trafen mit wenigen Ausnahmen kaum auf Resonanz, selbst wenn sie durchaus in den Debatten des ausgehenden 18. Jhs. ihren Ort hatten.

Die Rezeption Winckelmanns in Kreisen, die sich nicht hauptberuflich mit der Archäologie beschäftigten, war wie gesehen v. a. in der sog. Weimarer Klassik ausgesprochen intensiv. Archäologie im engeren Sinne war zu Winckelmanns Lebzeiten noch nicht zu einer eigenständigen Forschungsdisziplin an den Universitäten geworden. Wie stark sich aber z. B. die Konzeption der Stilstufen auch im alltäglichen Umgang durchgesetzt hatte, zeigt eine Notiz in der *Italienischen Reise* Johann Wolfgang Goethes (1749–1832) zum 3. Mai 1787: „Ich lernte wieder und half mir an jenem dauerhaften Winckelmannischen Faden, der uns durch die verschiedenen Kunstepochen durchleitet, so ziemlich hin." (Abb. 16)

Abb. 16: Der Apoll von Belvedere wurde in römischer Zeit gerne rezipiert. Die Marmorkopie eines griechischen Bronzeoriginals von 350–325 v. Chr. galt seit Winckelmann als das Idealbild der griechischen Klassik. Entsprechend oft wurden in der Neuzeit Kopien, wie diese in einem Park in Sankt Petersburg, auch zur Gestaltung von Interieurs und Außenanlagen verwendet.

Der Weg in die Institutionen

Das 19. Jahrhundert

Mit Winckelmann und seiner umgehenden Rezeption durch Lessing, Herder und Goethe war die Archäologie einem breiteren Publikum als jüngster Spross der Altertumswissenschaften bekannt geworden. Besonders im deutschsprachigen Raum setzte nun eine rege Diskussion darüber ein, wie man mit dem neuen Verständnis der Archäologie als wissenschaftlicher Disziplin umgehen sollte. Es begann ein langer Weg der „Selbstfindung", der auch mit der Etablierung als eigenständiges Fach und dem ersten ausschließlich für die Klassische Archäologie gegründeten Lehrstuhl im Jahre 1865 noch lange nicht seinen Abschluss fand.

Streit um den rechten Weg

Am Beginn des 19. Jhs. wirkte das für die Entwicklung der Archäologie wie auch der anderen Wissenschaften so zentrale Leitbild des Klassischen zunehmend einengend. Zu den Tabus, die der strenge Klassizismus des späten 18. Jhs. mit sich brachte, zählt auch die Weigerung, die Farbigkeit antiker Bildwerke zu thematisieren – bis heute ein schwieriges Thema, selbst wenn sich die Kenntnis durch moderne Untersuchungsmethoden stark verbessert hat. Immerhin hatte sich durch genaue Bauaufnahmen und entsprechende Studien antiker Architektur die Farbigkeit von Wand, Bauornamentik und figürlicher Ausstattung als gesichert erwiesen (Abb. 17). Erste farbige Rekonstruktionen griechischer Tempel wurden veröffentlicht.

In der Folgezeit veränderten neue Funde und verfeinerte Kriterien die Grundlagen der Forschung. Um neue Impulse, die aus dem Geist der Romantik geboren waren, wurde heftig gestritten. In seinen Vorlesungen zur griechischen Kunst etwa erkundete Georg Friedrich Creuzer (1771–1858) neue Perspektiven, die in seinem Hauptwerk *Symbolik und Mythologie der alten Völker, besonders der Griechen* ausgeführt sind. Auch andere Forscher betraten Neuland, wie etwa Johann Jakob Bachofen (1815–1887). Er erforschte anhand antiker Quellen die soziale Stellung der Frau in den vorklassischen Gesellschaften. Seine Thesen zum Vorhandensein matriarchalischer Strukturen in der Frühzeit erweiterten den Horizont der Altertumswissenschaften durch ethnographische Fragestellungen. Bachofen war, anders als viele seiner Forscherkollegen, nicht nur in den Kunstsammlungen und Museen Europas unterwegs, sondern bereiste auch Griechenland, Italien und Spanien. Aus dem großen Interesse für die antike Gräberwelt erwuchsen seine religionswissenschaftlichen und soziologischen Themen, die in der Veröffentlichung seiner Studie *Mutterrecht* (1861) gipfelten.

Allgemein bewirkten die Ideen der Romantik eine Rückwendung zu den Wurzeln der antiken Kultur. Darüber hinaus rückten neue Themen in den Vordergrund, wie etwa Mythos, Religion, Kult und Fest. Das einzelne Bildwerk verlor an Bedeutung zugunsten einer Konzentration auf die Lebenswelt und ihre Bedingungen.

Die Archäologie der ersten Hälfte des 19. Jhs. war dominiert vom Widerstreit unterschiedlicher Richtungen, die sich auch in ihrer Stellung zu den Thesen Winckelmanns definierten. Dabei ging es vorrangig um Fragen der wissenschaftlichen Methodik. Im Wesentlichen lassen sich drei Strömungen unterscheiden: eine vom Klassizismus geprägte, eine von der Romantik beeinflusste und eine philologisch-historisch orientierte. Die durch die unterschiedlichen Ansätze geprägte Debatte konzentrierte sich besonders auf Deutschland; in anderen Ländern etablierte sich die Archäologie offenkundig schneller und ging „pragmatischer" mit den Problemen der Standortbestimmung um.

Die Positionen der im Klassizismus bzw. in der Romantik verwurzelten Strömungen verband trotz aller Unterschiede grundsätzlich die Anerkennung des Vorbildcharakters der antiken Kunst. Mit den 30er Jahren des 19. Jhs. setzte sich die philologisch-historische Ausrichtung der Archäologie weitgehend durch. Die Diskussion um das Verständnis der Archäologie als eigenständiges Fach war allerdings damit nicht beendet. Besonders die Positionen Eduard Gerhards (1795–1867) und Otto Jahns (1813–1869) standen sich

Abb. 17: Die Farbigkeit von antiker Architektur und Skulptur ist erst in letzter Zeit ein Thema der musealen Präsentation von Antiken. Bei dem griechischen Tempel von Agrigent auf Sizilien etwa hat man im Verlaufe der Restaurierungsarbeiten auf die Verkleidung der Baugerüste die angenommene Farbfassung der Fassade aufgetragen.

dabei gegenüber. In seiner Schrift *Ueber das Verhältniss der Archäologie zur Philologie und zur Kunst* definierte Letzterer die Archäologie in Anlehnung an die Methoden der philologischen Analyse als „monumentale Philologie". Ihre Aufgaben bestanden seiner Ansicht nach nicht nur in der Analyse einzelner Denkmäler, sondern in der Bearbeitung der „Gesamtheit des monumentalen Stoffes" mit Blick auf die „Gesamtanschauung des antiken Lebens". Gegen diesen Anspruch setzte Jahn in bewusstem Rückbezug auf Winckelmann seine Vorstellung vom Gegenstand archäologischer Forschung: „Der Archäologie gehören alle Überlieferungen des Alterthums an, welche von dem Geist desselben Kunde geben, insoweit er sich in der Bildenden Kunst offenbart." Trotz der gegensätzlichen Vorstellungen ging es Gerhard und Jahn noch nicht um eine endgültige Trennung der beiden Fächer, sondern v. a. um eine inhaltliche und methodische Präzisierung des Terminus Archäologie.

Von einer inhaltlichen Auseinandersetzung mit den klassizistischen und romantischen Strömungen ist bei der Diskussion um die Jahrhundertmitte keine Rede mehr. Winckelmanns Werk war für die Archäologie – zumindest bis zur Mitte des 19. Jhs. – zwar grundsätzlich wichtig geblieben. Gleichgültig, ob man seinen Ausführungen nun kritisch gegenüberstand oder ihm folgte, eine archäologische Betätigung ohne Auseinandersetzung mit seinen Thesen war beinahe undenkbar. Zunehmend jedoch ersetzte die Verehrung für seine Person diejenige für seine Leistungen. Nicht von ungefähr hinterließ der Mensch Winckelmann auch in der Literatur des 19. Jhs. seine Spuren: 1861 erschien der Roman *Winckelmann* von Alexander Freiherr von Ungern-Sternberg (1806–1868), 1862 der dreibändige Roman *Winckelmann oder Von Stendal nach Rom* von Amalie Bölte (1811–1891). Für den Philosophen Friedrich Wilhelm Joseph Schelling (1775–1854) war er der „Vater aller Wissenschaft von der Kunst". Einschränkend müsste man heute wohl sagen, er ist der „Vater" der kunstgeschichtlichen Archäologie.

Für die Zeit ab der Jahrhundertmitte ist – parallel zu dem enormen Anwachsen des Denkmälerbestandes – eine neue Ausrichtung der Forschungsziele zu bemerken, die sich beinahe wie eine Renaissance der antiquarischen Forschung ausnimmt. Die Vorstellung einer „idealen" Antike wurde ersetzt durch die Annahme, man könnte die „reale" Antike aufspüren und so zu einem authentischen Bild des Altertums gelangen. Dabei spielte sicherlich auch die Orientierung an den Methoden der exakten Wissenschaften eine gewichtige Rolle, die seit der Mitte des 19. Jhs. bahnbrechende Entdeckungen vorzuweisen hatte. Auch die Archäologie strebte nach objektiven oder zumindest objektivierbaren Erkenntnissen. Einer der Repräsentanten dieser neuen, positivistischen Richtung in Deutschland war Adolf Furtwängler (1853–1907; Abb. 18).

In diesen Zusammenhang gehört auch die Enzyklopädisierung der Erkenntnisse. Neben monumentalen Gesamtpublikationen einzelner Denkmäler wurden in der zweiten Hälfte des 19. Jhs. auch die epochalen Nachschlagewerke *Dictionnaire des Antiquités* und *Realencyclopädie der classischen Altertumswissenschaften* begründet, wissenschaftliche Großprojekte, die bis ins 20. Jh. hinein ganze Generationen von Wissenschaftlern beschäftigten.

Institutionalisierung

Im Zuge der Verwissenschaftlichung der Archäologie ist ein Aspekt bemerkenswert: Einige der namhaftesten Altertumswissenschaftler waren Aufsteiger, viele von Ihnen aus einfachen oder einfachsten Verhältnissen, allen voran Winckelmann selbst, der es vom Sohn eines Schusters zum Präsidenten aller Altertümer in Rom brachte. Aber auch anderen, wie Christian Gottlob Heyne (1729–1812) als Webersohn oder Aloys Hirt (1759–1837) aus bäuerlichem Milieu, gelang der Aufstieg zu professoralen Ehren. Dies zeigt einerseits die im Verlaufe des 18. Jhs. und besonders im 19. Jh. entstehende gesellschaftliche Durchlässigkeit, gleichzeitig aber auch die allmähliche Loslösung der Archäologie von der Sammlungstätigkeit der Höfe. Zwar waren die Archäologen weiterhin auf Mäzenatentum und Protektion durch die Landesfürsten angewiesen, sie konnten sich jedoch zunehmend unabhängig machen, nicht zuletzt durch wahrhaft „fürstliche" Honorare, die einzelne Verleger diesen zugestanden. Karl Otfried Müller (1797–1840) etwa erhielt für ein einziges Buch eine so bedeutende Summe, dass er sich davon ein Haus bauen konnte.

Nicht unwesentlich zu dieser Emanzipation trugen auch die Gründung von Institutionen oder die Einrichtung entspre-

Wie wenig gefestigt die Stellung der Archäologie als neue Disziplin noch im Jahre 1867 gewesen zu sein scheint, belegt die Tatsache, dass Adolf Michaelis sie in den folgenden Ausführungen als „sogenannte Archäologie" bezeichnet:

„Der bedeutende Aufschwung, welchen in den letzten Jahrzehnten die geschichtliche und philologische Erforschung des classischen Alterthums genommen hat, ist freilich allen Zweigen der Alterthumswissenschaft zu Gute gekommen, doch nicht allen in ganz gleichem Maße. Zu denjenigen Disciplinen, welche von dieser neuen frischen Entwicklung am meisten Gunst erfahren haben, gehört die sogenannte Archäologie, die Wissenschaft von der alten Kunst, ja sie hat sich erst neuerdings den ihr gebührenden Platz unter den Schwesterdisciplinen erworben. Denn so lange die Beschäftigung mit dem Alterthum sich fast ausschließlich auf die rein philologische Behandlung der alten Schriftwerke beschränkte, so lange auch die Geschichtsforschung nur die schriftlichen Quellen als rein und beachtenswerth erkannte, konnten die alten Kunstwerke keine eingehendere Beachtung von dieser Seite finden, man überließ ihre Betrachtung am liebsten Künstlern und Kunstfreunden, unbekümmert darum, ob denn einst im Leben der alten Griechen und Römer die Kunst auch eine so unbedeutende Stelle eingenommen haben möchte. Inzwischen hatten Winckelmann und seine unmittelbaren Nachfolger, Heyne, Visconti, Zoega, eine tiefere und gründlichere Behandlung der alten Kunst und ihrer Werke begonnen, aber erst unserem Jahrhundert, welches darauf drang, auch das classische Alterthum als ein lebendiges Ganzes in der Gesammtheit aller seiner Geistesäußerungen aufzufassen, konnte es gelingen, die archäologischen Studien in die heilsame Wechselwirkung mit den philologischen und historischen Studien zu setzen, und sie so zu einem integrirenden Theile der Alterthumsforschung zu machen."

Adolf Michaelis, in: *Die Grenzboten* 2 (1867) 445.

chender Lehrstühle an den Universitäten Europas bei. Es waren politische und gesellschaftliche Veränderungen, die die Schaffung spezifischer archäologischer Forschungsinstitute ermöglichten. Dies geschah vermehrt in der zweiten Hälfte des 19. Jhs. und war direkt gekoppelt an die rasante Entwicklung der Universitäten in dieser Zeit. Die Tendenz zur Verwissenschaftlichung und den Weg in die Institutionen verdeutlicht ein Brief Adolf Furtwänglers aus dem Jahre 1880 im Hinblick auf die Besetzung des Postens des Direktors der Berliner Museen: „Früher war der Generaldirektor ein beliebiger Hofmann, etwas kunstliebender Cavalier, jetzt zum ersten Male vor kurzem ist ein Bürgerlicher, ein Gelehrter und sogar speziell ein Archäologe an diese wichtige Stelle gekommen."

An den Beginn der Institutionalisierung gehört sicherlich die Gründung der „Society of Dilettanti" in London (1732, Abb. 19), aber auch diejenige des „Instituto di Corrispondenza Archeologica" in Rom (1828), beides Institutionen, die Gelehrte, Künstler und Dilettanten, aber auch politisch Tätige und Diplomaten zu Mitgliedern hatten. Letzterem gehörten etwa Goethe und – als zweiter Präsident – Metternich an.

Im Laufe der Zeit gründeten alle großen mitteleuropäischen Staaten Institute in Italien und Griechenland. 1874 wurde das römische Institut vom Deutschen Reich übernommen und gleichzeitig ein entsprechendes in Athen aus der Taufe gehoben. Es folgte die Römisch-Germanische Kommission im Jahre 1901, gewissermaßen der Startschuss für die Dachorganisation des Deutschen Archäologischen Instituts. Entsprechende Institute gründeten Frankreich (1846 in Athen, 1875 in Rom), Großbritannien (1885 in Athen, 1901 in Rom), die USA (1882 in Rom), Österreich (1898 in Athen) und Italien (1909 in Athen). Parallel dazu entstanden aber auch vor Ort nationale Forschungseinrichtungen – als eine der ersten die „Archaiologiké Etairía" (Archäologische Gesellschaft) in Athen, schon bald nach der Befreiung von der osmanischen Herrschaft im Jahre 1837.

Eine Folge der Gründung von Institutionen war eine gewisse „Professionalisierung" der Archäologie: Die tradierte Figur des dilettierenden Diplomaten oder Offiziers war überholt. An ihre Stelle traten nun von staatlicher Seite autorisierte und beauftragte Spezialisten. Auch diese Tendenz der Nationalisierung archäologischer Forschung und Ausgrabungstätigkeit wirkt bis zum heutigen Tage nach.

Die Professionalisierung führte schrittweise auch zur Loslösung der Archäologie von den dominierenden Disziplinen der Klassischen Philologie und der besonders in der zweiten Hälfte des Jahrhunderts erstarkten Geschichtsforschung. Die Archäologie verlor an den deutschsprachigen Universitäten zunehmend den Charakter einer Hilfswissenschaft. Bis in die 40er Jahre des 19. Jhs. konnte man in Deutschland Vorlesungen zur antiken Kunst nur im Rahmen der Philologie und Rhetorik hören. Mit der Einrichtung eigener Archäologie-Professuren in Göttingen (1842), Berlin (1844) und Halle (1845) war ein wesentlicher Schritt zur administrativen Trennung von Archäologie und Philologie getan.

Mehr als Klassik

Richtete sich das Augenmerk der universitären Forschung hauptsächlich auf die Errungenschaften der griechischen und römischen Kunst, so bildeten die internatio-

Abb. 18: Adolf Furtwänglers Energie und sein Formengedächtnis waren schon zu Lebzeiten sprichwörtlich. Diese Eigenschaften machten es für ihn möglich, ganze Denkmälergattungen systematisch und umfassend zu behandeln und so für die Nachwelt zu erschließen.

nalen Institutionen wie diejenige der „Dilettanti" in London bereits früh ein Gegengewicht gegen die „Schreibtischtäter". Letztlich inspirierten diese auch Forschungsunternehmungen, die nicht in die Sammlungen der Aristokraten oder nach Italien, sondern auch in andere Regionen der antiken Welt führten. Einen ersten Schritt stellte die Erkundung Griechenlands dar, das von den meisten Archäologen dieser Zeit nicht besucht wurde. Die Mission von James Stuart und Nicholas Revett (1751–1754) zielte auf eine planmäßige Aufnahme der antiken Baudenkmäler, die der Dokumentation ebenso wie ihrem Erhalt dienen sollte. Viel weitreichender waren aber Erkundungen, die den Boden der klassischen Antike verließen und die im Verlaufe des 19. Jhs. weiteren archäologischen Disziplinen Raum schufen. Aus ganz unterschiedlichen Wurzeln entstanden so etwa die Ägyptologie – zunächst auch v. a. philologisch orientiert –, die Biblische Archäologie oder die Provinzialrömische Archäologie.

Ägyptische Archäologie

Ein militärisches Desaster, der Feldzug Napoleons in Ägypten (1798–1801), warf für die Ägyptologie immensen Nutzen ab: Napoleon hatte auf diese Unternehmung neben seinen Soldaten auch einen großen Stab an Forschern aller Couleur mitgenommen, deren Aufgabe es war, alles Wissenswerte über Natur, Geschichte und Kultur des Landes am Nil zusammenzutragen. Zu diesem Zweck wurde in Kairo 1798 ein ägyptologisches Institut, das „Institut d'Égypte" gegründet. Die Publikation der Ergebnisse ließ jedoch auf sich warten.

Das groß angelegte Projekt der *Description de l'Égypte*, einer vollständigen Beschreibung des Landes, erschien in mehreren Teilen zwischen 1809 und 1828 mit mehr als 3000 Abbildungen, gegliedert in gesonderte Abschnitte für Altertümer, Naturgeschichte und Zeitgenössisches (Abb. 20). Die Wirkung der *Description de l'Égypte* löste nicht nur in der Fachwelt eine wahre Ägyptomanie aus, die das klägliche Schei-

Abb. 19: Die Society of Dilettanti wurde als exklusiver „Club" 1732 gegründet und war seit der Mitte des 18. Jhs. maßgeblich an der Finanzierung und Förderung archäologischer Expeditionen nach Griechenland und Italien beteiligt. Zu den bekanntesten Mitgliedern gehörte Sir Joshua Reynolds (1723–1792), der in diesem Bild einige Köpfe der Society festhielt.

tern der militärischen Operation rasch in den Hintergrund drängte. Nie vorher und selten danach ist eine so umfangreiche Dokumentation zu einer einzelnen Kulturlandschaft publiziert worden. Noch heute ist sie eine wertvolle Quelle für inzwischen zerstörte Monumente.

Ergänzt wurden die Erkenntnisse durch eine wissenschaftliche Sensation: Dem französischen Gelehrten Jean-François Champollion (1790–1832) gelang die Entzifferung der ägyptischen Hieroglyphen. Dabei kam ihm der Fund einer Trilingue, einer in drei Sprachen verfassten Inschrift, zugute. Durch den Abgleich der griechischen Version des auf dem nach seinem Fundort „Stein von Rosetta" genannten Granitblock aufgebrachten Textes mit dem in Hieroglyphen und in demotischer Schrift aufgezeichneten Pedant gelang es Champollion den Schlüssel für die Entzifferung der bis dahin völlig unverständlichen Hieroglyphen zu finden. Teile seiner Erkenntnisse veröffentlichte er im Oktober 1822 in dem „Brief an Monsieur Dacier", der bis heute als Meilenstein in der Entwicklung der Ägyptologie gilt.

Ein halbes Jahrhundert nach der napoleonischen Unternehmung trat die Expedition von Carl Richard Lepsius (1810–1884) in ihre Fußstapfen und bereiste Ägypten, um ihrerseits – nun auf einer wesentlich veränderten Grundlage – den Bestand an Denkmälern zu untersuchen und in einer ähnlich umfangreichen Publikation zu dokumentieren.

Anders als in vielen anderen archäologischen Disziplinen boten sich für die wissenschaftliche Beschäftigung mit den Hinterlassenschaften der ägyptischen Hochkultur vor dem Durchbruch durch Champollion denkbar schlechte Voraussetzungen. Bis dahin erschloss sich die Welt der Pharaonen nur über „fremde" Quellen. Das ließ Spekulationen viel Raum. Die Erschließung der Hieroglyphentexte war somit der eigentliche Startschuss für die Ägyptologie.

Diese „späte Geburt" lässt sich auch am Zeitpunkt der Gründung entsprechender Institutionen, wie der ägyptischen Antikenverwaltung im Jahre 1858 und des „Egypt Exploration Fund", der heutigen „Egypt Exploration Society", 1882 durch Amelia Edwards (1831–1892), ablesen. Beide dienten vorrangig dem Schutz der Denkmäler und sollten eine adäquate Erforschung garantieren, die ohne die zur Verfügung gestellten Sponsorengelder und die Unterstützung der Behörden kaum umzusetzen gewesen wäre. Während in der Frühzeit die meisten Ägyptologen Autodidakten waren, so änderte sich dies gegen Ende des 19. Jhs. Nach und nach wurden an den Universitäten ägyptologische Professuren eingerichtet, wie z. B. der von besagter Amelia Edwards finanzierte Lehrstuhl für Ägyptologie am University College in London.

Biblische Archäologie

Die Napoleonische Expedition wirkte auch über Ägypten hinaus. Das Interesse am Orient als Ganzes stieg, und so begaben sich zahlreiche Forscher auf die Reise. Zu den Ersten, die unter teilweise abenteuerlichen Bedingungen auch den Boden Palästinas, des Heiligen Landes, betraten, gehörten neben Carsten Niebuhr (1733–1815) – er berührte auf seiner Arabienreise auch Palästina – v. a. Ulrich Jasper Seetzen (1767–1810) und Johann Ludwig Burckhardt (1784–1817). Ihre Berichte ermöglichten in zahlreichen Fällen die Lokalisierung biblischer Stätten. Diese Reisen unterschieden sich jedoch von den bis dahin unternommenen dadurch, dass es sich erstmals nicht um „Pilgerreisen", sondern um Bildungs- bzw. Erkundungsreisen handelte.

Genau genommen stehen die spätantiken Pilgerberichte und Pilgerführer am Anfang der Beschäftigung mit der „historischen" Topographie des Heiligen Landes. Dazu zählten allen voran das sog. *Onomastikón* des Kirchenvaters Eusebios von Kaisareia (ca. 260–337 n. Chr.), die Pilgerberichte der Egeria und des „Pilgers aus Bordeaux" aus dem 4. Jh. n. Chr., aber auch monumentale Landkarten wie die berühmte „Madabakarte", eine

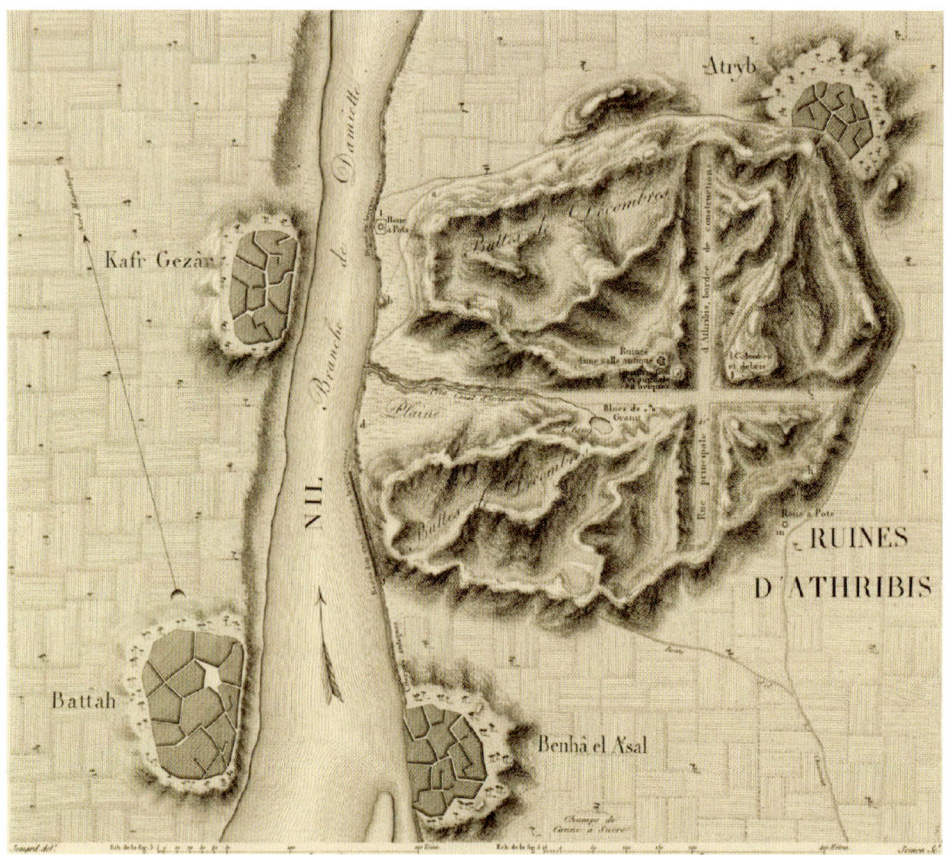

Abb. 20: Ein gesonderter Teil der *Description de l'Égypte* dokumentiert in Karten den antiken Bestand zur Zeit des beginnenden 19. Jhs., hier das Ruinengelände von Athribis.

Mosaikdarstellung des Heiligen Landes aus dem 6. Jh. n. Chr. All diese Quellen zielten auf die Information und Erbauung der zahllosen Pilger; die in ihnen enthaltenen Informationen aber waren und sind auch heute noch für die Erforschung des christlichen Orients von unschätzbarem Wert.

Wie in vielen anderen Regionen begann auch in Palästina in der zweiten Hälfte des 19. Jhs. die eigentliche systematische archäologische Erforschung der antiken Überreste mit der Gründung eines Vereins, des „Palestine Exploration Fund" im Jahre 1865 in London. Im Auftrag der Gesellschaft vermaß und erforschte Charles Warren (1840–1926) Jerusalem und machte dabei für die Topographie der Stadt entscheidende Entdeckungen durch Schachtgrabungen im Stadtbereich. Noch heute trägt die Tunnelanlage, die aus Jerusalem heraus zur Gihon-Quelle führt, die Bezeichnung „Warren-Schacht" (Abb. 21). Für die Archäologie sind die Forschungen Warrens insofern von Bedeutung, als sie angesichts der politisch-religiösen Verhältnisse in Jerusalem Material zum Tempelberg und seiner Umgebung bieten, das sich gegenwärtig nicht durch neue Grabungen vermehren lässt.

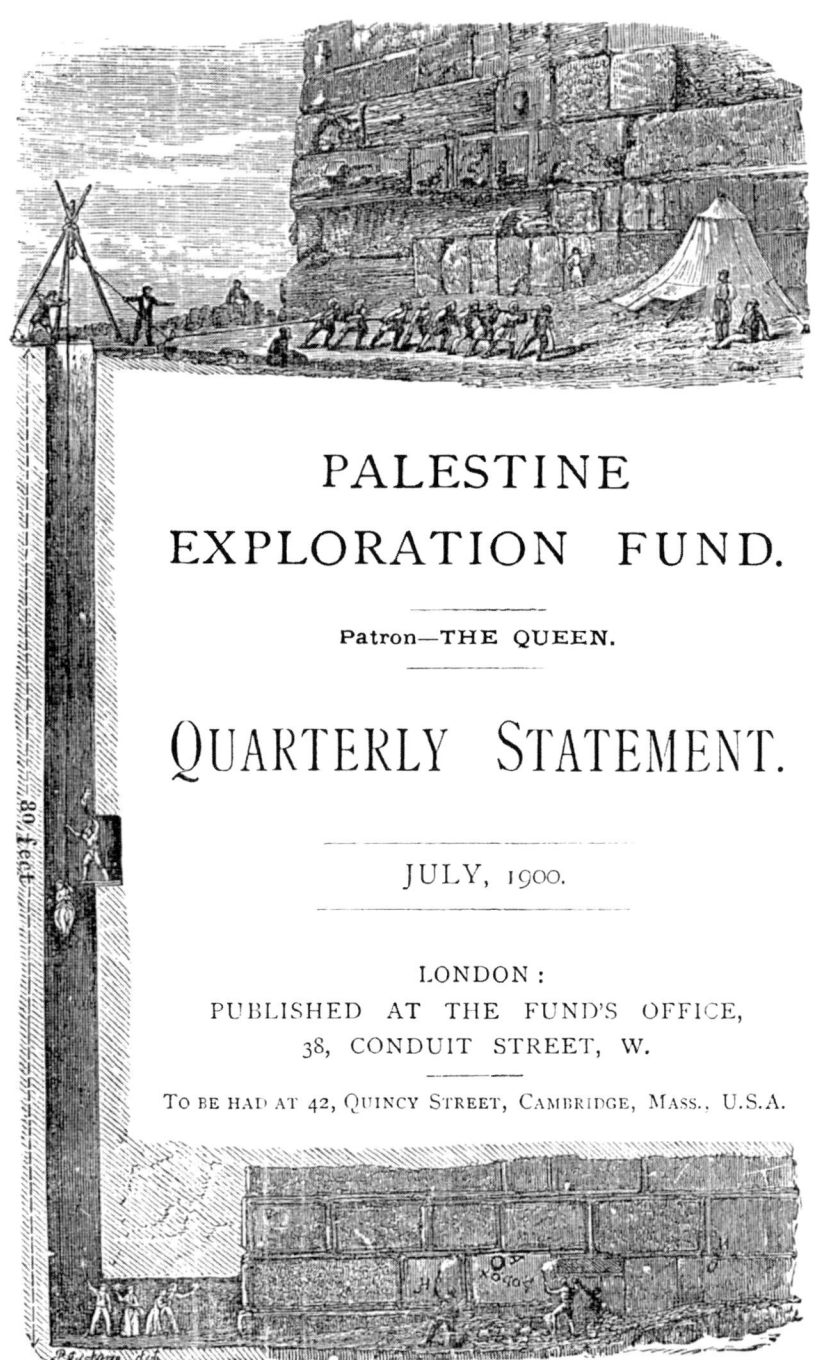

Abb. 21: Das Deckblatt dieses Berichtes über die Tätigkeiten des Palestine Exploration Fund vom Juli 1900 zeigt eine vereinfachte Darstellung der Grabungen im Bereich der Mauern des Jerusalemer Tempelareals unter Charles Warren.

Bereits 1838 hatte sich Edward Robinson (1794–1863) in Jerusalem betätigt und dabei den südlichsten Bogenansatz an der Westmauer des herodianischen Tempels entdeckt. Seine Arbeiten bereiteten den Boden für die Tätigkeit auch anderer Forscher in der Region. 1865–1866 erkundete Charles William Wilson (1836–1905) die Küstenregion von Beirut bis Jerusalem, u. a. Baalbek, Damaskus, Caesarea Philippi und zahlreiche Orte in Galiläa. Auch französische Forscher untersuchten die archäologischen Stätten der Levante, allen voran Victor Honoré Guérin (1821–1891) und Ernest Renan (1823–1892), der als einer der ersten Archäologen Syrien und den Libanon erforschte.

Bis weit ins 20. Jh. hinein dominierten die europäischen Institutionen die Grabungstätigkeit. Dazu gehörte neben dem „Palestine Exploration Fund" der „Deutsche Verein für die Erforschung Palästinas" (seit 1877), die „École Biblique" (seit 1890) und die „American School of Oriental Research" (seit 1902).

Im Gegensatz zu vielen anderen archäologischen Disziplinen war die „Biblische Archäologie" schon in ihrer Entstehung zielorientiert. Forschungen und Grabungen dienten vorrangig der Bestätigung der Historizität der in den heiligen Schriften überlieferten Ereignisse. Die allmähliche Ausweitung des Tätigkeitsfeldes auf den gesamten Vorderen Orient bedingte auch eine Ausweitung des zeitlichen und kulturellen Horizonts, sodass in der Folge die gesamte Kultur der Großregion zum Tummelplatz der Biblischen Archäologie wurde. Aus diesem Grunde spricht man heute zunehmend von „Palästina-Archäologie".

Provinzialrömische Archäologie

Eine ganz eigene Entwicklung nahm die aus der lokalen Forschung entstandene Provinzialrömische Archäologie. So begann man in Deutschland mit der Wiederentdeckung des Tacitus und besonders seiner Schrift *Germania* in der Mitte des 15. Jhs. vielerorts, die Funde aus römischer Zeit zu sammeln, v. a. Inschriften und Münzen. Nach einzelnen frühen Versuchen, den lokalen Bestand an antiken Denkmälern zu erfassen, setzte im 18. Jh. mit der Erkundung des germanischen Limes auch hier eine Verstärkung der Römerforschung ein, die durch Institutionen wie die Preußische Akademie der Wissenschaften gefördert wurde (Abb. 22). Zunehmend wurden die archäologischen Reste aufgenommen und konserviert.

Zahlreiche Vereine entstanden auf regionaler Ebene, z. B. die „Archäologische Gesellschaft für nützliche Forschung" in Trier 1801, der „Verein für Nassauische Altertumskunde und Geschichtsforschung" in Wiesbaden 1812 oder der „Verein für Altertumsfreunde im Rheinland" 1841. Wesentlich trugen auch einzelne Museen, wie das „Rheinische Landesmuseum" in Bonn, oder Forschungseinrichtungen, wie das 1852 gegründete „Römisch-Germanische Zentralmuseum" in Mainz und die sog. „Reichs-Limeskommision", die im Jahre 1892 auf Betreiben des Althistorikers und späteren Nobelpreisträgers Theodor Mommsen (1813–1903) entstand, zur Etablierung der Provinzialrömischen Archäologie bei.

Ein Vorläufer der letztgenannten Institution wurde bereits 1852 mit der „Commission zur Erforschung des Limes Imperii Romani" gegründet. Aufschwung erhielt die Erforschung der römerzeitlichen Hinterlassenschaften und besonders des

Abb. 22: Im 19. Jh. rückte der obergermanisch-rätische Limes ins Blickfeld der Archäologie. Die Abbildung zeigt Ausgrabungsarbeiten an der Porta Decumana des Grenzkastells Holzhausen (Rhein-Lahn-Kreis). Erste umfangreichere archäologische Untersuchungen begannen hier 1874, bevor das Areal von der Reichs-Limes-Kommission 1897–1903 großflächig ergraben wurde.

Limes nach der Vereinigung der deutschen Teilstaaten im Kaiserreich 1871. Dennoch versuchten auch weiterhin die regionalen Vereine – z. B. im Königreich Württemberg, im Großherzogtum Baden und im Großherzogtum Hessen – mit Blick auf die Wahrung ihrer Kulturhoheit die archäologischen Untersuchungen systematisch auch über die Grenzen der selbständigen Staaten des Deutschen Bundes hinweg zu betreiben. Ein entscheidender Schritt hin zu einer übergreifend organisierten Römerforschung in Deutschland war die angesprochene Gründung der „Reichs-Limeskommission", deren Entstehen einige Hürden zu durchlaufen hatte. Besonders Besetzungs- und Budgetfragen, die sogar in einer Reichstagssitzung debattiert wurden, drohten die bereits beschlossene Gründung mehrfach zum Scheitern zu bringen. Die konstituierende Sitzung fand schließlich am 6. und 7. Juni 1892 in Heidelberg statt (Abb. 23).

Das Ausstrahlen in die Lebenswelt

Welch große Wirkung die archäologischen Forschungen hatten, lässt sich auch an der Rezeption in Architektur, Kunst und Design erkennen. Die Publikationen zu Pompeji und Rom von Sir William Hamilton (1730–1803), der als britischer Botschafter am Hof von Neapel tätig war, hatten über die Fachwelt hinaus Einfluss. Seine Sammlung antiker Vasen inspirierte auch die Formgebung von Alltagsgegenständen wie Möbeln und Tafelgeschirr, so z. B. der Keramik des Josiah Wedgwood (1730–1795). Wedgwood war nicht nur an der Optimierung von Material und Herstellungstechniken interessiert; vielmehr bemühte er sich auch, angeleitet von antiken Formen, die in seinen Fabriken hergestellten keramischen Produkte in der Form dem Zeitgeist anzupassen. Er erfand die sog. „Jasper Ware", Gefäße mit meist zweifarbigen Reliefs, die konsequent antike Vorbilder kopierten (Abb. 24).

Am deutlichsten lässt sich der Einfluss an der Architektur ablesen. Die griechischen Vorbilder waren anerkanntermaßen der Maßstab für öffentliches wie privates Bauen. In Deutschland waren Architekten wie Karl Friedrich Schinkel (1781–1841) v. a. in Berlin oder Leo von Klenze (1784–1864) in München maßgeblich dafür verantwortlich, dass die Städte ein repräsentatives, also „griechisches" Erscheinungsbild erhielten. Nicht von ungefähr errichteten sie zahlreiche Theater, Opernhäuser, Museen und andere Kultureinrichtungen, die einen Bildungsauftrag besaßen (Abb. 25).

Die Entwicklung der Archäologie im Verlaufe des 19. Jhs. ist maßgeblich mitbestimmt durch die gesellschaftlichen Veränderungen mit dem Aufkommen des städtischen Bürgertums und der zunehmenden Industrialisierung. Waren zu Winckelmanns Zeiten die Adressaten der Publikationen und der Sammlungen vorwiegend Adlige, so bediente die Archäologie nun ein anderes Publikum. Die Bedürfnisse, die zunehmender Wohlstand und „Freizeit" schufen, wollten befriedigt werden. Allerorten entstanden neue Museen und Einrichtungen für das Bildungsbürgertum; die Berliner Glyptothek etwa wurde 1830 eröffnet. Das breitere Interesse, die größere Zahl an kulturell und wissenschaftlich Interessierten führte dazu, dass eine neue Infrastruktur geschaffen wurde, deren sichtbarster Ausdruck die periodisch stattfindenden Weltausstellungen waren. Die gesteigerten Ansprüche und höhere Mobilität schufen am Ende des Jahrhunderts eine regelrechte Tourismusindustrie für Bildungshungrige, die sich ein eigenes Bild von den antiken Ruinen machen wollten, deren Vorzeigestücke sie bereits in den Museen Europas kennen gelernt hatten.

Auch die Etablierung des Gymnasiums mit seinen am Humanismus orientierten Bildungskanon trug zu einem gesteigerten Interesse an den Erkenntnissen der Antike und somit der Archäologie bei. An ein solches Publikum richtete sich auch eine Literaturgattung, die nun massentauglich wurde: der „historische Roman". Selbst wenn sich namhafte Literaten über dieses Genre spöttisch äußerten: Bücher wie Edward Bulwer-Lyttons *The Last Days of Pompeii* aus dem Jahre 1834, Gustave Flauberts *Salammbô* von 1862 oder der im 20. Jh. mehrmals verfilmte Roman *Quo vadis* (1896) von Henryk Sienkiewicz erreichten ein großes Publikum und schufen auch für die Altertumswissenschaften eine neue Öffentlichkeit, die ebenso befruchtete wie legitimierte. Neben den Roman gesellte sich bald als neue Gattung das archäologische Sachbuch. Als erster Bestseller dieser Gattung kann mit Fug und Recht der Bericht des Assyriologen

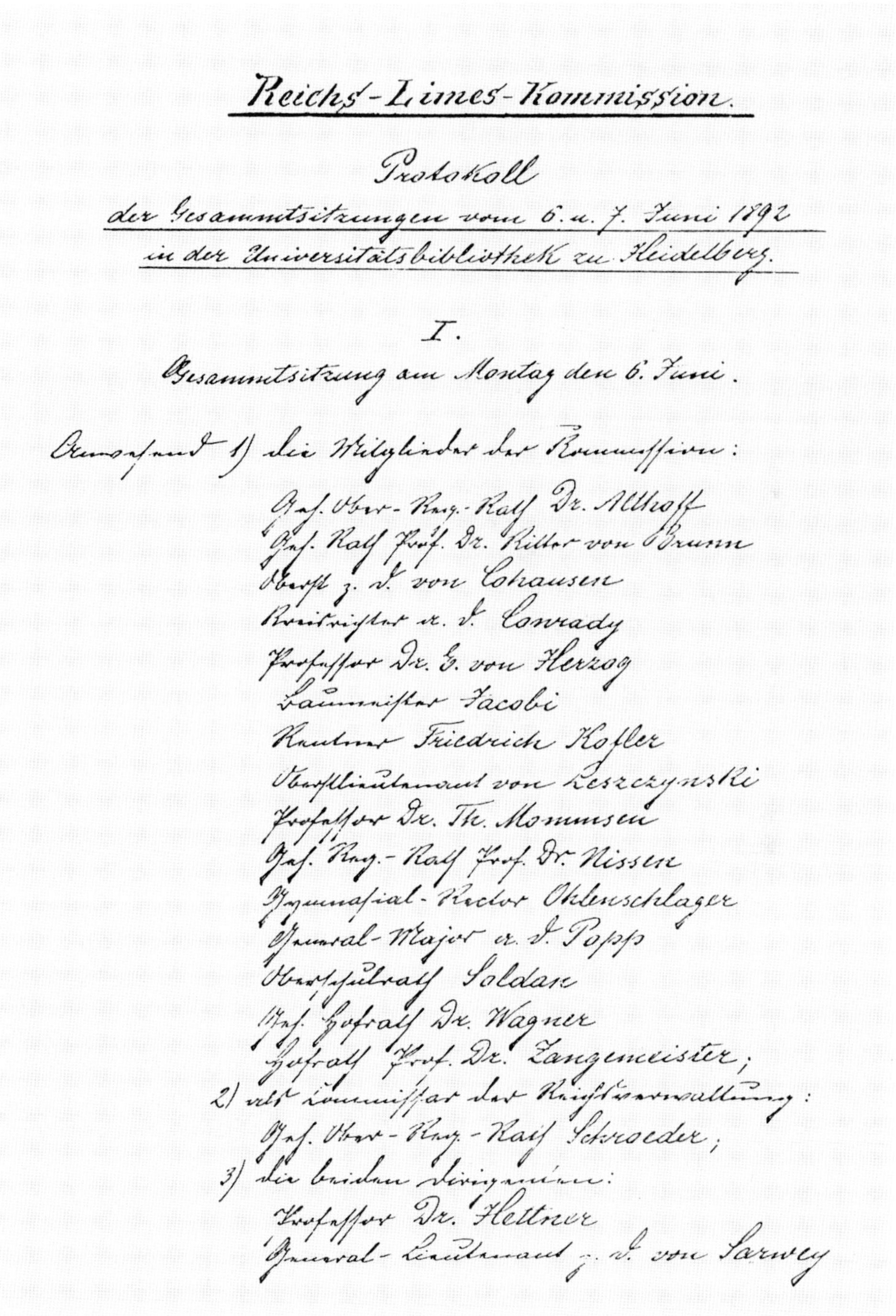
Reichs-Limes-Kommission.

Protokoll
der Gesammtsitzungen vom 6. u. 7. Juni 1892
in der Universitätsbibliothek zu Heidelberg.

I.

Gesammtsitzung am Montag den 6. Juni.

Anwesend 1) die Mitglieder der Kommission:
Geh. Ober-Reg.-Rath Dr. Althoff
Geh. Rath Prof. Dr. Ritter von Brunn
Oberst z. D. von Cohausen
Kreisrichter a. D. Conrady
Professor Dr. G. von Herzog
Baumeister Jacobi
Rentner Friedrich Kofler
Oberstlieutenant von Leszczynski
Professor Dr. Th. Mommsen
Geh. Reg.-Rath Prof. Dr. Nissen
Gymnasial-Rector Ohlenschlager
General-Major z. D. Popp
Oberschulrath Soldan
Geh. Hofrath Dr. Wagner
Hofrath Prof. Dr. Zangemeister;
2) als Kommissar der Reichsverwaltung:
Geh. Ober-Reg.-Rath Schroeder;
3) die beiden Dirigenten:
Professor Dr. Hettner
General-Lieutenant z. D. von Sarwey

Abb. 23: Erste Seite des Protokolls der konstituierenden Sitzung der Reichs-Limes-Kommission in Heidelberg (6.–7. Juni 1892).

Abb. 24: Die sog. Portlandvase, die Wedgwood produzierte und auch als Logo seiner Keramikmanufaktur wählte, zählte zu den Meisterwerken antiker Glasschneidekunst. Das Original ist heute im Londoner British Museum zu sehen.

Austen Henry Layard (1817–1894) gelten, der unter dem Titel *Niniveh and its Remains* im Jahre 1848 erschien.

Ein neuer Blick in die Vergangenheit

Besieht man sich den kulturellen und geistigen Horizont, vor dem sich die Archäologie als Wissenschaft im Verlaufe des späten 18. und des 19. Jhs. ausbreitete, so sind die Wechselwirkungen zwischen den jeweilig vorherrschenden Geistesströmungen und den Erkenntnissen der Archäologie evident.

Doch auch die naturwissenschaftlichen Fortschritte gingen nicht spurlos an der Archäologie vorüber. Neue Erkenntnisse formten nicht nur ein verändertes Bild der gegenwärtigen Welt, sondern führten auch zum „Umdenken" in Bereichen, die die Archäologie wesentlich betrafen. Dies gilt besonders für die Chronologie. War bis weit ins 18. Jh. der Mensch eingebettet in die christliche Schöpfungsgeschichte, das Alter der Welt bestimmt durch die Angaben in der Bibel – die 1650 von dem englischen Erzbischof James Ussher auf den 23. Oktober 4004 v. Chr. datierte Erschaffung der Welt galt als gesichert –, so lösten die Erkenntnisse v. a. der Geologie Anfang des 19. Jhs. Zweifel aus. Diese Bedenken vermehrten sich, als Jacques Boucher de Perthes (1788–1868) im Bett der Somme Steinwerkzeuge, darunter neolithische polierte Äxte und paläolithische Steinklingen, in geologischen Schichten fand, die deutlich älter waren, als sie nach alter Rechnung hätten sein dürfen (s. Info S. 63).

Die 1846 vorgelegten Ergebnisse von Boucher de Perthes stießen allerdings sofort auf heftigen Widerstand. Die Pariser

Den Ausführungen von Jacques Boucher de Perthes merkt man an, dass er sehr wohl um die Brisanz seiner Thesen wusste. Angesichts der Tatsache, dass die Diskussion um das Alter der Menschheit gerade im Gange war, hat seine Argumentation grundlegenden Charakter:

„Die gängige Meinung ist, dass dieser Teil Europas, den wir bewohnen, ein neues oder doch neuerdings bewohntes Land ist. Seine Annalen erreichen kaum zwanzig Jahrhunderte; seine Erinnerungen und Überlieferungen übersteigen keine zweitausendfünfhundert Jahre ... Ohne dass wir den Ort verlassen, an dem wir uns jeweils aufhalten, finden wir doch, wenn wir einige Fuß tief graben, die Überreste einer anderen Epoche mit anderen Sitten, anderen Monumenten, anderen Zeitläufen, anderen Menschen. Wenn wir einige Fuß tiefer gehen, finden wir ein anderes Zeitalter und noch andere Völker. Wer kann also sagen, ob wir nicht, wenn wir noch tiefer hinuntergehen und in die Eingeweide einer von so vielen Katastrophen verwüsteten Erde vordringen, den Beweis dafür finden, dass das, was an der Oberfläche war, sich heute im Zentrum befindet, und dass die dazwischenliegenden Flächen oder jene unermesslichen Gebiete, die von den Tiefen des Meeres bedeckt sind, uns nicht Monumente und die Überreste unbekannter Bevölkerungen verbergen? ... Ich weiß, dass auch an dieser Stelle die Beweiskraft noch in Abrede gestellt werden könnte. Das ist ausgeschlossen, wird man sagen: Spuren von Menschen, von Werkzeugen, von Äxten aus bearbeitetem Flintstein können sich nicht inmitten sintflutlicher Überreste befinden. Ich kann nur darauf antworten: das ist so und muss so sein, denn verwunderlich wäre es vielmehr, wenn es nicht der Fall wäre; und ich werde nicht aufhören zu wiederholen: Nachdem es damals Menschen gab, nachdem die Überlieferung das sagt, nachdem die überlegende Betrachtung das zeigt, nachdem es schließlich niemand leugnet, was ist dann eigentlich so erstaunlich daran, dass man Spuren von ihnen findet? Das eine ist eine Folge des anderen ... Man muss daher zu folgender Schlussfolgerung kommen: Wenn die Menschen seit älterer Zeit auf der Erde sind, als man im Allgemeinen angenommen hat, müssen auch ihre Monumente, oder beim Fehlen von Monumenten, ihre Werkzeuge und Waffen älter sein."

Jacques Boucher de Perthes, *Antiquités celtiques et antediluviennes*, Bd. 1 (Paris 1847) 16 ff.

„Academie des sciences" lehnte sie rundweg ab, sodass die Publikation ohne Rückendeckung erst ein Jahr später erfolgte. Tatsächlich ist an einigen Punkten seine Analyse recht oberflächlich, und in der Dokumentation mischen sich zuweilen Artefakte mit Funden, die natürlichen Ursprungs sind. So wären die neuen Thesen wohl ungehört geblieben, hätte er nicht einige Jahre später von englischer Seite Unterstützung erhalten. 1858 besuchten die Naturforscher Hugh Falconer (1808–1865) und Geologe John Prestwich (1812–1896) den Grabungsort Abbeville und waren von den Funden begeistert. Schon im Mai des folgenden Jahres trugen sie die Erkenntnisse vor der Royal Society in London vor. Als auch ein ehemaliger Kontrahent Perthes', der Paläontologe Albert Gaudry (1827–1908), 1859 seine Thesen unterstützte, war – ein Jahrzehnt nach der erfolglosen Publikation seiner Ergebnisse

– Boucher de Perthes rehabilitiert. Ihm gebührt seitdem das Verdienst, die geologische Stratigraphie für die Archäologie als Untersuchungsmethode eingeführt und bis dahin meist vernachlässigte Objekte der Vorzeit erschlossen zu haben.

Ohne die inzwischen allgemein anerkannte Vorstellung, dass Artefakte auch ohne ergänzende literarische Überlieferung aussagekräftig genug sind, um ganze Kulturen zu rekonstruieren, wären die bahnbrechenden Erkenntnisse der nun folgenden Untersuchungen zur Urgeschichte des Menschen allerdings kaum denkbar gewesen. Gerade die Annäherung an die Naturwissenschaften erweiterte das archäologische Betätigungsfeld. Nun konnte man auch die unscheinbarsten Funde nutzbar machen.

Die rasche Akzeptanz der neuen Vorstellungen vom Alter der Menschheit und der zugehörigen Artefakte zeigt sich auch darin, dass einige Jahre nach der revolutionären Publikation Darwins *On the Origin of Species* auf der Pariser Weltausstellung im Jahre 1867 wie selbstverständlich Funde vor- und frühgeschichtlicher Zeit gezeigt wurden.

Am Ende des 19. Jhs. hatte sich die Archäologie grundlegend gewandelt: Aus dem Anhängsel der Philologie hatte sich eine erstzunehmende Wissenschaftsdisziplin mit eigenen Lehrstühlen, eigenen Institutionen und einer breiten Wahrnehmung in der Öffentlichkeit herausgebildet. Dazu trug zum einen die Präzisierung der Kenntnisse der Vergangenheit durch geschärfte Kriterien und den enormen Zuwachs an Material bei, zum anderen aber auch das Nebeneinander von Kunstarchäologie und Grabungsarchäologie. Nicht zuletzt die beeindruckenden Funde der Ausgrabungen des 19. Jhs. und die schillernden Persönlichkeiten ihrer Ausgräber bestimmten maßgeblich die Außenwirkung dieser „neuen Wissenschaft".

Abb. 25: Besonders im Bereich der Museumsarchitektur dominierten im 19. Jh. klassizistische Formen. Leo Klenze in München und Friedrich Schinkel in Berlin schufen eine Reihe repräsentativer Bauten, die dem Bürgertum Orte des Verweilens und der „Weiterbildung" bescherten. Schinkels Altes Museum in Berlin, Photographie zwischen 1890 und 1900.

Das „heroische Zeitalter der Archäologie"

Die Ausgrabungen des 19. und frühen 20. Jahrhunderts

Im Jahre 1867 erschien in Italien Hendrik Ibsens Theaterstück *Peer Gynt*, in dem die für das späte 19. Jh. beinahe typische Figur des reichen Kaufmanns auftritt, der Prototyp des Machers und Abenteurers, der sich weit über die Grenzen seines Metiers hinausbegibt, um „im Gedächtnis zu bleiben". Eine der Möglichkeiten zur Verewigung des eigenen Andenkens ist die Archäologie, genauer die Ausgrabung antiker Stätten. Bei Ibsen heißt es: „Vielleicht grab' ich Potiphar aus und sein Heer. Dann bin ich Asiat. In Babylon werden besucht die berüchtigten hängenden Gärten, will heißen, die Hauptstätten seiner Kultur. Ein Sprung – und ich bin auf trojanischer Spur." Ibsen entwirft hier das Modell eines besessenen Autodidakten, der seine finanziellen Mittel „sinnvoll" nutzen will, um bislang ungelöste Rätsel der Menschheit zu lösen.

Heinrich Schliemann und die „Entdeckung" Trojas

Vieles an Peer Gynt erinnert an die „Lichtgestalt" der Grabungsarchäologie, an Heinrich Schliemann (1822–1890) – und so nimmt es nicht Wunder, dass dieser oft als Vorbild für die Figur des Peer Gynt angesprochen wurde (Abb. 26). Die Sachlage ist jedoch umgekehrt: Das Theaterstück erschien einige Jahre *vor* dem Beginn der Ausgrabungen in Troja. Das Bild des Selfmade-Archäologen jedoch passte in die Zeit des bürgerlichen Aufbruchs in der Mitte des 19. Jhs.

In der Ahnenreihe der Ausgräber erscheint Heinrich Schliemann nicht an vorderster Stelle. Bis heute jedoch hat sich die Vorstellung gehalten, er sei der eigentliche „Vater der Archäologie". Dies liegt zum einen an der zentralen Bedeutung des Trojamythos, den Schliemann zum Leitfaden seiner archäologischen Forschungen machte, zum anderen aber auch an einer nie zuvor bekannten Vermarktung der Ergebnisse und der eigenen Leistungen – bis hin zur Klitterung der eigenen Biographie. Schliemann mangelte es dabei nicht am nötigen Selbstbewusstsein. Er war der festen Überzeugung „für die Archäologie eine neue Welt aufgedeckt zu haben." Anlässlich der Auffindung einer Mauerecke im Jahre 1873, die er entgegen aller Befunde als den westlichen Turm der homerischen Festung deutete, formulierte er in seinen *Trojanischen Altertümern*: „Möge dies heilige, erhabene Denkmal von Griechenlands Heldenruhm … ein Wallfahrtsort werden für die

Abb. 26: Heinrich Schliemann war vor seiner Tätigkeit als Ausgräber ein Musterbeispiel für einen erfolgreichen Kaufmann. Sein Vermögen, das er später auch für die Finanzierung der Grabungen einsetzte, hatte er durch geglückte Investitionen in St. Petersburg und den Vereinigten Staaten erworben.

wißbegierige Jugend aller Generationen und sie begeistern für die Wissenschaft, besonders für die herrliche griechische Sprache und Literatur."

Tatsache ist jedoch, dass Vermutungen zur Lage Trojas am Hügel Hisarlık bereits zuvor von Charles Maclaren (1782–1866) und Frank Calvert (1828–1908) geäußert wurden. Und so startete die Grabungstätigkeit Schliemanns auf z. T. bereits bestelltem Feld. Dass sie allerdings erfolgreich verlief, wenn sie auch nach heutiger Kenntnis nicht zum gewünschten Ziel führte, war der Beharrlichkeit und Energie Schliemanns zu verdanken. Bei allen Grabungen Schliemanns in Troja (ab 1870 in mehreren Etappen), Ithaka und Orchomenos (1880–1886) sowie Tiryns und Mykene (ab 1876) ging es ihm v. a. um die Auffindung von Beweisen für die Historizität der bei Homer geschilderten Ereignisse. Die Grabungen in Troja hinterließen neben dem sog. „Schatz des Priamos" und dem legendären „Schliemanngraben" nach heutigem Verständnis eine Spur der Verwüstung, denn bei den Grabungen der ersten Jahre ignorierte dieser auf der Suche nach der Troja-Schicht alle späteren Siedlungsspuren. Bezeichnend, dass er seine Arbeiter in der Regel nach weggeräumten Kubikmeter Schutt bezahlte. Erst durch die Mitwirkung Wilhelm Dörpfelds in Troja und Mykene veränderte sich auch die Grabungsmethodik. Die Schichtenfolge wurde korrigiert, die Ergebnisse nicht am Wunsch und Willen des Ausgräbers, sondern an den Befunden orientiert und im Wesentlichen korrekt dokumentiert (Abb. 27).

Schliemanns Funde und Deutungen wurden allerdings auch von einer ganzen Reihe von Zeitgenossen kritisch bewertet. Unter seinen Widersachern tat sich besonders Ernst Bötticher hervor, der Schliemann und Dörpfeld wiederholt der Fälschung der Befunde bezichtigte. Kurz vor seinem Tod fanden im Dezember 1889 und im März 1890 die beiden sog. „Hissarlik-Konferenzen" statt, die in ihren ausführlichen Protokollen den „Sieg" Schliemanns über seine Gegner dokumentierten (s. Info). So strittig Schlie-

Abb. 27: Besonders die imposanten Festungsmauern waren für Heinrich Schliemann ein „Beweis" für die Existenz des homerischen Troja am Hügel von Hisarlık. Alle bei der Suche nach dem Schatz des Priamos störenden Schichten wurden dabei bedenkenlos abgetragen.

manns Vorgehensweise und seine Ergebnisse auch waren und sind, immerhin gebührt ihm der Ruhm, als erster Archäologe eine bronzezeitliche Siedlung im ägäischen Raum ergraben und so gewissermaßen die Verbindung zwischen Orient und Okzident ermöglicht zu haben.

Es gehört zu den Besonderheiten der wissenschaftlichen Archäologie, dass mit dem Wirken Winckelmanns und Schliemanns auch die Trennung zweier Bereiche einhergeht: der kunstgeschichtlich orientierten Beschäftigung mit den Denkmälern der Antike und der Suche nach neuen Erkenntnissen und Funden durch die aufkommenden Grabungsaktivitäten seit der Mitte des 18. Jhs. Gerne wurde für diese beiden Richtungen das Begriffspaar *archeologia elegante* und *archeologia militante* benutzt. Diese beiden Stränge befruchteten einander, standen sich jedoch lange Zeit – zumindest was die Anerkennung der jeweiligen Ergebnisse angeht – nicht immer freundlich gegenüber.

Ein großer Teil der etablierten Schreibtischgelehrten kritisierte nicht nur Methoden und Ergebnisse, sondern rieb sich v. a. an Charakter und Persönlichkeit Heinrich Schliemanns. So konnte Adolf Furtwängler in einem Brief über diesen schreiben: „Schliemann … ist und bleibt … ein doch halb verrückter und konfuser Mensch, der von der eigentlichen Bedeutung seiner Ausgrabungen keine Ahnung

Nach der Abreise von der Hissarlik-Konferenz, bei der keine wirkliche Einigung zwischen Boetticher und Schliemann erzielt werden konnte, verfassten zwei der Teilnehmer folgende Erklärung:

„Zu Anfang December fand auf der Ruinenstätte von Hissarlik (Ilion) eine Zusammenkunft statt zwischen den Herren Dr. Schliemann und Dr. Dörpfeld einerseits und dem Hauptmann a. D. Boetticher anderseits. Der Letztere hat bekanntlich in seinem Buche: ‚La Troie de Schliemann une nécropole à incinération‘, sowie in Aufsätzen und Flugschriften die Ruinen zu Hissarlik als eine ‚prähistorische Feuer-Nekropole‘ zu erklären versucht und dabei gegen Dr. Schliemann und Dr. Dörpfeld die Beschuldigung erhoben: durch Verbergung von Thatsachen, beziehungsweise Zerstörung von Bauwerken, absichtlich die Ergebnisse der Ausgrabungen entstellt zu haben. Als unparteiische Zeugen waren die Unterzeichneten erschienen. Bei Untersuchung der von Dr. Schliemann aufgedeckten Bauanlagen erwiesen sich die von Hauptmann a. D. Boetticher erhobenen Beschuldigungen als durchaus unbegründet, und es wurde von den Unterzeichneten die Uebereinstimmung der in den Werken ‚Ilios‘ und ‚Troja‘ von Dr. Schliemann und Dr. Dörpfeld gegebenen Darstellung mit dem wirklichen Sachverhalt anerkannt. Hauptmann a. D. Boetticher hat diese Uebereinstimmung in mehrern wichtigen Punkten eingeräumt und die Beschuldigung der Entstellung der Ausgrabungsergebnisse zurückgenommen. Auf Grund der vom 1.–6. December angestellten Untersuchungen, über welche ein Protokoll geführt wurde, erklären die Unterzeichneten, dass sie in den zu Hissarlik aufgedeckten Ruinen nicht eine ‚Feuer-Nekropole‘ erblicken, sondern Wohnstätten, beziehungsweise Tempel und Befestigungsanlagen.
Konstantinopel, 10. December 1889.
George Niemann, Architekt, Professor an der Akademie der Bildenden Künste in Wien.
Steffen, Major und Abtheilungs-Commandeur im Hessischen Feldartillerie-Regiment Nr. 11."

H. Schliemann, *Bericht über die Ausgrabungen in Troia im Jahre 1890* (Leipzig 1891) 4.

hat und wirklich nur aus dem niederen Interesse, daß die Sachen so und so alt sind und gerade aus Troja und Mykene stammen, all seine wirklich erstaunliche Energie aufbietet."

Bezeichnend für die gegenseitige Missachtung ist eine Episode, die mit der Auffindung der sog. Helios-Metope in Troja zusammenhängt. Das Eintreffen der Photographie des Fundes in den Berliner Museen löste bei den an klassischen Funden Interessierten „allgemeines Entzücken" aus. Ernst Curtius bot Schliemann sogar – in der Hoffnung auf weitere ähnliche Funde – Gelder für Grabungen an, die dieser jedoch ablehnte mit dem Hinweis, es handele sich bei solchen Objekten aus griechisch-römischer Zeit doch bloß um „Nebensachen".

Die „Wissenschaft des Spatens"

Mit Schliemann betrat ein Typus des Archäologen die Bühne, der die Breitenwirkung der immer noch jungen Disziplin in bis dahin unbekanntem Maße förderte. Die spektakulären Funde überboten sich gegenseitig an Dramatik. Das gesamte 19. Jh. überspannt eine Reihe an Entdeckungen aus allen Regionen der Mittelmeerwelt und Vorderasiens: Zu den imposantesten neben Troja zählen z. B. Mykene und Olympia in Griechenland, Pergamon und Ephesos in Kleinasien, Babylon, Ur und Ninive in Mesopotamien oder die Pyramiden von Sakkara und das Archiv von Tell el-Amarna in Ägypten. Für die Mehrzahl der Menschen des 19. Jhs. galt bald die Gleichung: Archäologie = Ausgrabung.

Herculaneum und Pompeji

Die Funde der Antike und des Mittelalters waren zumeist Zufallsfunde. Auch die Entdeckung der berühmten Laokoongruppe war kein Ergebnis systematischer Grabungen. Und wenn gegraben wurde, dann stand bis weit ins 18. Jh. hinein nicht die Wissenschaft im Vordergrund.

Am Beginn systematischer Grabungen stehen die Erkundungen der Vesuvstädte um die Mitte des 18. Jhs., von denen auch Winckelmann berichtete. Sie schufen den Nährboden für das Aufkommen der Grabungsarchäologie. Allerdings waren auch sie zunächst vornehmlich darauf ausgerichtet, schöne Stücke für die Sammlungen der Adelshäuser und später für die entstehenden Antikenmuseen zu gewinnen. Und so unterschieden sich Raubgräberei und wissenschaftliche Grabungen auch in Herculaneum und Pompeji zunächst kaum voneinander.

Die ersten regulären Ausgrabungen in Herculaneum begannen im Jahre 1738. Man begann damit, im Bereich des Theaters, wo schon vorher Funde getätigt wurden, Schächte bis auf das Niveau der Stadt zu graben und von dort aus waagrechte Suchstollen zu treiben. Mit unterschiedlicher Intensität wurden die Grabungen bis 1780 fortgeführt, aber erst 1828 wieder aufgenommen. Von nun an fanden die immer wieder unterbrochenen Untersuchungen unter freiem Himmel statt. Im Verlaufe der Erkundungen in Herculaneum waren seit 1710, als durch Zufall bei Brunnenarbeiten die ersten Statuenfunde zutage traten, zwar eine Fülle an Kunstwerken, und auch die berühmten verkohlten Papyri aus der Villa dei Papiri (Abb. 28) entdeckt worden. Das benachbarte Pompeji jedoch stieß schon bald auf größeres Interesse.

Die Ausgrabungen in Pompeji (Abb. 29) begannen mit dem gleichen Ziel der Gewinnung von Kunstwerken im Jahre 1748, wurden aber bald wieder eingestellt. Seit 1763 konnte man das Grabungsgebiet auch besuchen. Einen Einschnitt stellte die Übernahme der Grabungsleitung im Jahre 1860 durch Giuseppe Fiorelli (1823–1896) dar: Ziel seiner Grabungen war die Rekonstruktion der historischen Wirklichkeit, für die Pompeji wie prädestiniert schien. Die im Verlauf des Vesuvausbruchs verschütteten Menschen wurden durch Ausgießung der Hohlräume, die sie hinterlassen hatten, gewissermaßen zu neuem Leben erweckt. Konsequent legte Fiorelli sein besonderes Augenmerk auf Funde, die das Alltagsleben der Stadt dokumentierten. Systematisch wurden die einzelnen *insulae* Schicht für Schicht ausgegraben. Man bemühte sich nun auch um die Konservierung der schon ausgegrabenen Teile der Stadt und begann mit der Rekonstruktion von bisher ungeschützten und dem Verfall preisgegebenen Bauten.

Mesopotamien und der Vordere Orient

Anders als im Falle der Vesuvstädte bildeten den ersten Schritt zu einer Grabungstätigkeit Reisende wie Cyriacus von Ancona (ca. 1391–1455) Mitte des 15. Jhs., Ogier Ghislain de Budbecq (1522–1592) ein Jahrhundert später oder Jacques Spon in den Jahren 1675/76, die von den Sehenswürdigkeiten entlegener Länder Bericht erstatteten und so den Boden für eine systematische Erkundung bereiteten. Dies gilt ebenso für Griechenland wie für die Länder des Orients oder Nordafrikas.

Das Interesse am Vorderen Orient und an Mesopotamien erwachte im 17. Jh. Auslöser waren die Reiseberichte des Pietro della Valle (1586–1652). Der italienische Schriftsteller hatte das Zweistromland bereist und im Jahre 1625 mit Keilschrift beschriebene Ziegel aus Ur und Babylon nach Europa gebracht (s. Info S. 73). Viele der frühen Expeditionen zielten darauf ab, in der Bibel erwähnte Orte zu lokalisieren. Carsten Niebuhr (1733–1815), Leiter der dänischen Expedition von 1761, war einer der Ersten, die Mesopotamien bereisten, um antike Objekte zu untersuchen oder Inschriften zu kopieren. Ihm folgten zahlreiche weitere Forscher, v. a. Franzosen und Engländer. Die erste groß angelegte Unternehmung war die sog. „Tigris-Euphrates-Expediti-

Abb. 28: Die Getty Villa in Mailbu/California ist ein Nachbau der berühmten „Villa dei Papiri" in Herculaneum.

on" unter Führung von Francis Rawdon Chesney (1789–1872).

Zunächst waren die Bemühungen auf die an der Oberfläche sichtbaren Denkmäler beschränkt. Erste Ausgrabungen unternahmen Paul-Emile Botta (1802–1870) im Jahre 1842 in Chorsabad und Austen Henry Layard (1817–1894) ab 1845 in Nimrud. Innerhalb der nächsten Jahrzehnte erforschten die Ausgräber – 1877 grub Ernest de Sarzec (1832–1901) in Tello und entdeckte die Sumerer – eine völlig in Vergessenheit geratene Kulturregion, die sich durchaus mit der griechisch-römischen messen konnte.

Bis weit ins 19. Jh. hinein diente auch die Erforschung des Vorderen Orients v. a. dem Ziel, möglichst schnell Kunstwerke für die heimischen Sammlungen zu beschaffen, „damit die Nation so umfassend und vollständig eine Sammlung assyrischer Altertümer besitzen konnte, wie es, in Anbetracht der bescheidenen Möglichkeiten, zu sammeln möglich war" – so formulierte es Layard unmissverständlich. Hinzu kam die immense Konkurrenz unter den Ausgräbern. Layards Nachfolger, der chaldäische Christ Hormuzd Rassam (1826–1910), ließ im Auftrag des British Museum heimlich auf dem Gelände der französischen Expedition in Ninive graben und entdeckte 1853 den Palast des Assurbanipal.

Um zu den gesuchten Reliefs, Skulpturen und Inschriften zu gelangen, griffen die Ausgräber oft zu rabiaten Mitteln: In die Siedlungshügel, unter denen sich die gesuchten Artefakte verbargen, wurden Tunnel getrieben, spätere Siedlungsschichten einfach abgeräumt, „unhandliche" Großskulpturen und Reliefs zersägt. Ebenso abenteuerlich wie die Grabungsbedingungen war auch der Transport der Funde vom Grabungsort nach Europa. So waren die schweren Skulpturen und Architekturteile nicht nur den natürlichen Gefahren ausgesetzt – 1836 sank ein eigens in Einzelteilen vom Mittelmeer über Land an den Euphrat transportiertes Flussschiff bei einem Sturm –, bisweilen wurden die sog. Keleks, Flöße, auf denen die Funde transportiert wurden, auch von Einheimischen versenkt. So liegen wohl noch heute eine ganze Reihe mesopotamischer Kunstschätze auf dem Grund von Euphrat und Tigris oder dem des Schatt el-Arab.

Die Erforschung Mesopotamiens und der benachbarten Regionen begann unter denkbar schlechten Voraussetzungen. Das lag zum einen an der Tatsache, dass Grabungen an Tells, den im Vorderen Orient weit verbreiteten Siedlungshügeln, durch die komplexe Abfolge der einzelnen Schichten große Probleme aufwarfen, zum anderen am Fehlen eines sicheren, durch schriftliche Quellen gestützten chronologischen Gerüstes. Dies zwang die Archäologen dazu, ihre Erkenntnisse durch oftmals riskante Analogieschlüsse zu gewinnen. So wurde die Entzifferung der massenhaft zutage getretenen Keilschrifttexte die entscheidende Triebfeder für die intensive archäologische Erforschung des Zweistromlandes.

Hier spielte die Zusammenarbeit von Philologen und Archäologen eine gewichtige Rolle. Georg Friedrich Grotefend (1775–1853) etwa versuchte, ihm in Kopien vorliegende altpersische Texte zu entziffern. Der englische Leutnant Henry Creswicke Rawlinson (1810–1895) übernahm unter Einsatz seines Lebens sogar beide Rollen. 1844 kopierte er nur mit einem Seil gesichert hoch oben am Felsen von Bisutun im Iran die 18 m lange Felsinschrift des persischen Großkönigs Dareios' I., die – ganz ähnlich dem Stein von Rosetta – in drei Sprachen verfasst

Abb. 29: Das Ausgrabungsgelände von Pompeji mit dem rauchenden Vesuv im Hintergrund. Kolorierte Photographie, um 1900.

war: in Altpersisch, Elamisch und Assyrisch (Abb. 30).

In der Inschrift von Bisutun spiegelt sich exemplarisch die gesamte Geschichte der Erforschung dieser Region: Zuerst erwähnt findet sie sich bei Ibn Hauqal (gest. 977), einem arabischen Geographen. Er erkennt in der Darstellung des Dareios einen Lehrer, der seine Schüler bestraft. Da bis zur Mitte des 19. Jhs. die Inschrift selbst nicht gelesen werden konnte, schossen die Interpretationen ins Kraut: Der Engländer Robert Sherley (1581–1628), der 1598 als erster Europäer von dieser Inschrift berichtete, dachte, es handele sich um ein Relief der Auferstehung Christi, der französische General Gaspard Amédée Gardanne (1758–1807) vermutete in den Personen Jesus mit den 12 Aposteln, Robert Ker Porter (1775–1842) den assyrischen König Salmanassar und die 12 Stämme Israels. Auch Pietro della Valle berührte 1621 auf seinen Reisen im Vorderen Orient den Ort. Die Identifizierung der Reliefs und die Entschlüsselung der Inschriften gelang erst durch Carsten Niebuhrs Veröffentlichung der Inschrift im Jahre 1777.

Die genannten Schwierigkeiten und die ausgesprochen enge Verbindung von philologischer und archäologischer Forschung machen deutlich, warum die Vorderasiatische Archäologie sich erst verhältnismäßig spät als eigenständige Disziplin etablieren konnte.

Ägypten

Vor ähnlichen Problemen stand auch die Archäologie in Ägypten. Zwar waren die antiken Monumente am Nil leichter zugänglich, doch bedurfte es auch hier der Erschließung der schriftlichen Hinterlassenschaften, um einen Ansatzpunkt für die Erforschung der pharaonischen Kultur zu erhalten. Mit der Entzifferung der Hieroglyphen durch Champollion und der groß angelegten napoleonischen Expedition begann auch in Ägypten die Zeit der großen Entdeckungen. Die erste Phase allerdings war geprägt von z. T. skrupellosen Plünderungen antiker Stätten. Besonders unrühmlich tat sich Giovanni Battista Belzoni (1778–1823, Abb. 31) hervor: „Mit jedem Schritt, den ich tat, beschädigte ich eine Mumie an der einen oder anderen Stelle ... Ich konnte nicht verhindern, von Knochen, Beinen, Armen und Köpfen, die von oben herunterrollten, bedeckt zu werden ... Die Absicht meiner Suche war, die Ägypter ihrer Papyri zu berauben, von denen ich einige fand ..., bedeckt von den zahlreichen Stoffwickelungen, die die Mumie umhüllen." Unermüdlich reiste er umher, um neue Funde zu tätigen. Stärker als ein wissenschaftliches Interesse waren – nicht nur in seinem Falle – persönliche Motive. Immerhin bewies er dabei ein einzigartiges Gespür für die Lokalisierung von Grabungsorten. Belzoni fasste dies wie folgt in Worte: Für ihn war „das außergewöhnliche Vergnügen, etwas zu entdecken und der Welt ein neues, vollkommenes Monument ägyptischer Vergangenheit präsentieren zu können", die eigentliche Triebfeder seines Forschens.

Der Wettlauf um die schönsten Stücke führte dabei oft auch zu handgreiflichen Auseinandersetzungen. Berüchtigt ist die

 Pietro della Valle war der Erste, der die „wirklichen" Überreste Babylons in Augenschein nahm. Aus seinen Ausführungen zu den antiken Stätten spricht ein für seine Zeit erstaunlicher Sachverstand:

„Aber kehren wir zu den Ruinen zurück! Das Material, aus dem man das ganze Gebäude aufgebaut hat, ist die interessanteste Sache, die es gibt; und ich habe es sorgfältig untersucht, indem ich es mit einer Spitzhacke an verschiedenen Stellen zerbrach. Es sind lauter sehr große und dicke Ziegel aus Lehm, die, wie ich glaube, an der Sonne getrocknet worden sind, wie die Lehmmauern in Spanien; sie wurden nicht mit gutem Kalkmörtel gemauert, sondern nur mit Lehm; zur größeren Festigkeit liegt zwischen den Ziegeln, mit Lehm vermischt, der als Mörtel dient, wie bei einem Dachboden zerstückeltes Schilfrohr oder vielmehr hartes Stroh, aus dem man Matten herstellt. Ab und zu sind an verschiedenen Stellen, am meisten, wo sie zur Stützung benötigt werden, viele Ziegel derselben Größe, aber gebrannt und hart, eingefügt und mit gutem Kalkmörtel oder Bitumen gemauert; Lehmziegel gibt es indessen zweifellos in viel größerer Anzahl. Von all diesen gebrannten und ungebrannten Ziegeln mitsamt dem daran klebenden Bitumen und dem Schilf dazwischen gelüstete es mich, Beispiele mitzunehmen; und ich brachte sie nach Italien, um sie den interessierten Altertumsforschern zu zeigen, weil sie mir schöne Altertümer zu sein schienen, denn nicht nur Justinus, der Exzerptor des Trogus, erwähnte die Verwendung des Bitumens anstelle des Kalkmörtels bei den Bauten der Semiramis, sondern auch die Heilige Schrift selbst (Gen. 11, 3) bei der Errichtung eben dieses Turms in dieser Stadt, eines Baus, den die Heilige Schrift dem Nimrod, die Laien dem Bel zuschreiben ..."

Pietro della Valle, *Viaggi* (Brighton 1843).

„Schlacht" um den Obelisken von Philae zwischen den Arbeitern Belzonis und denen seines Widersachers Bernardino Drovetti (1776–1852). Während Belzoni vorrangig für das British Museum in London Objekte beschaffte, war Drovetti als Diplomat für Frankreich tätig, was ihn jedoch nicht daran hinderte, seine in Ägypten gesammelten Kunstwerke stets an den Meistbietenden zu verkaufen. Die besondere Konkurrenz zwischen den beiden Sammlern lässt sich wohl zu einem großen Teil auch auf die Rivalität zwischen den beiden europäischen Großmächten zurückführen.

Auf den „Expeditionen" mit seinem Mentor Henry Salt (1780–1827) vom British Museum erforschte Belzoni die Tempel von Edfu (Abb. 32), Elephantine, Philae und Abu Simbel sowie die Anlagen von Karnak und führte dabei z. T. auch Grabungen durch. 1817 fand er im Tal der Könige u. a. die Gräber von Sethos I., Ramses I. und Eje II. und im folgenden Jahr den Eingang der Chephren-Pyramide in Gizeh. Die Liste der von ihm untersuchten Orte deckt das Gebiet vom Delta bis in den heutigen Sudan ab und schließt dabei auch die Küste des Roten Meeres ein, wo er die Überreste der Stadt Berenike erkundete. Die Präsentation eines Teiles seiner Funde in einer Ausstellung in der sog. Egyptian Hall in London im Jahre 1821 war ein enormer Erfolg und weckte das Interesse breiterer Schichten für die ägyptischen Altertümer.

Es ist das Verdienst des Franzosen Auguste Mariette (1821–1881) – durch den Vizekönig von Ägypten, Said Pascha, zum Konservator der Monumente Ägyptens avanciert – die Grabungstätigkeit systematisiert zu haben. Auf seine Initiative hin entstanden das Ägyptische Museum in Kairo und eine zentrale Altertümerverwaltung. Zu den wichtigsten seiner zahlreichen Grabungen zählt diejenige im Serapeum von Memphis, in deren Verlauf er eine ungeplünderte Grabstätte des Apisstieres aus der Zeit Ramses' II. fand, und die Freilegung der Tempel in Edfu und Abydos. Dennoch wurde auch ihm zuweilen ein rabiater Umgang mit antiken Denkmälern nachgesagt: Er ließ, so wird berichtet, die ihm zugewiesenen Soldaten sogar Granitblöcke von Tempeln, die auf den Boden gestürzt waren, kurz und klein schlagen. War Mariette zunächst als Beschaffer von Antiken für die Museen in Paris nach Ägypten gekommen, so veränderte sich diese Grundhaltung im Verlauf seines Aufenthaltes. Dieser Widerstreit der Interessen – immerhin schmuggelte Mariette vor seiner Ernennung zum Leiter der ägyptischen Altertümerverwaltung mehrere Tausend Objekte nach Frankreich – ist symptomatisch für die ambivalente Grundhaltung der Ausgräber des 19. Jhs.

Der endgültigen Etablierung wissenschaftlicher Ausgrabungsmethoden leistete der durchaus exzentrisch veranlagte Engländer William Matthew Flinders Petrie (1853–1942) Vorschub. Mit exakter Methodik und unter Anwendung neuester Technologien – er ließ z. B. als Erster eine Röntgenaufnahme einer Mumie anfertigen – hob er das Grabungswesen in Ägypten auf ein zeitgemäßes Niveau. Dabei nutzte er, wie es bei der Untersuchung schriftloser Kulturen bereits Standard war, v. a. die Keramik, um mit ihrer Hilfe zu Datierungen und sichereren Zuweisungen zu kommen. Auch die übrigen Kleinfunde wurden erstmals minutiös erfasst und dokumentiert. Unüblich war gleichfalls, dass er seinen ägyptischen Arbeitern Prämien für jeden Fund zahlte, um die Objekte dem Kunsthandel zu entziehen.

Abb. 30: Welche Bedeutung die Felsinschrift des Dareios schon in der Antike besaß, zeigt die Tatsache, dass Fragmente einer aramäischen Abschrift unter den Papyri auf der Insel Elephantine (Ägypten) und eine babylonische Version auf den Bruchstücken einer Stele in Babylon entdeckt wurden.

So sehr Flinders Petrie Konsequenz und methodische Disziplin aus der Menge anderer Archäologen seiner Zeit heraushoben, so sehr verband ihn das Grundverständnis als Einzelkämpfer mit den meisten der führenden Repräsentanten seines Faches. Flinders Petrie grub allerdings in der Regel nicht im Auftrag von Institutionen. Nur gelegentlich arbeitete er für den „Egypt Exploration Fund" oder den „Palestine Exploration Fund". Für seine bahnbrechenden Leistungen wurde er 1892 zum ersten Professor der Ägyptologie in England am University College in London ernannt.

Nicht unerwähnt bleiben darf in diesem Zusammenhang natürlich auch der Jahrtausendfund des Howard Carter (1874–1939), der ihn zum ersten Medienstar der Archäologie machte (Abb. 33): das unversehrte Grab des Tut-anch-Amun. Das Erstaunliche an der Karriere Carters war, dass er im Gegensatz zu vielen seiner Kollegen zu dieser Zeit keine umfassende ägyptologische Ausbildung erhalten hatte. Vielmehr hatte er sich als Zeichner in zahlreichen Grabungsprojekten die Grundlagen – gewissermaßen *Learning by Doing* – von den etablierten Ausgräbern wie Flinders Petrie abgeschaut.

Die gut dokumentierten Rahmenbedingungen des Fundes belegen ein von den Anfängen der Ägyptologie bis heute reichendes Problem: Die Forscher vor Ort

Abb. 31: Die Biographie Belzonis liest sich wie ein Roman. 1778 in Padua geboren, beschäftigte er sich zunächst mit Hydraulik. Bevor er sich als Ägyptenforscher einen Namen machte, arbeitete er im englischen Zirkus „Sadler's Well Theatre" als Kraftprotz „Samson aus Patagonien" und ging zusammen mit seiner Frau als „der große Belzoni" auf Tour durch Westeuropa.

mussten sich immer auch mit den Behörden, den lokalen Granden und der Raubgräbermafia auseinandersetzen. Auch Howard Carter hatte mit ihnen zu kämpfen: Als Antikenaufseher für Oberägypten bekämpfte er entschieden die Grabräuberei und versuchte – allerdings mit mäßigem Erfolg – seine Gegner mithilfe der Gerichte zur Strecke zu bringen. Der enorme wissenschaftliche Ertrag der Grabung im Tal der Könige macht aber schlagartig auch klar, wie viel andernorts durch die Tätigkeit von Grabräubern seit der Antike verloren gegangen ist.

Olympia

Erst verhältnismäßig zögerlich kam die archäologische Erkundung Griechenlands in Bewegung. Hier bildeten zunächst v. a. große topographische Surveys ganzer Regionen die Vorstufe für geplante Grabungen. Unter den deutschen Archäologen sticht besonders Ludwig Ross (1806–1859) hervor. Seine Verbindung zu Griechenland war ausgesprochen intensiv. Er wurde königlicher Beauftragter für die Aufsicht über die Antiken und im Jahre 1837 erster Professor für Archäologie an der neu gegründeten Universität Athen.

Die deutschen Grabungen in Olympia (1875–1881) können als Paradebeispiel für die Organisation und Durchführung systematischer Grabungen in der zweiten Hälfte des 19. Jhs. dienen. Die Denkmäler von Olympia waren schon lange aus den Beschreibungen des antiken Reiseschriftstellers Pausanias bekannt. Schon Bernard de Montfaucon hatte, wie bereits erwähnt, versucht, den Bischof von Korfu im Jahre 1723 zu einer Grabung zu bewegen. Das erste groß angelegte Projekt war aber die sog. „Expédition scientifique de Morée" im Gefolge des griechischen Befreiungskrieges im Jahre 1829. Die hauptsächlich französischen Forscher gruben innerhalb weniger Wochen einen Teil des Zeustempels aus und überführten die gefundenen Metopen nach Paris.

Nach langjährigen diplomatischen Anstrengungen begann unter der Leitung von Ernst Ludwig Curtius (1814–1890) die systematische wissenschaftliche Untersuchung des antiken Heiligtums (Abb. 34). Die Hoffnung auf die Entdeckung einer Fülle von Skulpturen, die nach Pausanias vor Ort gewesen sein mussten, wurde jedoch enttäuscht; dank der Schilderungen des antiken Schriftstellers war der Ort als regelrechtes Museum antiker Kunst überliefert. Mit Ausnahme des berühmten Hermes des Praxiteles waren Ausgräber wie Finanziers nur wenig begeistert – 1880 ließ Bismarck die Gelder für die Olympia-Grabung streichen, da seines Erachtens die Skulpturfunde nicht bedeutend genug waren. Sie entsprachen kaum den immer noch gültigen Normen der griechischen Hochklassik.

Ein wichtiger Unterschied zu früheren archäologischen Untersuchungen und Grabungen in Griechenland, bei denen die Funde bisweilen unter bedenklichen Vorwänden abgetragen und in die Museen der jeweiligen Heimatländer verfrachtet wurden, wurde für die Grabungen in Olympia zwischen dem griechischen Staat und den Ausgräbern ein präziser Vertrag geschlossen. Denn es galt zu verhindern, dass Glanzstücke – wie bei den Skulpturen von der Akropolis oder den Giebelskulpturen des Aphaiatempels in Ägina, den sog. Ägineten, geschehen – nicht mehr vor Ort zu sehen sein würden. In der 1874 geschlossenen Vereinbarung wurde bestimmt, dass sämtliche Funde in Griechenland verbleiben sollten und nur mehrfach vorhandene Objekte wie z. B.

Abb. 32: Zu den am besten erhaltenen Bauwerken Ägyptens zählt der sog. Horustempel von Edfu aus ptolemäischer Zeit. Der gute Erhaltungszustand erklärt sich aus der Tatsache, dass er über die Jahrhunderte bis zu den Kapitellen mit Sand bedeckt war. Bei der Freilegung unter Mariette im Jahre 1860 wurden die auf dem Gelände befindlichen Wohnbauten der einheimischen Fellachen abgerissen.

Abb. 33: Nach der Entdeckung des Grabes von Tutanchamun stieg der Bekanntheitsgrad des Ausgräbers Howard Carter ins Unermessliche. Er gehörte für geraume Zeit zu den gefragtesten Gesprächspartnern in Europa und auch darüber hinaus. Photographie aus dem Jahre 1924.

Wasserspeier in die Berliner Museen überführt werden dürften. Dem Deutschen Reich verblieb der wissenschaftliche Ertrag – und natürlich die Finanzierung der Grabung (s. Info).

Ob eine zutiefst idealistische, nur auf wissenschaftlichen Erkenntnisgewinn ausgerichtete Grundhaltung hinter diesen Vereinbarungen stand, lässt sich zumindest bezweifeln. Die neuartige „Fundteilung" war doch eher der Weigerung der griechischen Regierung zuzuschreiben, für die der Verbleib griechischen Kulturguts im Lande angesichts der nicht lange zurückliegenden Fremdherrschaft auch eine Frage nationaler Identität war. So mussten sich die Archäologen mit der Publikation der bedeutenden Funde begnügen.

Gänzlich anders verhielt es sich mit den Ausgrabungen in Pergamon, Ephesos oder Milet in Kleinasien. Diese befanden sich auf dem Boden des Osmanischen Reiches. Und so konnten viele der im Verlauf der Grabungen entdeckten Fundstücke und sogar ganze Architekturensembles wie z. B. das Markttor von Milet oder der Pergamonaltar nach Zahlung einer für damalige Verhältnisse angemessenen Summe abtransportiert und in den Zielmuseen wieder aufgebaut werden.

Kreta

Bei den meisten der Grabungen des 19. Jhs. handelte es sich um solche an bekannten oder zumindest aus der Überlieferung erschlossenen Orten. Auch bei dem von Schliemann ergrabenen Troja wandelte man schließlich auf den Spuren Homers. Die Entdeckung der mykenischen Kultur warf jedoch mehr Fragen auf, als sie beantwortete.

Es war der Engländer Arthur Evans (1851–1941), der mit seinen Aufsehen erregenden Funden auf Kreta ein bis dahin völlig unbekanntes Terrain erschloss. Er war von Hause aus mit der Archäologie und ihren Methoden vertraut; sein Vater gehörte

Abb. 34: Deutlich sind auf dieser Photographie der Grabungskampagne 1875/76 in Olympia die Überreste des Zeustempels – v. a. eine Vielzahl von Säulentrommeln – zu erkennen. Einzelne noch in situ befindliche Fundstücke wurden für diese Aufnahme durch Menschen markiert.

mehreren Altertumsvereinen an. Anders als Schliemann, dessen Ausgrabungen in Mykene und Tiryns er besuchte, ging es Evans von Beginn an darum, die Ursprünge der mykenischen Kultur zu ergründen und nach möglichen Kontakten zu suchen, die diese direkt oder wenigstens mittelbar mit dem Vorderen Orient verbanden.

Trotz erster Hinweise auf bedeutende Ruinen im kretischen Kephala – Einheimische hatten durch Grabungen dort Reste des antiken Knossos entdeckt – konnten wegen der politischen Wirren des kretischen Freiheitskampfes systematische Ausgrabungen erst nach dem Ende der Türkenherrschaft im Jahre 1898 begonnen werden. 1899 kaufte Arthur Evans den erwähnten Siedlungsplatz Kephala und begann umgehend mit Ausgrabungen.

Seine Grabungstätigkeit, die mit Unterbrechungen bis 1935 andauerte, galt zunächst dem Versuch, die mykenische und die minoische Schrift zu entschlüsseln, um daraus sichere Informationen über Kultur und Herkunft der Minoer zu erhalten. Seit seiner Anstellung als Keeper im Ashmolean Museum Oxford kannte er kretische Siegel mit fremden, hieroglyphischen Zeichen. Noch vor Beginn der Grabungen stellte er seine ersten Thesen zu den kretischen Piktogrammen 1893 der „Hellenic Society" in London vor. Angesichts dieser Vorarbeiten verwundert es nicht, dass eines der Ziele seiner an der Jahrhundertwende begonnenen Ausgrabungen in Knossos auch die Auffindung weiterer Beispiele solcher Schriftzeugnisse war.

Was jedoch schon zu Beginn seiner archäologischen Untersuchungen zutage trat, war eine Palastanlage immenser Größe, deren Erbauer einer bis zu diesem Zeitpunkt unbekannten Zivilisation angehörten (Abb. 35). Erstaunen erregte dabei besonders das hohe künstlerische Niveau der Funde: Wandmalereien in leuchtenden Farben, Statuetten, Bronzen, Elfenbeinarbeiten, Keramik und Schmuck.

Die zahlreichen entdeckten Inschriften ordnete Evans nach ihrem Schrifttyp in drei verschiedene, aufeinander folgende Gruppen ein, die kretische Hieroglyphenschrift und die kursiven Linearschriften A und B. Sein Ziel, diese drei Schriften zu ent-

„**Übereinkunft**

Die Kaiserlich deutsche und Königlich griechische Regierung haben, von dem Wunsche geleitet, auf dem Gebiete des alten Olympia in Griechenland gemeinschaftlich archäologische Ausgrabungen vorzunehmen, beschlossen, zu dem Behufe eine Konvention abzuschließen und sind über Folgendes übereingekommen:

Artikel I.
Die beiden Regierungen ernennen jede einen Kommissar, der die Ausgrabungsarbeiten nach Maßgabe folgender Bestimmungen zu überwachen hat:

Artikel II.
Die Stelle des alten Tempels des olympischen Jupiter soll als Ausgangspunkt der Ausgrabungen dienen, die auf dem Gebiete des alten Olympia veranstaltet werden. Einer späteren Vereinbarung zwischen beiden Regierungen bleibt es vorbehalten, ob die Ausgrabungen auf andere Gebiete des Königreichs Griechenland auszudehnen sind. ...

Artikel IV.
Deutschland übernimmt alle Kosten des Unternehmens, nämlich: Die Besoldung der Beamten, die Löhnung der Arbeiter, die Errichtung von Schuppen und Baracken, falls dies nötig u. s. w. ...

Artikel VI.
Griechenland erwirbt das Eigenthumsrecht an allen Erzeugnissen der alten Kunst, und allen anderen Gegenständen, welche die Ausgrabungen zu Tage fördern werden. Es wird von seiner eigenen Entschließung abhängen, ob es zur Erinnerung an die gemeinschaftlich unternommenen Arbeiten und in Würdigung der Opfer, welche das Deutsche Reich dem Unternehmen bringt, diesem die Duplikate oder Wiederholungen von Kunstgegenständen abtreten will, welche bei den Ausgrabungen gefunden wurden.

Artikel VII.
Deutschland steht das ausschließliche Recht zu, Kopien und Abformungen aller Gegenstände zu nehmen, welche bei den Ausgrabungen entdeckt werden. Die Dauer dieses ausschließlichen Rechtes erstreckt sich auf 5 Jahre vom Zeitpunkt der Entdeckung jedes Gegenstandes an gerechnet. Die griechische Regierung räumt außerdem der Kaiserlich deutschen Regierung das Recht – jedoch nicht das ausschließliche Recht – ein, Kopien und Abformungen von allen Antiken zu nehmen, welche die griechische Regierung zur Zeit besitzt oder die sie in Zukunft ohne die Mitwirkung Deutschlands auf griechischem Boden entdecken würde. Ausgeschlossen bleiben hiervon nur solche Antiquitäten, welche nach Ansicht des kompetenten Ministeriums durch den Abformungsprozeß beschädigt oder deterioriert werden könnten. Griechenland und Deutschland behalten sich das ausschließliche Recht vor, die wissenschaftlichen und künstlerischen Resultate der auf deutsche Kosten angestellten Ausgrabungen zu veröffentlichen. Alle diese Publikationen werden periodisch in Athen in griechischer Sprache und auf griechische Kosten erscheinen. Dieselben Publikationen sollen zugleich in Deutschland in deutscher Sprache herausgegeben werden mit Figuren, Tafeln und Bildern, welche nur in Deutschland gestochen und ausgeführt werden können. Diese letztere Aufgabe übernimmt Deutschland und

verpflichtet sich zugleich, an Griechenland fünfzehn von je hundert Exemplaren der ersten Auflage der Figuren Tafeln und Bilder und 35 von je hundert Exemplaren der folgenden Auflagen abzutreten. ...

Artikel XI.
Gegenwärtige Konvention soll, unter Vorbehalt der Genehmigung durch die Volksvertretung, in zwei Monaten oder früher ratifiziert und die Ratifikationen in Athen ausgetauscht werden.

Zu Urkund dessen haben: Herr v. Wagner, außerordentlicher Gesandter und bevollmächtigter Minister Sr. Majestät des Deutschen Kaisers in Athen, Herr Professor E. Curtius, Specialbevollmächtigter, einerseits, und Herr J. Delyanny, Minister des Auswärtigen Sr. Majestät des Königs von Griechenland, sowie Herr P. Eustratiades, Konservator der Alterthümer, andererseits, die gegenwärtige Konvention gezeichnet und mit ihrem Siegel versehen.

Geschehen zu Athen, in doppelter Ausfertigung, den 13./25. April 1874."
Auszüge aus dem 1874 geschlossenen Staatsvertrag zur Regelung der Grabungsbedingungen in Olympia zwischen dem Deutschen Kaiserreich und dem Königreich Griechenland.

ziffern, erreichte Evans nicht. Die Entzifferung der Linear B-Schrift durch Michael Ventris (1922–1956) im Jahre 1952 brachte zwar die Erkenntnis, dass es sich bei dieser um eine Vorform des Griechischen handelt, doch gewähren die auf den Tafeln verzeichneten Texte weiterhin nur einen sehr beschränkten Einblick in die Geschichte Kretas in minoischer Zeit. So gilt auch heute noch: Im Falle aller frühen Kulturen des ägäischen Raumes erschließen sich die gesellschaftlichen, religiösen und politischen Verhältnisse hauptsächlich aus den Funden archäologischer Grabungen, denn die ohnehin spärlichen Schriftquellen lassen keine wesentlichen Rückschlüsse zu.

Die Entdeckung der Paläste, der Schrifttafeln und der beeindruckenden Kunsterzeugnisse der minoischen Kreter veränderte das Bild der antiken Ägäis völlig. Die gängigen Vorstellungen von der zeitlichen Abfolge mussten revidiert werden. Und auch auf diesem Feld leistete Evans Pionierarbeit, indem er versuchte, die einzelnen Phasen der minoischen Kultur mit denen Ägyptens, des griechischen Festlandes und Kleinasiens in Beziehung zu setzen. Besonders die Synchronisierung mit Daten der ägyptischen Geschichte führte zur Entwicklung eines chronologischen Gerüsts, dessen grundlegende Konzeption trotz aller späteren Modifikationen und Korrekturen noch heute Bestand hat.

Auch andere Archäologen führten Grabungen in Kreta durch und legten eine Reihe von Palästen frei: In Phaistos begannen erste Erkundungen durch die Italienische Archäologische Schule in Athen unter Federico Halbherr (1857–1930) und Luigi Pernier (1874–1937) im Jahre 1900. Sie legten dort Reste eines älteren und eines jüngeren Palastes frei. Das bekannteste Fundstück ist der 1908 entdeckte sog. „Diskus von Phaistos", eine mit hieroglyphischen Symbolen versehene Tonscheibe der Altpalastzeit. Die Palastanlage von Malia wurde 1915 durch den griechischen Archäologen Joseph Hadzidakis (1848–1928) entdeckt, der bereits zuvor die minoische Siedlung in Tylissos erforscht hatte. Ab 1921 übernahmen Archäologen der Französischen Schule in Athen die Grabung.

Trotz der internationalen Grabungstätigkeit auf Kreta bleibt aber die Entdeckung der minoischen Kultur untrennbar mit dem Namen Arthur Evans verbunden. Evans genoss wegen seiner Leistungen weitgehend Anerkennung unter seinen Zeitgenossen. Und so kam, anders als im Falle Schliemanns, nur wenig Kritik auf, als er 1901 die wichtigsten Ergebnisse seiner frühen Grabungen in einem Artikel der „Monthly Review" veröffentlichte.

Die Entwicklung der Grabungsmethoden

Viele der Ausgrabungen der ersten Hälfte des 19. Jhs. sind nach heutigen Standards kaum als solche zu bezeichnen. Aber auch die Folgen der Tätigkeit mancher Archäologen späterer Zeit haben vor Ort für die Wissenschaft oft Scherbenhaufen hinterlassen. Ein solches unrühmliches Beispiel ist Luigi Palma di Cesnola (1832–1904), der auf Zypern rücksichtslos plünderte, Grabungskontexte schlicht erfand und so Befunde für immer zerstörte. Dennoch: Ohne die mitunter strittigen Methoden der Ausgrabung und der „Fundteilung" würden den Museen Europas eine ganze

Abb. 35: Die eigenwilligen Rekonstruktionen von Teilen des Palastes in Knossos, die überwiegend in Beton ausgeführt wurden, bescherten Arthur Evans nicht nur Lob, sondern teilweise geharnischte Kritik von Seiten späterer Archäologen. Für den Besucher allerdings ermöglichen sie eine Vorstellung von dem ursprünglichen Erscheinungsbild der Anlage.

Reihe ihrer Aushängestücke fehlen; dem British Museum die gesamte assyriologische Abteilung und die Parthenonskulpturen, dem Louvre die ägyptologische Abteilung, und die Berliner Museen wären nur ein Schatten ihrer selbst. Manche Museen wären gar nicht erst entstanden: Die Sammlung Drovettis etwa ging an die Turiner Universität und bildete den Grundstein für das dortige Ägyptische Museum.

Mit der Etablierung der Feldarchäologie im 19. Jh. und dem zunehmenden Interesse der entstehenden Nationalstaaten an der Archäologie als kulturpolitischem Instrument schritt auch die Entwicklung im Hinblick auf Methodik und Ziele voran. Zunehmend wurde der Kontext wichtiger – sowohl der historische Kontext als auch der Fundkontext, aus dem heraus sich die ergrabenen Objekte objektiv und präzise einordnen ließen. Erst nach der Mitte des 19. Jhs. lässt sich von einer regelrechten Grabungswissenschaft sprechen. Dieser Wandel ist besonders bei bereits lange bestehenden Ausgrabungen wie denen in Pompeji und Herculaneum deutlich zu erkennen. Vom Zufallsfund in einem Brunnenschacht bis zu den großflächigen Ausgrabungen unter Fiorelli war es auch dort ein langer Weg.

Es ist bezeichnend, dass in Regionen, deren archäologische Relikte nicht zu den kunsthistorischen Glanzlichtern gehörten, größerer Wert auf die Auswertung von Alltagsgegenständen und massenhaft auftretenden Beifunden gelegt wurde. Der Däne Jens Jacob Asmussen Worsaae (1821–1885) entwickelte als einer der Ersten eine ausgeklügelte Technik für die systematische Ausgrabung und Konservierung von Bodenfunden (Abb. 36). Mit Unterstützung des dänischen Königs Frederik VII. erforschte er die örtlichen Hügelgräber und wandte dabei konsequent neueste wissenschaftliche Methoden an. Die präzise Beachtung der Stratigraphie nutze er u. a. auch dazu, die von seinem Landsmann Christian Jürgensen Thomsen (1788–1865) eingeführte, noch heute gängige Einteilung in Steinzeit, Bronzezeit und Eisenzeit zu erhärten. Interessant ist, dass es sich bei dem Modell Thomsens nicht um eine Erneuerung der schon seit Jahrhunderten tradierten Vorstellung von den drei Zeitaltern handelt. Vielmehr ist es gewissermaßen aus der Not geboren: Beim Aufbau eines Museums in Kopenhagen wollte er die Fundstücke in einer einleuchtenden Reihenfolge – in seinem Falle nach dem Material geordnet – präsentieren, um einen Vergleich zwischen diesen zu ermöglichen. Gleichzeitig bedeutete diese Form der Präsentation eine endgültige Abkehr von der Mode der „Kuriositäten-Kabinette" und „Wunderkammern".

Die Skandinavier gehörten in vielen Bereichen zu den Vorreitern systematisierter Grabungsmethodik. Schon zu Beginn des 17. Jhs. hatte der Däne Ole Worm (1588–1654) im Rahmen seiner Tätigkeit als Reichsarchivar bei seinen Beobachtungen die Untersuchung der Monumente mit der Analyse der Bodenbeschaffenheit, der Umstände der Erhaltung und der Überlieferung verknüpft – und, wie in Camden in England, großflächiger Geländebegehungen und Ortsnamensforschung. Trotz aller Neuerungen war Worm noch ein typischer Vertreter der antiquarischen Forschung – seine Sammelleidenschaft war geradezu legendär (Abb. 37). Auch die präzise Analyse der Fundschichten wurde in Skandinavien sehr früh angewandt: In seinem Werk *Atlantica* hatte der Schwede Olof Rudbeck (1630–1702) als einer der Ersten Bedingungen und Regeln der geologischen Ablagerungen beschrieben.

Abb. 36: Das Interesse Worsaaes richtete sich besonders auf die Untersuchung der sog. Hünengräber. Er konnte die bis dahin als Kult- und Opferplätze angesprochenen Anlagen als Grabstätten identifizieren. Im Rahmen seiner Forschungen in den Torfmooren Jütlands wurde er auch zum Vorreiter der Paläobotanik.

Eine ähnliche Pionierleistung ist dem englischen Baron Augustus Pitt-Rivers (1827–1900) zuzuschreiben. Auf seinen ausgedehnten Ländereien führte er ab 1880 umfangreiche Untersuchungen der römerzeitlichen und mittelalterlichen Funde durch. Die Ausgrabungen wurden dabei nach strengen Regeln und mit Verfahren durchgeführt, die an denen der exakten Wissenschaften orientiert waren. Dazu zählte neben der auch andernorts praktizierten Beobachtung der Schichten besonders die präzise Dokumentation der Fundumstände, ihre Kartierung und die exakte Vermessung jedes einzelnen Fundstückes unabhängig von seiner künstlerischen Qualität.

Auf dem Weg zur Objektivierung archäologischer Befunde halfen nicht zuletzt auch grundlegende Neuerungen, die aus dem Bereich der Geologie und Naturwissenschaft stammen: Neue Datierungsmethoden konnten in der Folge für die zeitliche Einordnung v. a. frühgeschichtlicher Funde genutzt werden, darunter etwa die vom Schweden Gerard de Geer (1858–1943) entwickelte Varven-Chronologie, die auf der Analyse der von Gletschern abgelagerten Bändertone fußte.

Nicht ganz klar ist, ob sich die Methoden der Feldarchäologie der veränderten Zielrichtung anpassten oder die neuen Fragestellungen sich aus den neuen Ausgrabungstechniken entwickelten. Eindeutig ist aber das Zusammenspiel der Veränderungen in der wissenschaftlichen Perspektive mit den nicht zu verkennenden Erfolgen durch die neuen Ausgrabungsmethoden. Am Ende des 19. Jhs. hatte sich die historische Fragestellung in der archäologischen Forschung, wie sie etwa Flinders Petrie mit Nachdruck betonte, endgültig durchgesetzt. Dieser hatte grundlegende Prinzipien postuliert, die eingehalten werden müssten, damit die Archäologie aus ihren Funden historische Tatsachen schöpfen könne. Bei höchstmöglicher Schonung der Monumente sollte äußerste Sorgfalt auf die Bergung und Beschreibung aller Funde, die exakte Aufnahme *aller* Befunde sowie auf eine vollständige Publikation der Ergebnisse gelegt werden (Abb. 38).

Die neuen Methoden in der Ausgrabungstechnik, aber auch die Zielsetzungen – etwa eine Besiedlungsgeschichte des Ausgrabungsortes durch die Analyse der Stratigraphie zu erhalten –, setzten sich im Mittelmeerraum und im Vorderen Orient erst nach und nach durch. Ausgedehnte Flächengrabungen fanden erst nach der Mitte des Jahrhunderts statt. Diese erhöhten allerdings den Bestand an Funden deutlich und öffneten den Blick auf die Vielfalt des Untersuchungsmaterials.

Die groß angelegten Ausgrabungen im Bereich des Heiligtums in Olympia unter Ernst Curtius und Wilhelm Dörpfeld sollten nach den Vorstellungen der Ausgräber „eine methodische Aufdeckung der Altis" gewährleisten. Es ging nicht mehr um die Suche nach einzelnen repräsentativen Kunstwerken für die Museen Europas, sondern um die Rekonstruktion einer historischen Wirklichkeit, die die „Anschauung der Denkmäler im örtlichen Zusammenhange" ermöglichen sollte. Dazu wurde die Analyse der Stratigraphie eingesetzt, Datierungen anhand der Keramik als „Leitfossil" vorgenommen. Gänzlich neu und letztlich – sicherlich nicht ganz freiwillig – auch dem genannten Ziel verpflichtet war die erwähnte Übereinkunft der Ausgräber mit dem griechischen Staat.

Abb. 37: Im Kabinett des Ole Worm, seiner „Wunderkammer", fanden sich neben Antiken auch allerlei Kuriositäten. Als Sammler trug Worm Objekte sowohl aus dem Bereich der *artificiosa* als auch der *naturalia* zusammen. Frontispiz aus seinem Werk *Musei Wormiani Historia* von 1655.

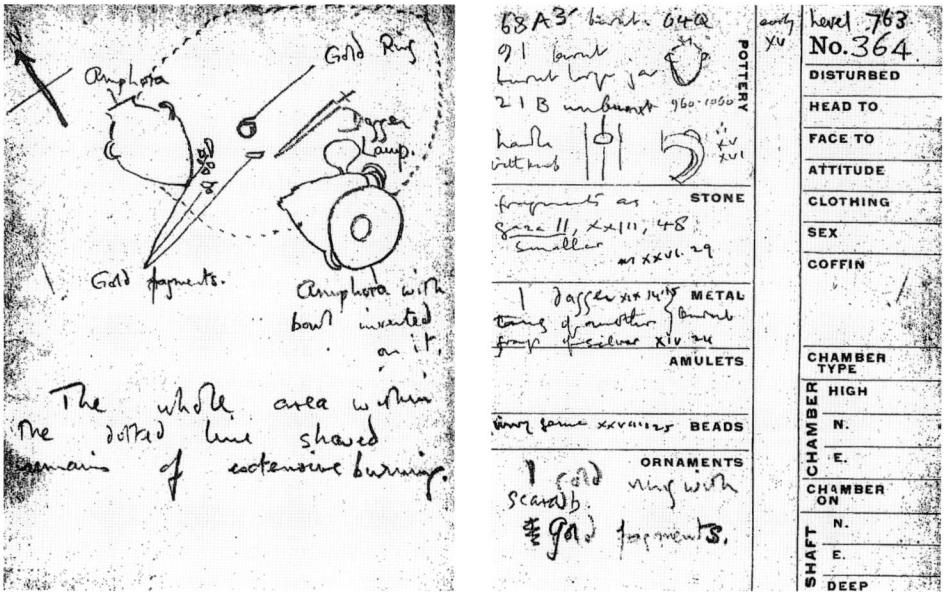

Abb. 38: Flinders Petrie führte über alle Funde seiner Ausgrabungen genauestens Buch. Dieses Grabungs-Blatt von 1933 dokumentiert die Befunde eines Grabes in Tell el-Ajjul (Israel).

Mit gehöriger Verspätung begann in den Jahren nach der Jahrhundertwende auch im Vorderen Orient eine neue Phase der Ausgrabungstechnik. Robert Koldewey in Babylon (1899–1917) und Walter Andrae in Assur (1903–1914) führten exakte Methodik in einen Bereich ein, der zuvor – positiv formuliert – von Tempo, Intuition und Finderglück dominiert war. Dies war hier umso wichtiger, als die Grabungsbedingungen wegen der im Zweistromland üblichen Lehmziegelbauweise zusätzlich erschwert wurden (s. Info).

Eine ganz wesentliche Neuerung hielt ebenfalls mit dem Beginn der Grabungsarchäologie im 19. Jh. Einzug: die „Internationalisierung" der antiken Welt. Das zunehmende Wissen um die nicht zum griechisch-römischen Kulturkreis gehörenden Zivilisationen in Ägypten und Vorderasien und die Etablierung der regionalen Forschungen in Mittel- und Nordeuropa öffneten den Blick über das „Klassische Altertum" hinaus. Nahezu unbekannte Kulturen wie die der Sumerer in Mesopotamien oder der Minoer auf Kreta wurden entdeckt. Aber auch die scheinbar so bekannten Griechen und Römer, Ägypter und Perser erschienen in neuem Licht.

Wettlauf um die besten Plätze

Was sich bereits im Falle des historischen Wettstreits um die besten Stücke des Kuchens am Nil zwischen Drovetti und Belzoni oder der konfliktreichen Grabungskonkurrenz zwischen Layard und Botta andeutete, ging letztlich unvermindert weiter, selbst wenn dieser Kampf nicht mit der gleichen Rücksichtslosigkeit geführt wurde.

Sowohl die kunstgeschichtliche Archäologie als auch die Feldarchäologie sind bis weit ins 20. Jh. ausgesprochen europäische Phänomene. Und dies liegt nicht nur an dem Vorhandensein wissenschaftlicher Institutionen in den Ländern Mitteleuropas, sondern auch an der politischen Situation der Länder, in denen die Grabungen stattfanden. Mit Ausnahme von Italien und seit 1830 Griechenland befanden sie sich entweder auf dem Gebiet des Osmanischen Reiches oder im Besitz der Kolonialmächte England und Frankreich. Insofern spielten im nationalstaatlich organisierten Grabungswesen des gesamten 19. Jhs. auch die Regierungen und Staatsoberhäupter eine gewichtige Rolle. Zunehmend gerierten sich Monarchen als Förderer der Archäologie, allen voran Wilhelm II., der eine ganze Reihe von archäologischen Projekten in Kleinasien und der Levante großzügig unterstützte oder sogar anstieß.

In den Photographien, die im Verlaufe der Grabungen von den handelnden Personen gemacht wurden, spiegelt sich in vielen Fällen nicht nur der Charakter des Ausgräbers. Die Aufnahmen sind gleichermaßen ein beredtes Zeugnis der auch auf die Wissenschaft abfärbenden spätviktorianischen oder wilhelminischen Mentalität mit ihrem oft kolonialen Gehabe und der Vorliebe für Uniformierung – und nicht zu vergessen: die wehenden Flaggen über dem Grabungsgelände.

Die enorme Konkurrenz bei der Suche nach Grabungsgelegenheiten lässt sich am deutlichsten am Beispiel Kleinasiens zeigen. Hier begann am Ende des 19. Jhs. ein wahrer Wettlauf, in dem ein Land die anderen überbieten wollte. Mit dem Niedergang des Osmanischen Reiches geriet dieses zunehmend in den Fokus wirtschaftlicher und machtpolitischer Interessen der westlichen Großmächte. Dies hatte auch Konsequenzen für die Erteilung von Grabungsgenehmigungen durch die Hohe Pforte. Zunehmend wurden diese nach politischem Kalkül verteilt. Waren zuvor u. a. Engländer – etwa Charles T. Newton (1816–1894) in Halikarnassos und Knidos von 1852 bis 1861 oder John Turtle Wood (1821–1890) in Ephesos seit 1863 – sehr stark in Kleinasien vertreten, so wandelte sich die Haltung des Osmanischen Reiches mit der Veränderung der englischen Politik unter Premierminister William Gladstone (1809–1898). Nicht zu unterschätzen ist dabei die Rolle, die der Bau der Bagdad-Bahn seit 1888 für die Etablierung der deutschen Archäologie auf dem Gebiet des Osmanischen Reiches spielte.

Viele der deutschen Grabungen in diesem Raum wurden von Theodor Wiegand geplant, organisiert oder betrieben. Zu den großen Unternehmungen gehören neben Pergamon (Abb. 39) Magnesia am Mäander (1890–1893), Priene (1895–1899), Milet (1899–1912) und Didyma (1900–1914). Die K. u. K.-Monarchie ließ in Gjölbaschi-Trysa (1881–1882), in Pamphylien und Pisidien (1884–1885) und ab 1895 in Ephesos graben. Deutlich ist zu beobachten, in welchem Maße Deutschland und Österreich von der politischen Großwetterlage profitierten.

Das 19. Jh. war nicht das Zeitalter des Teamworks und der interdisziplinären Zusammenarbeit. Die Archäologie dieses Jahrhunderts ist in ihrer Breitenwirkung bestimmt durch Einzelpersonen, die mitunter schillernde Persönlichkeiten waren. Bis weit in die Moderne hielt sich beharrlich das Bild des Abenteurers, der loszieht, um zu entdecken, des Ausgräbers, der in kolonialem Habitus an der Grabungskante steht und „seine" Arbeiter zu körperlichen Höchstleistungen antreibt, des genialischen Forschers, der jedwedes Problem

Wie auch noch heute sind die Genehmigungsverfahren für Ausgrabungen oft ein kompliziertes und langwieriges Verfahren. In seiner unnachahmlichen Art gibt Robert Koldewey in seinen Briefen einen tiefen Einblick in die Praxis und Unwägbarkeiten der Vergabe von Grabungsgenehmigungen:

„Lieber Puchstein!
Ich erhalte eben Deinen Brief, der mir von Berlin nachgeschickt worden ist, und freue mich ungemein über Deine Mitteilungen. Lange habe ich so etwas ersehnt! Also Dreiviertel meinst Du ist fertig, dann dauert es etwa noch zehn Monate, bis Deine ganze Arbeit fertig ist ...

Die Konferenz ist zu meiner allerhöchsten Befriedigung ausgefallen. Die Sache lag ja so: Ich werde nach Babylonien geschickt, um danach zu berichten über einen Ort, der sich zu einer großen Ausgrabung eignen würde. Ich komme zurück und mache den Bericht. Während ich damit beschäftigt bin, schreibt mir Luschan: Sachau bereite eine Expedition nach Warka vor und habe ihn aufgefordert, die Ausgrabung zu machen; – ich weiß von nichts! – Später, noch immer während ich an dem Bericht arbeite, schreibt mir wieder Luschan: Warka sei aufgegeben, es solle jetzt Kalat Schergat ausgegraben werden. S(achau) habe ihn aufgefordert, dies auszugraben, er habe vorläufig zugesagt unter der Bedingung, daß ich daran beteiligt werde, Luschan würde die Direktion übernehmen. Sachau äußert dabei Zweifel, ob meine Beteiligung möglich sein werde, und verbietet Luschan, mit mir über Kalat Schergat zu korrespondieren. Schließlich, etwa drei Wochen später, liefere ich auf Drängen Schönes den Bericht ab. Unmittelbar darauf fordert mich Schöne zur Konferenz nach Berlin. Hier war anwesend: Schöne, Erman, Diels, Schmidt, Schauenburg und ein anderer Assessor und Sachau. Verhandlung: Man hat sich für Babylon entschieden auf Grund meines Berichts, namentlich wegen der von mir gerühmten Ziegelreliefs. Ich rekapituliere Vorzüge und Bedenken (wenige) bei Babylon. Sachau rekapituliert matt und nüchtern und weist noch mal auf Assur hin, das in meinem Bericht an 4., 5. Stelle genannt war. (Ninive und Nimrud will man nicht, um das den Engländern nicht sozusagen wegzunehmen.) Schmidt fordert mich auf, mich über Assur zu äußern – geschieht in ablehnendem Sinne; – Sachau wird aufgefordert, sich ebenfalls noch mal über Assur zu äußern – geschieht in empfehlendem Sinne. – Debatte. – Schluß: Babylon wird ausgegraben!! – Man geht auseinander. Schöne fordert mich auf, noch zurückzubleiben – mit Erman und den beiden Juristen. Schöne fragt mich nun – ziemlich feierlich –, ob ich die Ausgrabung für das Museum ausführen wolle und unter welchen Bedingungen. Ich verlange absolute Verfügung über die Ausgrabung als unerläßlich – wird zugesagt; – frage nach den übrigen Teilnehmern – Luschan, heißt es, würde ja wohl mitgehen –, ich lasse das zu, verlange außerdem einen Keilschriftmann als unerläßlich – wird zugesagt –, behalte mir im übrigen die Einzelbedingungen zu schriftlicher Erledigung vor. –

Das war also ein vollständiger Triumph, wie ich ihn besser nicht verlangen kann ... Jetzt arbeite ich am Entwurf der Instruktion für die Expedition. Die Unternehmung soll auf ein Jahr vorläufig sein. Ich habe im Bericht für Babylon 500.000 Mark – fünf Jahre Arbeit – verlangt, für das erste Jahr 140.000 Mark. – So hat sich wieder die Schlange großer Hoffnungen an meinen Busen gelegt. – Im November soll die Abreise stattfinden. –

Viele herzliche Grüße
Dein Koldewey."

Robert Koldewey, Brief an Otto Puchstein vom 2. Aug. 1898.

Abb. 40: Dieser Stich zeigt die Überreste des Südtores in Troja während Schliemanns Ausgrabungen. Die Sinnbilder der Ausgrabungstätigkeit, Spaten und Schubkarren, und der ihnen gegenübersitzende, einsame Forscher wirken hier allerdings ausgesprochen unheroisch.

mit Leichtigkeit im Alleingang löst, oder des spleenigen Wissenschaftlers, der sein Ziel unter Einsatz seines Lebens besessen verfolgt. Die Leistungen der Ausgräber waren allemal dazu geeignet, sie zu willensstarken und durchsetzungsfähigen Einzelkämpfern zu stilisieren – wie im Falle Schliemanns durchaus mit tatkräftiger Unterstützung von Seiten der Archäologen selbst. Es sind jedoch die Ergebnisse ihrer Bemühungen, ihre bedeutenden Entdeckungen, die Max Mallowan (1904–1978), den Ausgräber von Nimrud, dazu veranlassten, das 19. Jh. als das „heroische Zeitalter der Archäologie" zu bezeichnen (Abb. 40).

Abb. 39: Zu den berühmtesten Bauwerken Kleinasiens zählt der sog. Pergamon-Altar. Nachdem die aufragende Architektur und die Friese in das speziell dafür errichtete Museum in Berlin überführt worden waren, blieb vor Ort nur noch das in Rastern angelegte Fundament erhalten. Hier eine zeitgenössische Karte der Ausgrabung von Carl Humann.

Instrumentalisierung des Vergangenen

Archäologie und Politik

Im Wettlauf um die besten Ausgrabungsplätze spielten immer auch nationale Interessen eine gewichtige Rolle. Sie waren in der Regel gebunden an die Möglichkeiten der Repräsentation der jeweiligen Finanziers und Auftraggeber, des Staates und der gekrönten Häupter Europas. Weit stärker als im 19. Jh. wurde die Archäologie jedoch im 20. Jh. politisch und ideologisch vereinnahmt. Dies betraf sowohl den Archäologen als Person als auch die Tätigkeiten und Forschungsansätze. In diese Rubrik fällt auch die intensive Förderung der archäologischen Forschung durch Kaiser Wilhelm II. (Abb. 41) im In- und Ausland: Die Rekonstruktion des Limeskastells Saalburg im Taunus im Jahre 1897 und die anlässlich eines Besuches des Kaisers in Baalbek 1898 begonnenen Ausgrabungen sind nur zwei prominente Beispiele für sein Interesse an der Archäologie. Die Bemühungen Wilhelms II. waren gleichzeitig aber auch ein Zeichen für den besonderen „Nachholbedarf" des Deutschen Reiches im internationalen Vergleich.

Archäologen und Geheimdienste

Besonders offensichtlich war die politische Einbindung einzelner Archäologen im Vorfeld und während des Ersten Weltkriegs im Nahen Osten. Hier wurden ihre Ortskenntnisse und Fähigkeiten für die Aktivitäten der Nachrichtendienste nutzbar gemacht.

Ganz gezielt wurden die englischen Grabungen in Karkemisch im Jahre 1911 mit Blick auf eine Brückenbaustelle der Bagdadbahn – so stand man den deutschen Ingenieuren Aug in Aug gegenüber – unter die Leitung von David George Hogarth (1862–1927) gestellt, der ab 1915 in der Naval Intelligence Division diente: Karkemisch, so Hogarth, „passte schön und mit akademischem Anstand in die offizielle Planung von ‚Lauschen und Beobachten'". In seine Fußstapfen traten Charles Leonard Woolley (1880–1960) und T. E. Lawrence (1888–1935), der später als „Lawrence von Arabien" nicht nur als britischer Agent im Arabergewand in die Spionagegeschichte einging, sondern es durch die Verfilmung seines Wirkens im Rahmen des Araberaufstandes postum zu Weltruhm brachte (Abb. 42). Während Woolley v. a. für seine Ausgrabungen in Ur wissenschaftliche Anerkennung fand, konzentrierte sich das Interesse an T. E. Lawrence auf sein Engagement für die arabische Sache und seine Teilnahme an Guerillaaktionen der einheimischen Stämme gegen türkische Militäranlagen und die von den Deutschen erbaute Bagdadbahn.

Abb. 41: Kaiser Wilhelm II. ließ es sich nicht nehmen, bei der Einweihung des rekonstruierten Kastells Saalburg im Taunus im Jahre 1900 persönlich anwesend zu sein. Das Prestigeprojekt der Rekonstruktion hatte der Architekt Luis Jacobi (1836–1910) übernommen (links im Bild).

1914 erkundeten Woolley und Lawrence im Auftrag des „Palestine Exploration Fund" die Negevwüste und den Sinai. Auch hier dienten die Erkenntnisse v. a. dem sog. „Arab Bureau", der Zentrale des britischen Nachrichtendienstes in Kairo, das ab 1916 Hogarth leitete. Die drei Archäologen Wolley, Lawrence und Hogarth waren nicht – oder nicht nur – *Wandering Scholars in the Levant*, wie der Titel der Autobiographie des Letztgenannten suggeriert, sondern integrale Bestandteile der Außenpolitik im Vorderen Orient.

Nicht unerwähnt bleiben sollte in diesem Zusammenhang auch Gertrude Bell (1868–1926). Ihre Liebe zum Orient ließ sie nicht nur als Reisende und Archäologin in Erscheinung treten, deren photographische Dokumentation der antiken Stätten noch heute von großem Wert sind. Durch ihre mit der Zeit erworbenen Kenntnisse und vielfältigen Kontakte zu den Stämmen der Wüste – die Einheimischen nannten sie sogar *Bint Arab*, Tochter Arabiens –, wurden die Nachrichtendienste auf sie aufmerksam. Sie wurde die erste Frau im Britischen Büro in Kairo. Nach dem Ende des Ersten Weltkriegs war sie maßgeblich an der Entstehung des modernen Irak beteiligt, indem sie in Verhandlungen mit den Scheichs der lokalen Stämme die südlichen Grenzen des neuen Staates festlegen half (s. Info).

Auch auf Seiten des Deutschen Reiches und der K. u. K.-Monarchie waren Archäologen in die Aktivitäten der Nachrichtendienste involviert. Max von Oppenheim (1860–1946), gewissermaßen das Pendant zu T. E. Lawrence, war als Ausgräber des Tell Halaf im Nordosten des heutigen Syrien seit 1911 im Dienste seiner Majestät tätig. Und auch er bemühte sich, die Einwohner der Region durch Aufrufe gegen England zu mobilisieren – besonders deutlich artikuliert in seiner Schrift *Die Revolutionierung der islamischen Gebiete unserer Feinde* aus dem Jahre 1914. Während des Ersten Weltkrieges gründete er im Rahmen des Auswärtigen Amtes in Berlin die sog. „Nachrichtenstelle für den Orient".

Eine ganz ähnliche Aufgabe erfüllte der Österreicher Alois Musil (1868–1944). Auch er sollte einheimische Stämme gegen die Engländer aufwiegeln, wie der deutsche Botschafter in Wien in einem Bericht an Reichskanzler Theobald von Bethmann-Hollweg notierte. Selbst wenn das Unterfangen, die arabischen Stämme zur Teilnahme an den militärischen Operationen gegen England zu gewinnen, scheiterte, gelang ihm zumindest, die nordarabischen Stämme vom direkten Aufstand abzuhalten. Seine Kontakte zur Welt der Geheimdienste waren schon einige Jahre zuvor zustandegekommen, als Musil vom britischen Außenministerium als anerkannter Orientalist für die Bestimmung des exakten Grenzverlaufs zwischen Ägypten und dem osmanisch besetzten Palästina herangezogen wurde.

Und auch ein weiterer berühmter Archäologe, Theodor Wiegand (1864–1936), stand in militärischen Diensten, war er zeitweise in Damaskus stationiert. Während des Palästina-Feldzuges 1917/18 führte er ein „Deutsch-Türkisches Denkmalschutzkommando", das in Damaskus, Petra und auf dem Sinai mit der Vermessung und Dokumentation antiker Denkmäler beauftragt war.

Archäologie und nationale Identitäten

Bereits im 19. Jh. und verstärkt in den ersten Jahrzehnten des 20. Jhs. bemühte man sich in den z. T. noch jungen Nationalstaaten darum, die eigene Existenz durch den Nachweis eines althergebrachten Kulturerbes zu legitimieren. In Frankreich und Deutschland überbot man sich seit dem späten 19. Jh. dabei gegenseitig in der Suche nach den jeweils eigenen kulturellen Wurzeln. Nationale Ahnen ganz unterschiedlichen Gepräges wurden entdeckt, neu erfunden und gepflegt – und im Stile der Zeit in Szene gesetzt. Kennzeichen der eminenten Bedeutung der Schaffung eines nationalen Mythos' ist die Tatsache, dass die Suche nach den Orten der Erinnerung von oberster Stelle in Gang gesetzt und gefördert wurde.

Ein Beispiel für die Suche nach verwertbaren nationalen Gedenkstätten ist die Bemühung um die Identifizierung des Ortes der Schlacht von Alesia, die im Jahre 52 v. Chr. den endgültigen Sieg Caesars über die Gallier unter ihrem Anführer Vercingetorix besiegelte. Mit der Schaffung einer Kommission zur Topographie Galliens auf Betreiben Kaiser Napoleons III. (1808–1873) im Jahre 1858 wurde eine Institution geschaffen, die zum einen das intensive Interesse des Monarchen an der Antike wiederspiegelt – 1862 veröffentlichte Napoleon III. eine über die Grenzen Frankreichs hinausrezipierte, zweibändige *Histoire de Jules César* –, zum anderen aber auch das Interesse an nationalen Helden und Märtyrern belegt. Die aus der kaiserlichen Schatulle bezahlten Grabungen führten 1861 in Alise-Sainte-Reine zum Erfolg: Mithilfe ausgedehnter Geländebegehungen und gezielter Grabungsschnitte konnten die Überreste des 15 km langen Belagerungsrings um Alesia und des 21 km langen Verteidigungsrings identifiziert werden. Jüngste Grabungen konnten diese Ergebnisse bestätigen.

Dem französischen/gallischen Vercingetorix stand der deutsche/germanische Arminius bzw. Hermann gegenüber. Die

Abb. 42: T. E. Lawrence nahm an mehreren Konferenzen teil, in denen über die Neuregelung der Verhältnisse im Nahen Osten verhandelt wurde. Von links nach rechts zu erkennen sind T. E. Lawrence, Emir Abdullah, Sir Geoffrey Salmond, der Hochkommissar Sir Herbert Samuel und Sir Wyndham Deedes im Rahmen der Palästina-Konferenz in Kairo im Jahre 1920.

Umsetzung der nationalen Idee, in beiden Fällen gespeist aus dem Widerstand der antiken Vorfahren gegen die Römer, erfolgte über die Schaffung monumentaler Denkmäler (Abb. 43, 44). Neben den ohnehin schon kolossalen Standbildern des Arminius in Detmold und des Vercingetorix in Alise-Sainte-Reine wurden auch ins Monströse gesteigerte Projekte geplant, wie das von Auguste Préault, der in der Auvergne einen ganzen Berg in eine Skulptur verwandeln wollte, die einem 20 m hohen Vercingetorix-Denkmal als Kulisse dienen sollte.

Der Einsatz von Altertumswissenschaftlern im Allgemeinen und Archäologen im Speziellen ist nicht nur im erwähnten Fall von Alesia belegt. Sie spielten eine gewichtige Rolle, galt es doch die herausragende Rolle des jeweiligen Nationalhelden zu belegen und durch Ausgrabungen die Stätten historischer Ereignisse oder die Ruhestätten königlicher Ahnen zu erforschen. Es ist letztlich eine Ironie des Schicksals, dass auf der Grundlage heutiger Erkenntnisse die zu Hilfe gerufenen Archäologen häufig – etwa im Falle der Varusschlacht – irrten und so die für den „Heroenkult" vorgesehenen Erinnerungsstätten nun an der falschen Stelle stehen. Wie stark diese Entwicklungen des 19. und frühen 20. Jhs. weiterwirken, zeigt die mediale Vereinnahmung archäologischer Untersuchungen an den zentralen Orten des nationalen Wettstreits: Es kann kein Spaten angesetzt werden, ohne dass die Debatten der Vergangenheit von Neuem diskutiert werden.

Besonders evident war diese Tendenz der archäologischen „Begründung" nationaler Größe im faschistischen Italien. Im Sinne des Konzepts der *Romanità*, das auf der Idee der zivilisatorischen Überlegenheit des antiken Rom fußte, suchte Benito Mussolini in Italien das antike Imperium Romanum wieder erstehen zu lassen. Im Zentrum der Propaganda stand dabei die augusteische Zeit. Ebenso wie Augustus das Reich aus den Wirren des Bürgerkrieges zu neuer Blüte geführt hatte, verstand sich Mussolini als Erneuerer Italiens und

„Bagdad, 4. Dezember: Liebster Vater,
… Die Delegation aus Kirkuk ist angekommen. Sie kamen geradewegs zu Sir Percy für seinen Rat. Er lehnte ab Rat zu geben und erklärte ihnen, dass sie dem arabischen Staat beitreten dürfen oder noch ein Jahr warten müssten ob sich ein kurdischer Staat gemäß dem Vertrag von Sèvres bildet. Er empfahl ihnen zu Faisal zu gehen und mit ihm zu sprechen. Sie gingen und er hat sie mehrmals gesehen. Er erklärte mir, was sie zu ihm sagten war, wenn ein echter unabhängiger Staat hier entstehen würde, der die Leitung des Landes tragen könnte, dass es dann ihr Interesse wäre, sich ihm anzuschließen, aber wenn dies nur eine Scheinselbständigkeit unter britischer Hoheit sei, dass sie dann bevorzugten direkt unter dieser Hoheit zu bleiben und sich nicht einer arabischen quasi Marionettenregierung anzunähern. Faisal fand dieses eine angemessene Position, aber er glaubt noch, dass er sie bewegen kann mit ihm zusammen den neuen Staat zu organisieren, und ich persönlich hoffe, dass er es kann. …
5. Dez. Wir haben in den letzten 10 Tagen über 5 Zoll Regen gehabt und noch nie in meiner ganzer Zeit in Bagdad habe ich so einen Schlamm gesehen. Ich hatte einen guten Morgen im Büro und die südliche Wüstengrenze des Irak gebildet, mit der Hilfe von Gentlemen Hail und meinem lieben alten Fahad Beg, dem Stammeshäuptling der 'Anizah. Der Glaube des Letzteren an mein Wissen über die Wüste lässt mich erröten. Als er von Herrn Cornwallis gebeten wurde, seine Stammesgrenzen zu definieren, sagte er nur: ‚Fragen Sie Khatun. Sie weiß es.' Um dieses Renommee der Allwissenheit zu erhalten, gab ich mir Mühe, von Fahad zu erfahren, welche Brunnen durch die 'Anizah beansprucht werden, und von Herrn Hai, welche Brunnen von den Shammar beansprucht werden. Stück für Stück bin ich vorangekommen eine angemessene Grenze festzulegen. Die Wichtigkeit der Angelegenheit liegt in der Tatsache, dass Ibn Saud Herrn Hail gefangen hält und Sir Percy so bald wie möglich eine Konferenz zwischen ihm und Faisal haben möchte, um definitiv zu vereinbaren, welche Stämme und Länder zum Irak gehören und welche zu Ibn Saud."

Brief von Gertrude Bell an ihren Vater vom 4. und 5. Dezember 1919.

Abb. 43: Kaiser Napoleon III. ließ von dem Bildhauer Aimé Millet 1956 an der Stelle der Schlacht bei Alesia ein monumentales Denkmal für Vercingetorix errichten. Die auf dem Sockel der 7 m hohen Statue in Alise-Sainte-Reine angebrachte Inschrift lautet in deutscher Übersetzung: „Das vereinigte Gallien, das eine einheitliche Nation bildet, die von demselben Geist beseelt ist, kann der ganzen Welt trotzen".

als Friedensstifter nach den Wirren des Ersten Weltkriegs. Um dies auch optisch zu untermauern, ließ er Grabungen durchführen und einzelne Monumente gewissermaßen als „Erinnerungsorte" herausstellen, darunter das Kapitol, das Kolosseum, das Pantheon und allem voran das Augustus-Mausoleum.

Auch heute noch ist das Erscheinungsbild Roms – zumindest im Stadtzentrum – zu einem großen Teil von der Ausgrabungs- und Bautätigkeit unter Mussolini geprägt. Besonders deutlich wird dies an zwei Orten: am Augustus-Mausoleum, dessen antiker Bestand in eine auf faschistische Propaganda abzielende Platzanlage integriert wurde, und an der damaligen Via dell'Impero (heute Via dei Fori Imperiali). Im Rahmen der Umgestaltung Roms ergaben sich so auch ungeahnte Möglichkeiten für archäologische Grabungen.

Bei der Erforschung des Mausoleums konnten zwischen 1926 und 1930 trotz der starken Zerstörungen im Inneren, die der Nutzung als Konzerthalle zuzuschreiben sind, neue Erkenntnisse zu Aufbau und Ausstattung gewonnen werden. Auch beim Bau der Trasse, die zwischen dem Kolosseum und der Piazza Venezia geschlagen wurde, der heutigen Via dei Fori Imperiali, wurden Archäologen beauftragt, die offengelegten Areale zu untersuchen, wenn auch nur für unglaublich kurze Zeit – für die archäologische Erforschung war insgesamt nur ein Monat vorgesehen. Hier zeigen sich in aller Deutlichkeit die Prioritäten des Regimes. Wo die archäologischen Relikte nicht im Sinne der Propaganda genutzt werden konnten, wurden sie ohne viel Federlesens beiseitegeräumt.

Trotz aller Kritik der Fachleute an dem allzu zügigen Vorgehen bei den Ausgrabungen finden sich doch auch durchaus positive Wertungen der Leistungen der Ära Mussolini bei der Aufarbeitung der antiken Überreste und ihrer Präsentation. Deutsche Archäologen wie Ludwig Curtius (1874–1954) oder Gerhard Rodenwaldt (1886–1945) scheuten sich dabei nicht, in zumindest zeitbedingter Wortwahl eine Brücke von dem Zeitalter des Augustus in die Gegenwart, zum italienischen Faschismus und zum Nationalsozialismus, zu schlagen (s. Info).

Archäologie in der Zeit des Nationalsozialismus

Eine ganz besondere Stellung hatte die Archäologie in den dunklen Jahren des Dritten Reichs. Sie beschränkte sich nicht auf die Erschließung einer „glorreichen" Vergangenheit und auf Impulse zur Entwicklung einer faschistischen Ästhetik, denn in Deutschland existierten kaum so konkrete Anknüpfungspunkte wie in Italien. So wurde gewissermaßen zweigleisig operiert. Einerseits versuchte man – auch durch Grabungen – das germanische Erbe zu erschließen und zu präsentieren, andererseits orientierte man sich am „Griechentum" und seinen Idealen.

Für Letzteres bot sich als Projektionsfläche die Ausrichtung der Olympischen Spiele 1936 geradezu an. Leni Riefenstahls Film *Fest der Völker* dokumentiert dieses Bemühen um den Anschluss an das antike Griechenland in einer 20-minütigen Sequenz durch die Entzündung der Olympischen Flamme in den Ruinen Olympias. Diese wurde dann in dem speziell für dieses Ereignis erfundenen Fackellauf quer durch Europa zum Bestimmungsort Berlin getragen (Abb. 45). Und auch die Inszenierung nackter männlicher Körper nach antiken Statuenvorbildern wie desjenigen des Diskuswerfers Lancelotti als Sinnbild eines „nordischen" Athleten zeigt die ästhetische Anlehnung an das Idealbild, gleichzeitig aber auch die Übertragung klassischer Formen auf die neuen, ideologisch begründeten Leitbilder.

Wie stark sich Adolf Hitler selbst für eine Annäherung an das Ideal des Griechentums machte, zeigt eines der sog. „Tischgespräche" aus dem Jahre 1942. Hier formuliert er: „Schauen wir auf die Griechen, die auch Germanen waren (!), so finden wir eine Schönheit, die hoch über dem liegt, was wir heute aufzuweisen haben. ... Man braucht nur einmal den Kopf des Zeus oder der Athene mit dem eines mittelalterlichen Gekreuzigten oder eines Heiligen zu vergleichen." Solche Gleichsetzungen, ja Aneignungen fanden Eingang in das allgemeine Bewusstsein und spiegeln sich in zuweilen grotesk anmutender Konsequenz in Erhart Kästners 1942 erschienenem Werk *Griechenland. Ein Buch aus dem Kriege*, das er mit Billigung des Reichsministeriums für Propaganda und Volksaufklärung für die kämpfende Truppe verfasste und in dem er die Besetzung Griechenlands als die Rückkehr

Abb. 44: Einer der Kristallisationspunkte der nationalen Begeisterung rund um den „Befreier Deutschlands" Arminius war im Rahmen der 1900-Jahrfeier der Varusschlacht das 1875 errichtete Hermannsdenkmal in der Nähe von Detmold.

Aus heutiger Sicht erscheinen die Assoziationen und Vergleiche angesichts der Neugestaltung Roms durch Mussolini in einigen Fällen über das verständliche Maß der verbalen Anpassung an die politischen Notwendigkeiten hinauszugehen.

„Für den Römer der Epoche Mussolinis ist das Verhältnis zur Kunst des Augustus wie zur römischen Kunst kein Problem. Die großen Werke seiner nationalen Vergangenheit sind aus dem Schlummer, den sie auf der Insel einer *zona archeologica* träumten, befreit und mitten in den starken Strom des modernen Lebens hineingestellt worden. Sie haben einen neuen Sinn und Zweck erhalten. In uns rufen die Römerbauten auf deutschem Boden die Erinnerung an Kampf und Fremdherrschaft wach. Der Begriff Rom ist für uns mit Erinnerungen belastet, deren politische Bedeutung uns nicht immer leicht den Zugang zu den ewigen Werten Roms finden läßt. Dagegen liegt das Griechentum für uns in einer Sphäre, die jenseits der Parteien Haß und Gunst ist ... Homer wird uns stets mehr bedeuten als Vergil, die Akropolis mehr als das Forum Romanum, die Skulpturen von Olympia mehr als römische Historienbilder. Und doch sollte es uns nachdenklich stimmen, daß wir in unserer gegenwärtigen Kunst überraschende Parallelen zur römischen Antike finden. Das Reichssportfeld erinnert in seinem Gesamtplane weniger an das Heiligtum von Olympia als an das Forum des Traian, ohne daß dem Architekten dieses Vorbild vorgeschwebt hätte. Das Olympiastadion zu Berlin hat die Gestalt eines römischen Amphitheaters; die Nürnberger Kongreßhalle stellt Motive des römischen Theaters in den Dienst einer neuen Aufgabe ... Diese Erscheinungen erinnern uns daran, daß auch die Römer uns stammverwandt und durch eine lange geschichtliche Tradition mit uns verbunden sind."

Gerhard Rodenwaldt, *Kunst um Augustus* (1943) 7 f.

Immerhin sah sich Ludwig Curtius offenkundig genötigt, in seinen 1950 erschienenen Erinnerungen die folgenden Passagen zur Via dell'Impero zu überarbeiten.

„Dieses herrliche Unternehmen ist viel weniger ein rein archäologisches, als es zunächst scheint. Seine gedanklichen Hintergründe sind politische und verkehrstechnische, die schließlich zusammenfallen ... Das andere moderne Bedürfnis ist das der politischen Massenentfaltung. Dies haben wir ja heute bei der von uns allen erlebten verwandten und von dem italienischen Vorbild beeinflußten Entwicklung in Deutschland nicht nötig ausführlich zu erklären. Der moderne Führer, der die Parlamentstribüne hinter sich gelassen hat, braucht ein Forum, auf dem er immer wieder zu der Volksgemeinschaft, zu der jeder gehört, spricht ... Mit der Wahl des Palazzo Venezia als Sitzes der Regierung, von dessen Balkon aus Mussolini zu sprechen pflegt, war die zum Foro d'Italia erweiterte Piazza Venezia als Forum der Massenaufzüge gegeben, und damit das Bedürfnis neuer Straßen zur Bewältigung der an- und abmarschierenden Kolonnen von Tausenden. Aber nun führt diese Via dell'Impero nicht nur entlang am alten römischen Forum, sondern sie durchschneidet auch die Kaiserfora, und hier tritt unsere symbolische Ausdeutung des scheinbar aus rein sachlicher Zweckmäßigkeit Geschehenen wieder in ihr Recht.

... wenn diese grandiose Via dell'Impero vom Palazzo Venezia, vom Marsfeld her, das Kapitol entlang über das Trajansforum, über das des Augustus am Tempel des Julius

Caesar vorbeiführt ... und aus dem brausenden Verkehr der Straße schließlich die Menge zu Hunderten in die Basilika des Maxentius strömt ... und aus der Nische, in der einmal der Koloß des Sitzbildes Konstantins stand, unter den riesigen Gewölben von einer Militärkapelle gespielt Beethovens Eroica oder das Vorspiel der Meistersinger einherrauscht, dann dient diese ganze Ruinenwelt nur der Verlebendigung einer einzigen geschichtlich-gegenwärtigen Einsicht: der Größe des staatlichen Seins, der Größe der schöpferischen politischen Persönlichkeit."

Ludwig Curtius, *Mussolini und das antike Rom* (1934) 11 f. und 20.

der arischen Rasse in ihre angestammte Heimat preist. Hier heißt es: „Nichts Südliches schlechthin, sondern Nördliches im Süden: das eben ist Griechenland."

Die Suche nach den germanischen Wurzeln wurden hingegen v. a. von Alfred Rosenberg und Heinrich Himmler (Abb. 46) vorangetrieben. Durch sie wurde besonders die prähistorische Archäologie dazu instrumentalisiert, Belege für die Rassenüberlegenheit und den Herrschaftsanspruch im europäischen Raum zu sammeln. So konnte mit Blick auf diese Laurent Olivier, einer der Herausgeber des Sammelbandes *Nazi-Archäologie in Westeuropa* feststellen: „Von allen deutschen Geisteswissenschaften im Dritten Reich wurde die Archäologie am direktesten mobilisiert, um die Ziele: forcierte Germanisierung, Wiedergewinnung der Identität von Territorium und ‚rassischer' Homogenität, zu legitimieren. Einige der in der Zeit des Nationalsozialismus durchgeführten Grabungen, etwa im Falle des Fürstengrabhügels Hohmichele bei Altheim (Landkreis Biberach) zwischen 1935 und 1938, bezeugen ihren Charakter als politische Inszenierung.

Die Vor- und Frühgeschichte wurde angesichts der ideologischen Präferenzen zu dem am intensivsten geförderten archäologischen Zweig, beinahe zu einem Modefach – und sie versprach durch die Vermehrung der Forschungsinstitutionen und Universitätsstellen erhöhte Karrierechancen. Dabei war die Mitgliedschaft in der NSDAP ein probates Mittel, wenn nicht sogar Voraussetzung für die Teilhabe am wissenschaftlichen Diskurs. Ein wissenschaftliches Vorbild für zahlreiche wissenschaftliche Unternehmungen bildete die siedlungsarchäologische Methode eines Gustaf Kossinna (1858–1931), die nicht wie die moderne Siedlungsarchäologie auf die Analyse einzelner Ansiedlungen oder Siedlungslandschaften, sondern auf eine ethnische Interpretation archäologischer Kulturgruppen zielte. Sie beruhte auf der Annahme, dass „scharf umgrenzte Kulturprovinzen sich zu allen Zeiten mit ganz bestimmten Völkern oder Völkerstämmen decken", mithin also historische Zustände Rückschlüsse erlauben auf die ethnische Zusammensetzung in der Vorgeschichte.

Auch die Biographie Kossinnas spricht Bände, zeigt sie doch, dass für die Entwicklung einer „rassistischen Nazi-Archäologie" in Teilen bereits der Boden bereitet war: 1909 gründete er die „Deutsche Gesellschaft für Vorgeschichte". In der Folge gehörte er verschiedenen antisemitischen und völkischen Gruppierungen an. Als Mitglied im „Nordischen Ring" vertrat er mit Überzeugung die These von den Germanen als „Elite der Weltkultur" und trat im Jahre 1928 als

Abb. 45: Dieses Photo zeigt in zeittypischer Ästhetik den eigens für die Olympischen Spiele „erfundenen" Fackellauf und die Route, die die Olympische Flamme von ihrem Ursprungsort in Griechenland quer durch Europa bis nach Berlin nahm.

öffentlicher Förderer der „Nationalsozialistischen Gesellschaft für deutsche Kultur" in Erscheinung.

Die pangermanische Idee stieß nicht nur in Deutschland auf fruchtbaren Boden: Der französische Prähistoriker Jean-Jaques Thomasset (1895–1973) etwa forderte im Juli 1942 anlässlich einer persönlichen Einladung Heinrich Himmlers vor der Elite des SS-Instituts „Ahnenerbe": „Die Pflicht des siegreichen Deutschlands ist, das burgundische Land zu befreien und es der germanischen Gemeinschaft zurückzugeben. Wir können vielleicht bald einem größeren Reich zugehören, nicht als Besiegte, sondern als Befreite." Schon vor der Besetzung Frankreichs war Burgund als mögliches Musterland der SS in den Blick genommen worden. Und so wurden eine Reihe von Historikern und Archäologen an die „Ausgrabungs-Front" gesandt, um den Nachweis zu erbringen, dass es sich hierbei um altes germanisches Siedlungsgebiet handelte.

Das aus den oben erwähnten Ansätzen entwickelte Bild einer heidnischen germanischen Kultur mit adäquaten Kultstätten und der daraus abgeleiteten Symbolik bestimmte die Ausrichtung der in den von der SS eingerichteten bzw. geprägten Institutionen, wie dem erwähnten SS-Institut „Ahnenerbe" unter Himmler oder dem sog. „Amt Rosenberg". Das Verhältnis dieser beiden Institutionen war von Anfang an belastet und von einem regelrechten Konkurrenzkampf bestimmt.

Viele, wenn nicht die meisten der in diesen Einrichtungen arbeitenden Wissenschaftler, darunter auch zahlreiche Archäologen, ließen sich politisch instrumentalisieren, um die gewünschten Belege beizubringen. Selbst wenn es bisweilen Felder gab, in denen der Forschungs- und Lehrbetrieb ohne größere Störungen weiterlief, führte die eindeutige Ideologisierung der Forschung im Dritten Reich zu einem Verdrängungsprozess, in dem die systemkonformen Wissenschaftler überlebten. Forscher, die sich nicht in die Abhängigkeit von diesen Institutionen begaben, wurden zumeist lediglich ihrer Ämter enthoben. Wer aber jüdischer Abstammung war, hatte schlicht nur die Wahl zwischen Exil und Verfolgung. Zu den Exilierten zählen etwa Paul Jacobsthal (1880–1957), Margarete Bieber (1879–1978), Karl Lehmann-Hartleben (1894–1960), Otto Rubensohn (1867–1964), Karl Schefold (1905–1999) oder Georg Karo (1877–1963), der bis 1936 die Außenstelle Athen des „Archäologischen Instituts des Deutschen Reiches" (AIDR) leitete.

An dem Wirken Theodor Wiegands, seit 1932 Präsident des AIDR, zeigen sich exemplarisch die begrenzten Möglichkeiten unbehelligter archäologischer Forschung in den Jahren der Naziherrschaft. Nur unter größten Anstrengungen konnte er das Archäologische Institut und die angegliederte „Römisch Germanische Kommission" (RGK) in Frankfurt davor bewahren, in den „Reichbund für deutsche Vorgeschichte" des „Amtes Rosenberg" integriert zu werden. Weit schwieriger war es aber, in Bedrängnis geratene Kollegen zu schützen. Als nach 1933 der Prähistoriker Hans Reinerth über die Partei versuchte, mit Hinweis auf dessen jüdische Herkunft den Direktor der RGK Gerhard Bersu aus dem Amt zu drängen, unternahm Wiegand zahlreiche Versuche, diesen im Amt zu behalten. So wurde Bersu erst 1935 auf Betreiben Reinerths abgesetzt und von Wiegand als Referent für Ausgrabungen an die Zentrale des Archäologischen Instituts nach Berlin versetzt. Auch Bersu traf schließlich die oft praktizierte Methode der Zwangspensionierung, die

Abb. 46: Heinrich Himmler sah in der „Ahnenforschung" eines der zentralen Betätigungsfelder. So ließ er sich gerne persönlich neue Erkenntnisse der archäologischen Forschung vor Ort vorführen; hier zeigt man ihm in einem Steinbruch in Rheinland-Pfalz germanische Runeninschriften.

ihn nach England verschlug, von wo er 1950 auf seine alte Position in Frankfurt zurückkehrte und das dortige Institut neu aufbaute. Reinerth seinerseits brachte es im Laufe der Jahre bis zum Leiter der Abteilung Vorgeschichte im „Einsatzstab Reichsleiter Rosenberg" und war u. a. zuständig für die Sammlung „herrenlosen Kulturgutes von Juden". Nach dem Krieg war er Direktor des Pfahlbaumuseums Unteruhldingen.

Die Zeugnisse der notwendigen Gratwanderungen lassen sich vermehren, denn die drohende Absetzung und der damit verbundene Zwang zur Auswanderung veranlassten eine ganze Reihe namhafter Archäologen, sich den veränderten Bedingungen anzupassen. Dennoch konnten auch gelegentliche regimekritische Äußerungen Konsequenzen nach sich ziehen, wie der Direktor der römischen Abteilung des AIDR, Ludwig Curtius, erfahren musste, der 1931 in den verfrühten Ruhestand entlassen wurde.

Die Repressalien des Regimes wirkten sich nicht nur auf die Professorenschaft aus, sondern betrafen in gleichem Maße auch die Studierenden. So führte die Drangsalierung der wissenschaftlichen Elite und des Nachwuchses in allen Bereichen, auch dem der Archäologie, zu einem Aderlass und einem Verlust an Renommee, der auf Jahre hinaus in Deutschland kaum aufgefangen werden konnte.

Abkehr von der „Klassik"

Neue Impulse im 20. Jahrhundert

Mit dem 20. Jh. betrat die Archäologie den Boden der Moderne. Das Bild des Fachs zu Beginn des 19. Jhs. und dasjenige um 1900 unterscheiden sich grundlegend. Bildete Winckelmann den Beginn der kunstgeschichtlichen Archäologie und das gesamte 19. Jh. den Beginn systematischer Ausgrabungen, so ist von Archäologie als komplexer wissenschaftlicher Disziplin erst nach dem Ersten Weltkrieg zu sprechen.

Nicht umsonst setzt auch die Beschäftigung der Archäologie mit sich selbst an der Wende zum 20. Jh. ein. Es war die Zeit erster Rückblicke. Den Anfang machte Adolf Michaelis (1835–1910) mit seinem 1908 erschienenen Buch *Ein Jahrhundert kunstarchäologischer Entdeckungen*, in dem er die Errungenschaften archäologischer Forschung resümiert.

Für Michaelis – er und Alexander Conze waren 1860 die ersten Reisestipendiaten des Deutschen Archäologischen Instituts – standen v. a. die großen Erfolge der Grabungstätigkeit im 19. Jh. im Mittelpunkt. Dabei würdigte Michaelis nicht nur die neuen Erkenntnisse der Forschungen auf dem Feld der Klassischen Archäologie, sondern bezog den Vorderen Orient und Ägypten mit ein. Beachtung fanden konsequenterweise nicht nur Zeugnisse der Blütezeiten der Hochkulturen. Auch prähistorische Grabungen und Funde wurden dokumentiert.

Von Adolf Michaelis stammt auch die Bezeichnung der Archäologie als „Eroberungswissenschaft". Aus seinen gesamten Ausführungen tönt ein ungebrochener Optimismus über die Möglichkeiten der Archäologie, „denn nie vorher ist mit solchem Eifer und so zielbewusst dahin gestrebt worden, der Erde ihre Schätze alter Kunst wieder abzugewinnen, und nie vorher hat ein so reicher und so mannigfacher Ertrag die Arbeit des Spatens belohnt." Mit dem der Wilhelminischen Epoche eigenen Pathos fügt er hinzu: „Die letzten Phasen dieser Tätigkeit stehen dem heutigen Geschlechte noch in lebendiger Erinnerung, aber es wäre unrecht darüber die Mühen und Erfolge früherer Generationen zu vergessen, die bis an den Anfang des Jahrhunderts zurückreichen."

Im Rückblick erscheint gerade die Zusammenschau von Michaelis wie eine Zäsur. Als sein Buch erschien, waren bereits neue theoretische Ansätze und neue Fragen aufgeworfen, die das Bild der nächsten Jahrzehnte bestimmen sollten.

Neuorientierung durch die Kunstgeschichte

Am Anfang dieser Entwicklung stand ein erneuter Paradigmenwechsel, der mit einer Reihe von Einzelpersönlichkeiten verbunden war, die nicht aus dem Fach selbst stammten. Er betraf zunächst besonders die Klassische Archäologie, veränderte in der Folge aber die gesamte kunstgeschichtliche und archäologische Forschungslandschaft.

Mit der Neuorientierung ging auch die allmähliche Ablösung von den besonders in Deutschland immer noch virulenten Winckelmannschen Vorstellungen von der Klassischen Kunst einher. Dass dieser Prozess lange andauerte, zeigt sich unter anderem auch daran, dass noch 1973 Jan Aller einen Aufsatz zu Schelling und Winckelmann mit dem Ausruf begann: Winckelmann und kein Ende!" Dennoch stellte für die Klassische Archäologie die Befreiung von der „klassischen Hypothek" einen Einschnitt dar, der nicht mehr rückgängig zu machen war.

Die sog. Wiener Schule

Bereits Ende des 19. Jhs. kamen aus den Reihen Wiener Kunsthistoriker neue Impulse: Sie brachen mit der als antiquiert empfundenen Kunstgeschichte der zweiten Hälfte des ausgehenden Jahrhunderts und setzten dieser eine neue Form der Kunstbetrachtung entgegen, die die rein ästhetische Formanalyse ersetzen sollte. U. a. durch die Einbeziehung des historischen Umfelds wollte man so zu Aussagen gelangen, die von jeglichem subjektiven Werturteil frei waren.

Die Hauptvertreter dieser neuen Richtung waren Franz Wickhoff (1853–1909) und Alois Riegl (1858–1905). Eines der zentralen Anliegen Wickhoffs war es, die Kunstgeschichte als Fach auf eine wissenschaftliche Grundlage zu stellen und auf diese Weise „ästhetische Schwärmereien" zu verhindern. Als Anregung diente ihm die sog. „Experimentalmethode" des italienischen Mediziners und Kunsthistorikers Giovanni Morelli (1816–1891), der seine Ergebnisse unter dem Pseudonym Ivan Lermolieff publizierte. Morelli versuchte mit dieser empirischen Methode anhand der Ausformung auch kleiner physiognomischer Details die Handschrift eines Künstlers durch Quervergleiche zu bestimmen. Wickhoff übernahm Elemente der Morelli-Methode, entwickelte diese aber weiter: vom bloßen Parallelisieren einzelner Motive zu einem Stilvergleich, der das gesamte Formenrepertoire des Künstlers berücksichtigte.

Wie Wickhoff ging es auch Alois Riegl nicht so sehr um die Einordnung einzelner Kunstwerke, sondern v. a. um die Analyse künstlerischer Grundphänomene, um die „Erscheinung der Dinge als Form und Farbe in Ebene und Raum". Zu diesem Zweck nutzte er die Methode der sog. vergleichenden Stilanalyse. In seinen Hauptwerken *Stilfragen* (1893) und *Die spätrömische Kunstindustrie* (1901) entwickelte Riegl den Begriff des „Kunstwollens" als definierender Kraft einer Stilepoche (s. Info S. 107). Mit Hilfe dieses Begriffs sollte man nun das jeweilige Kunstwerk nach den ihm innewohnenden Gesetzen und den zugrundeliegenden Absichten ergründen.

Besonders Riegl konzentrierte sich also auf die Analyse der reinen Form – unabhängig von ihrem Inhalt. Der neue Ansatz bedeutete letztlich die Abkehr von dem Primat des „Klassischen" und führte in Konsequenz zu einer Aufwertung bislang vernachlässigter Epochen, wie der römischen Kaiserzeit, deren Kunsterzeugnisse seit Winckelmann nur wenig geschätzt wurden.

Stilforschung

Einen anderen Weg beschritt der Kunsthistoriker Heinrich Wölfflin (1864–1945). Zwar betrachtete auch er die untersuchten Objekte v. a. nach ihrer äußeren Form, ihrem Stil, doch entwickelte er dazu in

„Im Gegensatze zu dieser mechanistischen Auffassung vom Wesen des Kunstwerkes habe ich – soviel ich sehe als Erster – in den ‚Stilfragen' eine teleologische vertreten, indem ich im Kunstwerke das Resultat eines bestimmten und zweckbewussten Kunstwollens erblickte, das sich im Kampfe mit Gebrauchszweck, Rohstoff und Technik durchsetzt. Diesen drei letzteren Factoren kommt somit nicht mehr jene positivschöpferische Rolle zu, die ihnen die sogenannte Sempersche Theorie zugedacht hatte, sondern vielmehr eine hemmende, negative: sie bilden gleichsam die Reibungscoefficienten innerhalb des Gesammtproductes.

Mit dem Kunstwollen war nun in die Entwicklung ein leitender Factor eingeführt, mit dem die in der bisherigen Auffassung befangenen Forscher zunächst nichts anzufangen wussten und aus diesem Umstande glaube ich eben die zuwartende Stellung erklären zu sollen, die der größere Theil der Mitarbeiter auf den gleichen Kunstgebieten noch heute, nach sieben Jahren, den in den ‚Stilfragen' niedergelegten Anschauungen gegenüber einnimmt. In zweiter Linie mag dazu der Umstand beigetragen haben, dass sich meine Untersuchungen in den ‚Stilfragen' ausschließlich auf das decorative Gebiet beschränkten; da aber ein allgemein verbreitetes Vorurtheil die Figurenkunst nicht allein für die höherstehende ansieht, sondern sich dieselbe auch als ganz besonderen Gesetzen folgend vorstellt, so war es kaum zu vermeiden, dass selbst unter denjenigen, welche die Stichhältigkeit meiner Ausführungen über das Pflanzenrankenornament zugaben, manche die allgemeine Tragweite der bezüglichen Ermittlungen nicht zu erkennen vermochten.

Namentlich mit Rücksicht auf die zuletzt erwähnte Unterschätzung der Bedeutung der decorativen Kunst war es nun ein neuer wichtiger Schritt in der von mir bereits eingeschlagenen Richtung, als F. Wickhoff in seiner Publication der Wiener Genesis den unwiderleglichen Nachweis erbrachte, dass auch ein nichtdecoratives Kunstwerk mit figürlichen Darstellungen aus der spätrömischen Zeit (wie man gemeinhin annimmt aus dem fünften nachchristlichen Jahrhunderte) nicht mehr mit dem Maßstabe der classischen Kunst gemessen (und schlankweg verurtheilt) werden dürfe, sondern dass sich zwischen diese beiden Künste eine vermittelnde dritte in der beginnenden römischen Kaiserzeit einschiebt, die einerseits zweifellos noch in die Antike einbezogen werden muss, anderseits aber mit einem spätrömischen Werke wie der Wiener Genesis ganz wesentliche Berührungspunkte gemein hat.

Damit war die Continuität der Entwicklung auch auf dem Gebiete der Figurenkunst thatsächlich hergestellt, und wenn dieses Ergebnis in seiner bahnbrechenden Bedeutung noch nicht bei allen betheiligten Forschern die gebürende Anerkennung gefunden hat, so liegt dies namentlich an der allzu einseitigen und schroffen Absonderung, in welche Wickhoff die römische Kunst gegenüber der griechischen setzen zu müssen geglaubt hat. Aber was die Entwicklung der spätrömischen Kunst aus derjenigen der früheren Kaiserzeit betrifft, so ist hierin selbst Wickhoff, offenbar durch einen Rest kunstmaterialistischer Anschauungen bestimmt, auf halbem Wege stehen geblieben."

Alois Riegl, *Die spätrömische Kunst-Industrie nach den Funden in Österreich-Ungarn im Zusammenhange mit der Gesamtentwicklung d er Bildenden Künste bei den Mittelmeervölkern* (Wien 1901), 5 f.

seinem Hauptwerk *Kunstgeschichtliche Grundbegriffe* (1915) für den Vergleich von Werken aus der Renaissance und dem Barock begriffliche Gegensatzpaare, mit denen formale Eigenheiten beschrieben werden können: linear–malerisch, flächig–räumlich, geschlossen–offen, haptisch–optisch, klar–unklar. Konsequent wandte er als einer der Ersten in seinen Vorlesungen die Doppelprojektion mit zwei Diaprojektoren an, um zwei Kunstwerke direkt miteinander vergleichen zu können – bis heute die gängige Verfahrensweise auch in der kunstgeschichtlichen Archäologie.

Ganz bewusst verzichtete Wölfflin darauf, zu stark die einzelnen Künstler zu thematisieren; vielmehr suchte er nach Gemeinsamkeiten der Kunst bestimmter Epochen oder Länder – er selbst nannte diese Methode „Kunstgeschichte ohne Namen". So umstritten seine Gegensatzpaare im Einzelnen auch waren, viele seiner Grundbegriffe gehören auch heute noch zur etablierten Terminologie in der Beschreibung eines künstlerischen Stils.

Von der Klassischen Archäologie wurden die neuen Ideen schnell aufgenommen. Denn mithilfe der Stilanalyse konnten wesentliche Fragen der inneren Stilentwicklung und der Landschaftsstile beobachtet werden. Für die antike Keramik wurde durch Sir John Beazley (1885–1970) ein kohärentes System erstellt, das die Zuschreibung von Vasen an einzelne Künstler und Werkstätten und somit auch eine gewisse Feindatierung ermöglichte. V. a. im deutschsprachigen Raum erfreute sich die Stilanalyse – und als Sonderform die Strukturanalyse – großer Beliebtheit. Als einer der bedeutenden Vertreter ist Ernst Buschor (1886–1961) zu nennen, der mit seinen Studien zur archaischen Plastik diese Epoche ins Rampenlicht beförderte. Ähnliches leisten Gerhard Krahmer (1890–1931) für die Kunst des Hellenismus und Ernst Rodenwaldt (1878–1965) für die römische Kunst.

Ikonologie

Als ein weiterer dieser neuen Ansätze, die aus dem Bereich der Kunstgeschichte ihren Weg in die Archäologie nahmen, ist schließlich die Entwicklung der ikonologischen Methode zu nennen. Der Hamburger Kunsthistoriker Erwin Panofsky (1892–1968) entwarf ein dreistufiges Modell, das einer immer komplexer werdenden Interpretation der untersuchten Artefakte gerecht werden sollte.

Für das Verständnis einfacher, „primärer" Motive in der Kunst dient in diesem System die sog. vor-ikonographische Methode, die – auch ohne profunde Kenntnisse – die Entwicklung einer „Stilgeschichte" ermöglicht. Für die Entschlüsselung komplexerer Bilder oder Allegorien soll die ikonographische Analyse angewendet werden, an deren Ende eine „Typengeschichte" steht. Die oberste Stufe bildet die ikonologische Interpretation, die nach dem eigentlichen Gehalt, den symbolischen Werten, fragt (s. Info).

Die systematische Unterscheidung zwischen Ikonographie und Ikonologie war für die Folgezeit prägend. Während Erstere das Thema eines Bildwerks zu ergründen suchte, sollte die Ikonologie das Wesen und die Bedeutung eines Kunstwerks begreifbar machen. Dabei spielte der historische Kontext eine gewichtige Rolle, denn er erklärte die Wahl der einzelnen Formen und Motive. Insgesamt begründeten alle Neuansätze eine Tendenz zur Theoriebildung in den Bildwissenschaften, die auch aus der modernen Archäologie nicht mehr wegzudenken ist.

Polyphonie

Nach dem Zweiten Weltkrieg veränderten sich Themen und Methoden archäologischer Forschung noch einmal grundlegend. Die inzwischen größere Durchlässigkeit der Grenzen zwischen den unterschiedlichen Wissenschaften trug ebenfalls dazu bei. Kamen neue Denkanstöße bis dahin besonders aus den historischen Wissenschaften und der Kunstgeschichte, so brachten nun – gewissermaßen als Gegenbewegung – Soziologie und Politologie neue Fragen auf. Die bloße Formanalyse

 Erwin Panofskys Interpretationsmodell

Gegenstand der Interpretation	Akt der Interpretation	Ausrüstung für die Interpretation	Korrektivprinzip der Interpretation *(Traditionsgeschichte)*
I Primäres, oder natürliches Sujet – (A) tatsachenhaft, (B) ausdruckshaft–, das die Welt künstlerischer Motive bildet	Vor-ikonographische Beschreibung (und pseudo-formale Analyse)	Praktische Erfahrung (Vertrautheit mit Gegenständen und Ereignissen)	Stil-Geschichte (Einsicht in die Art und Weise, wie unter wechselnden historischen Bedingungen Gegenstände und Ereignisse durch Formen ausgedrückt wurden)
II Sekundäres oder konventionales Sujet, das die Welt von Bildern, Anekdoten und Allegorien bildet	Ikonographische Analyse	Kenntnis literarischer Quellen (Vertrautheit mit bestimmten Themen und Vorstellungen)	Typen-Geschichte (Einsicht in die Art und Weise, wie unter wechselnden historischen Bedingungen bestimmte Themen oder Vorstellungen durch Gegenstände und Ereignisse ausgedrückt wurden)
III Eigentliche Bedeutung oder Gehalt, der die Welt „symbolischer" Werte bildet	Ikonologische Interpretation	Synthetische Intuition (Vertrautheit mit den wesentlichen Tendenzen des menschlichen Geistes), geprägt durch persönliche Psychologie und Weltanschauung	Geschichte kultureller Symptome oder „Symbole" allgemein (Einsicht in die Art und Weise, wie unter wechselnden historischen Bedingungen wesentliche Tendenzen des menschlichen Geistes durch bestimmte Themen und Vorstellungen ausgedrückt wurden)

trat in den Hintergrund. Der Blick richtete sich auf die Repräsentation von Herrschern und Eliten, auf die „politischen" Aussagen der Bildwerke, auf ihren gesellschaftlichen Kontext, ihre machtpolitische Funktion, aber auch auf Bereiche des Alltagslebens.

Eines der neuen Themen – bemerkenswerterweise auf beiden Seiten des Eisernen Vorhangs – war die antike Sklaverei. Sowohl die Schriftquellen als auch die archäologischen Befunde wurden intensiv nach Spuren der Lebenswelt von Sklaven und anderen Entrechteten durchforstet. Wie ein Reflex auf die Archäologie in Zeiten des Faschismus und Nationalsozialismus strömten nun auch Elemente aus der marxistischen Forschung in den archäologischen Diskurs ein. Ranuccio Bianchi Bandinelli (1900–1975) etwa, der sich vor dem Krieg durch Studien zur Kunst und Kultur der Etrusker hervorgetan hatte, führte nach 1945 als Antifaschist und Marxist den dialektischen Materialismus als Ansatz in die archäologische Forschung ein. Insgesamt lässt sich im „politisierten" Klima der 60er und 70er Jahre eine deutliche Wechselwirkung zwischen Wissenschaft und Politik konstatieren: Eine ganze Reihe namhafter Historiker und Archäologen beteiligten sich aktiv am politischen Leben.

Neue Impulse kamen in der Nachkriegszeit besonders aus Frankreich. Jean-Pierre Vernant (1914–2007) und Pierre Vidal-Naquet (1930–2006), Hauptvertreter der sog. Pariser Schule, formulierten anthropologische Fragen, die in der Archäologie z. T. intensiv rezipiert wurden. Als Anhänger der strukturalistischen Methode eines Claude Lévi-Strauss (1908–2009) suchten sie nach anthropologischen Grundkonstanten, nach Archetypen und Lebensphasen. Die untersuchten Artefakte wurden dabei nicht als Wiedergabe einer im weitesten Sinne historischen Wirklichkeit gedeutet, sondern als Ausdruck mentaler Vorgänge, Konstruktionen sozialer Befindlichkeiten oder als mythische Projektionen. Ihr Einfluss auf die Altertumswissenschaften ist v. a. im Bereich der Religionswissenschaft weitreichend.

Ein sehr wirkmächtiger neuer Ansatz wurde vom Ägyptologen Jan Assmann formuliert. Er brachte den Begriff des „kulturellen Gedächtnisses" ins Spiel, der weit über die Fachgrenzen hinaus ausstrahlte. Darin finden sich, so Assmann, „die Tradition in uns, die über Generationen, in jahrhunderte-, ja teilweise jahrtausendelanger Wiederholung gehärteten Texte, Bilder und Riten, die unser Zeit- und Geschichtsbewußtsein, unser Selbst- und Weltbild prägen", wieder.

Selbst wenn sich die Thesen Assmanns auf Schriftkulturen und ihre Texterzeugnisse beziehen, so wirkte sich die Vorstellung einer in den genutzten Medien gespeicherten, kollektiven Erinnerungskultur indirekt auf die Entwicklung spezifisch archäologischer Fragestellungen aus (s. Info). Denn das kulturelle Gedächtnis umfasst neben dem schriftlichen auch den archäologischen und schriftlichen Nachlass der Menschheit. Auf der Ebene der Individuen wird das kulturelle Gedächtnis über die „Bildung" erworben und tradiert. Und hier erweist sich das kulturelle Gedächtnis als Fundgrube für Themen und Motive, die in den Kunstwerken ihren Ausdruck finden – auch und v. a. in der Antike. Assmann weist auf die wichtige Rolle der Medien als Träger des kulturellen Gedächtnis hin: „Mit dem wandelnden Entwicklungsstand der Medien wird auch die Verfaßtheit des Gedächtnisses mitverändert."

Neben den bisher genannten, wesentlich am Strukturalismus orientierten Theorien, wurden für die archäologische Forschung in jüngerer Zeit auch Modelle aus dem Bereich der Linguistik und der Kommunikationswissenschaft aufgegriffen, wie z. B. die Semiotik (Zeichentheorie) zur Untersuchung der Funktionsweisen visueller Codes in den antiken Bildwerken.

Eine neue Archäologie

Neben all diesen Neuorientierungen ist eine Bewegung besonders hervorzuheben, die sich v. a. aus der vor- und frühgeschichtlichen Archäologie speiste. Ziel der sog. „New Archaeology" oder „Processual Archaeology" der 60er und 70er Jahre, die sich in den USA und Großbritannien formierte, war es, die gesamte materielle Hinterlassenschaft einer Kultur zu erfassen, um dadurch den Blick auch auf solche Objekte richten zu können, die nicht bewusst und gezielt produziert worden waren, sondern schlicht hinterlassen wurden. Der auffallende Entwicklungsschub, den die naturwissenschaftlichen Hilfsdisziplinen der Archäologie in der Nachkriegszeit erfuhren, förderte die Ausbildung dieser neuen Richtung zusätzlich.

Hauptvertreter dieser „Demokratisierung" waren in den Vereinigten Staaten Lewis R. Binford, in Großbritannien David D. Clarke und Colin Renfrew. Ihrem Anspruch entsprechend kritisierten sie die Arbeiten der älteren Archäologengeneration und setzten ihr die Forderung nach einer Präzisierung in der Formulierung von Fragestellungen und einer expliziten Modellbildung entgegen. Wie radikal der Schnitt vollzogen werden sollte, offenbart sich in einer Formulierung im Werk „Method and Theory in American Archaeology" von G. A. Willey und Philipp Phillips. Dort heißt es lapidar: „American archaeology is anthropology or it is nothing." Dieser Schwenk in die Richtung der Kulturanthropologie implizierte auch, dass sich archäologische Forschung nunmehr zum Ziel setzte, historischen Wandel zu erklären, nicht lediglich die Vergangenheit zu rekonstruieren.

Die Weite des neu definierten theoretischen Horizonts wird noch evidenter in der aus der „New Archaeology" hervorgegangenen sog. „kognitiven Archäologie". Diese versucht aus den materiellen Hinterlassenschaften früher Kulturen deren Denkverhalten und kognitive Prozesse zu rekonstruieren. Ihr geht es, wie Colin Renfrew bemerkt, selbstverständlich nicht darum, zu ergründen, was die Menschen dachten, sondern wie sie dachten.

An einem Beispiel, würfelförmigen Gewichten aus Mohenjo Daro, einer der frühen Indus-Kulturen des 3. und 2. Jts. v. Chr., erläutert Renfrew die Möglichkeiten der neuen Theorie: Aus der Tatsache, dass es sich bei diesen Gewichten in allen Fällen um ganzzahlige Vielfache einer bestimmten Einheit handelte – die leichtesten waren ca. 8 g schwer, die schwersten wogen das 320fache oder sogar 1600fache – schloss Renfrew zum einen, dass die Menschen von Mohenjo Daro die Masse von Objekten gemessen und für ihre Gewichte ein Maßsystem verwendeten, dass sie mit Zahlen rechneten, die einer gewissen Hierarchie unterworfen waren, und dass sie dies taten, um Waren quantitativ zu erfassen. Sie stellten also mithilfe dieser Steine eine Verbindung zwischen dem Gewicht einer Ware und ihrem Handelswert her.

Dieses Beispiel verweist auf eines der zentralen Leitmotive der „New Archaeology": die Quantifizierbarkeit. Sie macht

„Die ursprünglichste Form, gewissermaßen die Ur-Erfahrung jenes Bruchs zwischen Gestern und Heute, in der sich die Entscheidung zwischen Verschwinden und Bewahren stellt, ist der Tod. Erst mit seinem Ende, mit seiner radikalen Unfortsetzbarkeit, gewinnt das Leben die Form der Vergangenheit, auf der eine Erinnerungskultur aufbauen kann. Man könnte hier geradezu von der ‚Urszene' der Erinnerungskultur sprechen. Der Unterschied zwischen dem natürlichen oder auch technisch ausgebildeten bzw. implementierten Sich-Erinnern des Einzelnen, der von seinem Alter her einen Rückblick auf sein Leben wirft, und dem Andenken, das sich nach seinem Tode von seiten der Nachwelt an dieses Leben knüpft, macht das spezifisch **kulturelle** Element der kollektiven Erinnerung deutlich. Wir sagen, daß der Tote in der Erinnerung der Nachwelt ‚weiterlebt', so als handele es sich um eine fast natürliche Fortexistenz aus eigener Kraft. In Wirklichkeit handelt es sich aber um einen Akt der Belebung, den der Tote dem entschlossenen Willen der Gruppe verdankt, ihn nicht dem Verschwinden preiszugeben, sondern kraft der Erinnerung als Mitglied der Gemeinschaft festzuhalten und in die fortschreitende Gegenwart mitzunehmen.

Die sprechendste Veranschaulichung dieser Form von Erinnerungskultur ist der römisch-patrizische Brauch, die Ahnen in Gestalt von Porträts und Masken (lat. ‚persona': der Tote als ‚Person') in Familienprozessionen mitzuführen. Besonders eigenartig erscheint in diesem Zusammenhang der ägyptische Brauch, diese Erinnerungskultur, die nur die Nachwelt einem Verstorbenen in bewußter Überbrückung des durch den Tod bewirkten Bruchs angedeihen lassen kann, schon zu Lebzeiten selbst zu stiften. Der ägyptische Beamte legt sich sein Grab selbst an und läßt sich seine eigene Biographie darin aufzeichnen, und zwar nicht im Sinne von ‚Memoiren', sondern im Sinne eines vorweggenommenen Nekrologs. Der Fall des Totengedenkens als der ursprünglichsten und verbreitetsten Form von Erinnerungskultur macht zugleich deutlich, daß wir es hier mit Phänomenen zu tun haben, die mit dem herkömmlichen Begriff der ‚Tradition' nicht angemessen erfaßbar sind. Denn der Begriff Tradition verschleiert den Bruch, der zum Entstehen von Vergangenheit führt, und rückt dafür den Aspekt der Kontinuität, das Fortschreiben und Fortsetzen, in den Vordergrund. Gewiß läßt sich manches von dem, was hier mit den Begriffen **Erinnerungskultur** oder **kulturelles Gedächtnis** beschrieben wird, auch Tradition oder Überlieferung nennen. Aber dieser Begriff verkürzt das Phänomen um den Aspekt der Rezeption, des Rückgriffs über den Bruch hinweg, ebenso wie um dessen negative Seite: Vergessen und Verdrängen. Daher brauchen wir ein Konzept, das beide Aspekte umgreift. Tote bzw. das Andenken an sie werden nicht ‚tradiert'. Daß man sich an sie erinnert, ist Sache affektiver Bindung, kultureller Formung und bewußten, den Bruch überwindenden Vergangenheitsbezugs. Dieselben Elemente prägen das, was wir das kulturelle Gedächtnis nennen, und heben es über das Geschäft der Überlieferung hinaus."

Jan Assmann, *Das kulturelle Gedächtnis. Schrift, Erinnerung und politische Identität in frühen Hochkulturen* (München 1992) 33f.

nach Meinung der „Neuen Archäologen" eine durch statistische Auswertung und den Einsatz computergestützter Systeme objektivierbare Aussage überhaupt erst möglich. Diese Form des Erkenntnisfortschritts stellte man nun dem traditionellen, verbalen Diskurs entgegen.

Interessanterweise haben die Ansätze der „New Archaeology" in Deutschland erst verhältnismäßig spät Eingang gefunden. Erst seit den 1980er Jahren entwickelte sich auch hierzulande eine vergleichbare Theoriediskussion. Dies ist sicherlich auch darin begründet, dass außerhalb Europas, besonders in den Vereinigten Staaten, das Fach Archäologie im Bereich der Anthropologie verortet ist. Eher selten findet sich Archäologie dort im Bereich der „humanities" wieder. Diese Positionierung spiegelt sinnfällig auch die Unterschiede in der Ausrichtung wider. Die strikte Anwendung aus den Naturwissenschaften entlehnter Beweismethoden, das Postulat der allgemeinen Anwendbarkeit, der Vorrang, der den Umweltbedingungen vor den sozialen Interdependenzen eingeräumt wird – all dies sind Kennzeichen der ersten Phase der „New Archaeology".

Konsequent kam auch aus den eigenen Reihen mit der Zeit Kritik an einer zu eng gefassten Ausrichtung und es entwickelte sich als Gegenbewegung die sog. „Post-Processual Archaeology". Sie bildet das Dach für eine ganze Reihe verschiedener Forschungsrichtungen, darunter etwa solche aus dem Bereich der feministischen, neomarxistischen oder poststrukturalistischen Forschung. Allen gemeinsam ist die Kritik an der zu funktionalistischen und ahistorischen Sichtweise der „New Archaeology". Insgesamt vereint die Archäologie heute eine Fülle von z. T. sehr unterschiedlichen innovativen Ansätzen, die sich in der Vielzahl der nach dem Zweiten Weltkrieg entstandenen Teildisziplinen widerspiegelt.

Der Einsatz neuer Verfahren

Die Archäologie stellt sich an der Wende zum neuen Jahrtausend also als ein „bunter Strauß" von Möglichkeiten dar. Sie verbindet theoretische Modelle unterschiedlicher Provenienz mit konkreter Grabungstätigkeit und bewegt sich dabei gleichermaßen auf dem Feld der Anthropologie, der Soziologie und der Philosophie wie auf dem der Ökologie, der Biologie und der Technologie. Ein Aspekt bestimmt jedoch weiterhin das Bild des Archäologen in der öffentlichen Wahrnehmung: Erfolge bei Grabungen. Diese Erfolge wären ohne die Errungenschaften der angewandten Naturwissenschaften undenkbar. Die Vorstellung von der Möglichkeit objektiver Erkenntnisse fußt wesentlich auf den neuen technischen Verfahren.

Wie schon im 19. Jh., so hat auch das vergangene Jahrhundert im Bereich der Ausgrabungs- und Analysetechnik immer wieder neue Maßstäbe gesetzt. Hatte schon am Beginn des Jahrhunderts die Luftbildarchäologie als Prospektionsmethode vereinzelt Einzug gehalten, so wird diese Methode heute regelhaft eingesetzt (Abb. 47). Auf dem Gebiet des Surveys haben sich seit geraumer Zeit naturwissenschaftliche Methoden durchgesetzt, wie das Georadar, das Laserscanning und die geomagnetische Prospektion. Die Vorteile dieser neuen Methoden liegen auf der Hand: Zum einen bieten sie die Möglichkeit, größere Areale zu erfassen, zum anderen können Grabungen nun zielgerichteter ausgeführt werden. Die neuen Verfahren ermöglichen es zudem, ohne

Zerstörung Gebäude- und Siedlungsstrukturen zu entdecken bzw. zu bestätigen.

Vor allem für die Datierung archäologischer Funde haben sich verfeinerte Analysemethoden durchgesetzt. Die Untersuchung von Sedimentschichten und Eisablagerungen in Bohrkernen vom Meeresgrund bzw. aus Gletschern erlauben eine zuverlässige relative Datierung; ähnliches gilt für die Analyse von Pflanzenpollen. Daneben werden aber auch physikalische und chemische Verfahren zur Datierung von organischem und anorganischem Material genutzt. Neben der ^{14}C-Methode sind dies z. B. das Thermolumineszenz- und das Elektronenspinresonanz-Verfahren oder die Analyse der geomagnetischen Polumkehrungen der Erde in Proben der Untersuchungsobjekte. Dass diese Verfahren zu verwendbaren Ergebnissen führen, zeigt sich besonders an Beispielen, bei denen die Datierung durch ein historisches Ereignis bereits gesichert ist: So kam man im Jahre 1997 bei der Analyse von Bimsstein des Vesuvausbruchs von 79 n. Chr. in Pompeji durch die Argon-Argon-Methode zu einer absoluten Datierung in das Jahr 72 n. Chr. – eine Abweichung von nur sieben Jahren.

Ein weiterer wichtiger Bereich ist die radiologische und chemische Metallanalyse. Im Falle der berühmten Himmelsscheibe von Nebra wurde an spezialisierten Instituten für Archäometrie das Kupfer der Scheibe untersucht. Wie in vielen anderen Fällen – etwa der Analyse von Proben aus iranischen Kupferbergwerken oder der Ladungen von Bronzebarren von im Mittelmeer versunkenen Schiffen – konnten auch hier verzweigte Kontakte im Metallhandel nachgewiesen werden.

Die neuen Möglichkeiten der Technik eröffnen der Beantwortung von Fragen das Feld, die sich bisher kaum erschlossen. In dieses Bild passt es, dass im 20 Jh. ein Teil der Erde, der bis dahin nur am Rande erforscht werden konnte, ins Rampenlicht rückte: Der Unterwasserarchäologie gelang es im wahrsten Sinne des Wortes, versunkene Schätze ans Tageslicht zu bringen. Die modernen Verfahren haben zusätzlich auch einen nützlichen Nebeneffekt: Sie lassen sich publikumswirksam vermitteln und vermarkten.

Besonders plastisch können die Vorteile der neuen Techniken und Methoden an dem singulären Fall der Vesuvstädte vorgeführt werden. Denn neben dem unschätzbaren Wert, den die architektonischen Überreste von Pompeji und Herculaneum für die Kenntnis der Bautechnik und der Gestaltung des privaten Wohnens bieten, sind es die durch Lava und Asche konservierten organischen Funde, die es ermöglichen, weitergehende Fragen zu den Lebensbedingungen der Menschen in der Antike zu beantworten.

Zum einen kann mit den Möglichkeiten der modernen Analysetechnik die Dynamik der Naturkatastrophe und ihrer konkreten Auswirkungen erklärt, zum anderen aber auch Fragen der Demographie beantwortet werden. So ist etwa durch die genaue Untersuchung der karbonisierten Leichen der Flüchtlinge an den Bootshäusern von Herculaneum nachgewiesen, dass eine Evakuierung der Stadt angesichts des Vesuvausbruchs stattgefunden hat. Paläopathologische Forschungen an Skeletten wiederum konnten zeigen, dass in den Vesuvstädten rheumatische Erkrankungen und Arthritis besonders häufig auftraten. Weit verbreitet waren auch Krankheiten wie Tuberkulose und Brucellose sowie Erkrankungen der Atemwege. Auch der chronische Befall durch Kopfläuse konnte anhand der erhaltenen Eihüllen der Läuse an einzelnen Haaren bewiesen werden.

Die vollständige Konservierung von menschlichen und anderen organischen Relikten eröffnet also den Archäologen vielfältige Möglichkeiten. Sie ist dabei in sehr unterschiedlicher Art und Weise von den vorherrschenden Umweltbedingungen abhängig. So ist der gute Erhaltungszustand ägyptischer Mumien nicht nur dem Wirken der Balsamierer zuzuschreiben, sondern auch den besonderen Bedingungen des trockenen Klimas. Ähnliches gilt für durch den Permafrost konservierte mumifizierte Leichen, wie z. B. in den Kurganen von Pazyryk in Sibirien.

Die neuen Techniken führten schließlich auch zu einer Veränderung im Bereich der Konservierung und Präsentation der archäologischen Relikte. Die Idee des Denkmalschutzes beförderte einen umsichtigen Umgang mit dem Ergrabenen. Spektakuläre Schutzmaßnahmen an bedeutenden antiken Denkmälern (Abb. 48) werden in Zukunft durch neue naturwissenschaftliche Methoden erleichtert werden, und auch der Erhalt der Kulturgüter wird sicherlich schneller und dezenter vonstattengehen.

All diese Verfahren haben auch auf dem Gebiet der Museumsdidaktik ihre Auswirkungen, dort, wo interaktive Präsentationen und animierte 3-D-Modelle zunehmend althergebrachte Präsentationsformen und überladend ausgestattete Schaukästen ersetzen. Dennoch ist auch in einer Zeit, da der virtuelle Zugang zu

Abb. 47: In ihrer Gesamterscheinung sind die zum Teil über 2000 Jahre alten Geoglyphen in den Anden, die sog. Nazca-Linien, nur aus der Luft zu erkennen. Nicht von ungefähr wurden sie erst durch den Einsatz von Flugzeugen wiederentdeckt.

Abb. 48: Ein besonders eklatantes Beispiel für Schutzmaßnahmen findet sich am Apollontempel in Bassai (Griechenland). Seine recht gut erhaltenen Reste wurden in eine Konstruktion aus hellen Kunststoffplanen gehüllt.

Antiken über computergestützte Animation und Rekonstruktion nahezu schrankenlos möglich ist, die Notwendigkeit der Präsentation der Originale unbestritten. Museen und Ausgrabungsstätten wetteifern um die bildungshungrigen oder auch sensationslüsternen Besucher, die die Artefakte aus vergangenen Zeiten mit eigenen Augen betrachten wollen – und dies am liebsten in ihrer ursprünglichen Umgebung.

Ein weiter Horizont

Mit den neuen Strömungen des 20. Jhs. weitete sich nicht nur auf theoretischem Gebiet der Horizont der Archäologie. In der Zeit nach dem Zweiten Weltkrieg erschlossen die Archäologen neue Regionen und folgten dem Weg der Globalisierung, der auch auf anderen Feldern eingesetzt hatte. Entlegene Gebiete wie die Steppen Russlands und Zentralasiens rückten verstärkt in den Fokus, aber auch bisher stiefmütterlich behandelte Kontinente wie Nordamerika und Australien. Schließlich trat die neue Offenheit ihren Weg in die Institutionen an. In Deutschland entstand eine Zweigstelle des DAI, die „Kommission für Archäologie Außereuropäischer Kulturen" (KAAK) in Bonn, die sich an archäologischen Projekten in Amerika, Afrika und Asien beteiligt. Die Eurasien-Abteilung für archäologische Forschungen im Gebiet der GUS-Staaten und benachbarter Länder folgte 1995.

Für die meisten Regionen der Welt gilt, dass die Archäologie eine überaus europäische Angelegenheit war und ist. Dies ist aber nicht überall der Fall. Durchaus eigene Wege des Umgangs mit dem antiken Erbe wurden besonders in Ostasien beschritten und wirken bis heute nach. Ein Paradebeispiel ist China, das – weitgehend unbeeinflusst von den Entwicklungen der abendländischen Kultur- und Geisteswelt – auf eine lange Tradition eigenständiger Altertumsforschung zurückblicken kann. Bereits in vorchristlicher Zeit entstanden

Werke, die die Denkmäler der eigenen Vergangenheit beschrieben und so zum Thema gelehrter Beschäftigung machten. Häufig nutzten chinesische Gelehrte die Betrachtung der Hinterlassenschaften dazu, den Wahrheitsgehalt der Überlieferung z. B. durch das Studium der Inschriften zu bestimmen (s. Info im Kasten unten).

Der Wert der historischen Quellen für die moderne Archäologie in China zeigt sich beispielsweise an der Genauigkeit der Beschreibung der Grabstätte von Qin Shihuangdi (259–210 v. Chr.), des ersten Kaisers von China, die ein gewisser Sima Qian (ca. 145–90 v. Chr.) verfasste. Die in seinem Werk *Shiji* erwähnte berühmte Terrakottaarmee wurde nach ihrer Entdeckung im Jahre 1974 weitgehend freigelegt (Abb. 49). Laut Sima Qian war in dem eigentlichen, bislang noch nicht archäologisch erforschten Grab um den Sarkophag des Kaisers herum die „gesamte Welt" nachgebildet: An der Decke der unter einem Tumulus verborgenen Kammer befinde sich ein Sternenhimmel aus Edelsteinen, auf dem Boden eine geographische Darstellung Chinas mit Flüssen und Meeren aus Quecksilber, die von „Maschinen" in Bewegung gehalten würden. Durch Sondagen im Bereich des Hügels konnten chinesische Archäologen einige der Angaben bestätigen. Die hohe Konzentration von Quecksilber an einigen Stellen belegt die von Sima Qian beschriebenen künstlich angelegten Flüsse.

Für die Erforschung der eigenen Vergangenheit hat die Entwicklung der chinesischen Epigraphik eine ganz besondere Bedeutung. Sie ermöglichte z. T. eine lückenlose Chronologie bis an die Anfänge der chinesischen Reichsbildung. Viele der für das Abendland festgestellten Vorformen archäologischer Wissenschaft entstanden parallel auch in China, in einigen Fällen deutlich früher als in Europa, so z. B. die Nutzung archäologischer Relikte

Dass chinesische Gelehrte epigraphische Quellen zur Berichtigung, Kontrolle und Bestätigung bekannter Fakten bereits zur Zeit des europäischen Mittelalters heranzogen, zeigt die folgende Passage aus dem Vorwort zum Werk *Jin shi lu* (Katalog der Inschriften) von Zhao Mingcheng (1081–1129):

„Nachdem ich in meiner Jugend die Klassiker gelesen hatte, fand ich die großen Taten der Herrscher und Minister im Einzelnen in ihren Geschichten überliefert, und auch wenn das, was richtig oder falsch ist, gelobt oder getadelt wird, beruht das Ganze doch nur auf subjektiven Meinungen der Autoren und kann durchaus der Objektivität entbehren ... Man denke zum Beispiel an Bereiche wie die Chronologie, die Geographie, die Titel der Beamten und die Genealogie. Wenn man archäologisches Material benutzt, um das zu überprüfen, sind dreißig Prozent der Angaben widersprüchlich. Das kommt daher, weil die historischen Werke von Autoren verfasst werden, die nach den Ereignissen gelebt haben, und deshalb notwendigerweise Irrtümer enthalten. Aber die Inschriften auf Stein und Bronzetafeln sind zum selben Zeitpunkt aufgezeichnet, an dem die Ereignisse sich zutragen. Sie können daher ohne Vorbehalt übernommen werden und die Fehler können entdeckt werden."

Zitiert nach: A. Schnapp, *Die Entdeckung der Vergangenheit. Ursprünge und Abenteuer der Archäologie* (Stuttgart 2009) 85–87.

Abb. 49: Selbst Nachbildungen der sog. Terrakottaarmee aus der monumentale Grablege des ersten chinesischen Kaisers Qin Shihuangdi in der Nähe von Xi'an locken in aller Welt Besucher in die Ausstellungen. Die im Jahre 210 v. Chr. entstandene Anlage beherbergte mehrere Tausend Terrakottafiguren von Soldaten und Pferden, die eine gesamte Armee nachbilden.

für die Erforschung der Geschichte, die Systematisierung und Klassifizierung der Artefakte, aber auch die intensive Sammlertätigkeit und die damit verbundene Hochschätzung antiker Kunstwerke. Einen Schub erhielt die Altertumswissenschaft in China im 11. und 12. Jh. mit dem vermehrten Erscheinen von bebilderten Publikationen und Katalogen antiker Gegenstände und Inschriften. Aus dieser Epoche, der Song-Dynastie, stammen auch erste archäologische Reiseberichte. Die besondere Bedeutung der Beschäftigung mit den Antiken in China bezeugen auch europäische Besucher des Reichs der Mitte. Der Jesuit Matteo Ricci (1552–1610) berichtete voller Erstaunen: „In ihrem Reich besteht ein großes Interesse für die Altertümer."

Da Beispiel China zeigt, dass sich in der Geschichte der Altertumsforschung auch außerhalb der in diesem Buch thematisierten Entwicklung der abendländischen Archäologie ganz unterschiedliche Stränge unabhängig voneinander entwickelten. Allen Unterschieden zum Trotz ist eines aber allen gemeinsam: das essenzielle Bedürfnis, Ursprünge und Geschichte lange vergangener Kulturen – auch der eigenen – durch die Betrachtung der Relikte zu entdecken, zu rekonstruieren und zu verstehen.

Aufbruch ins 21. Jahrhundert

Ein Ausblick

Der Blick in die Geschichte des Faches hat gezeigt, dass im Verlauf der fast drei Jahrhunderte seiner Existenz als Wissenschaft sich einzelne Forschungsrichtungen nach und nach neben der lange Zeit dominierenden Klassischen Archäologie etablierten. Dabei führten weniger spektakuläre Neufunde als vielmehr neue Denkanstöße, die die Geistesströmungen der jeweiligen Epoche aufgriffen und reflektierten, zum Umdenken und folgerichtig zur Erforschung bis dahin vernachlässigter Bereiche und an den Rand gedrängter, nur in den seltensten Fällen völlig unbekannter Kulturen.

Was die Archäologie besonders auszeichnet, ist, dass sie im Gegensatz zu den meisten Geisteswissenschaften nicht nur am Schreibtisch stattfindet. Dies ist gleichzeitig Chance und Fluch! Denn einerseits lassen sich durch repräsentative Untersuchungsgegenstände und -methoden sowie die – auch touristisch nutzbare – Attraktivität der Fundorte die Themen der Archäologie medial vermarkten, andererseits steuern die Medien dadurch auch die Wahrnehmung und letztlich die Themen der archäologischen Forschung. So scheint es, dass in Zeiten knapper Kassen eine der größten Aufgaben für die Zukunft der Ausgleich zwischen den Interessen des Faches und denen der Öffentlichkeit ist – und dies über die Grenzen des Faches hinaus.

Es bleibt abzuwarten, inwieweit sich die durch immer besser werdende Analysemethoden und der Darstellungsarten der Ergebnisse im Computerzeitalter neue Fragen und neue Wege für die Archäologie auftun. Trotz aller technischen Errungenschaften bleiben viele der althergebrachten Fragen und Methoden weiterhin aktuell. Eine der Hauptaufgaben der Archäologen bleibt, die durch die eigene Arbeit erhaltenen Daten und Objekte zu interpretieren.

Mit den neuen Ansätzen im Gepäck macht sich die Archäologie im 21. Jh. auf zu neuen Ufern. Neben den altbewährten Grabungsmethoden ermöglichen die neuen Erkenntnisse der Naturwissenschaft eine Objektivierung von Einzelergebnissen, die noch im 19. Jh. höchstens ein Jules Verne sich vorzustellen erlaubt hätte. Wie über Jahrhunderte hinweg das erfolgreiche Zusammenspiel zwischen Grabungstätigkeit und kunstgeschichtlicher Archäologie für Fortschritt sorgte, so bringt auch heute nur interdisziplinäre Zusammenarbeit reichen Ertrag. Die Vielfalt der Ansätze in der modernen Archäologie spiegelt sich in den Schwierigkeiten der Standortbestimmung zwischen Geisteswissenschaft, Sozialwissenschaft, Kulturwissenschaft und angewandten Naturwissenschaften.

Eines ist sicher: Die Archäologie befindet sich heute – wie während ihrer gesamten Geschichte – inmitten der gesellschaftlichen Wandelprozesse. Kaum besser als am immer wieder aufflammenden Streit um Troja lassen sich Grundprobleme und Perspektiven der Archäologie erkennen. Es scheint beinahe so, als würden die Fragen nach dem Ursprung Europas dadurch beantwortet, ob nun das Troja Homers am Hisarlık oder im fernen Kilikien liegt, ob es sich bei dem wirkfreudigen Epos der Ilias um die Beschreibung der antiken Wirklichkeit oder um bloße Fiktion handelt, ob und wieweit sich also das Fundament unserer europäischen Identität von Altertumswissenschaftlern aller Couleur aus den materiellen und literarischen Quellen ergründen lässt.

Letztlich ist und war die Archäologie immer auch ein zumindest gesellschaftliches, wenn nicht gar politisches Instrument. Sie erforschte nicht nur die Vergangenheit, sondern versuchte nur zu oft – bis in die Gegenwart hinein – die als sicher geltenden Erkenntnisse über den Ursprung der eigenen Kultur zur Schaffung, Behauptung oder gar zum „Sieg" der eigenen Identität einzusetzen. Denn sie ist zu allen Zeiten auch ein Spiegel, in dem sich die Menschen wiedererkennen wollen und können.

DIE ARCHÄOLOGISCHEN DISZIPLINEN

Ur- und Frühgeschichte

von Joseph Maran

Das Fach Ur- und Frühgeschichte ist eine mit archäologischen Methoden arbeitende Kulturwissenschaft, die sich mit den Zeitabschnitten der Menschheitsgeschichte ohne Schrift (Urgeschichte) oder mit ersten, aber noch geringfügigen Schriftzeugnissen (Frühgeschichte) beschäftigt. Ausgehend von den Hinterlassenschaften des Menschen und den Spuren der von ihm bewohnten Landschaften erforscht das Fach Umwelt, Wirtschaft und soziale Strukturen ebenso wie Kunst, Brauchtum und Religion, soweit diese einen materiellen Niederschlag finden. Die Ur- und Frühgeschichte strebt somit eine Analyse und Rekonstruktion kulturhistorischer Zusammenhänge und Entwicklungen über den zeitlichen und räumlichen Rahmen schriftlicher Überlieferung hinaus an. Der Untersuchungszeitraum des Faches ist gewaltig: Er beginnt vor mehr als 2 Mio. Jahren mit dem Auftreten der ersten Vertreter der Gattung *Homo* in der Altsteinzeit Afrikas und reicht über die Sesshaftwerdung des Menschen während der Jungsteinzeit bis zu den ersten schriftführenden Gesellschaften, die der Frühgeschichte zugeordnet werden. Da Schrift in verschiedenen geographischen Räumen zu unterschiedlichen Zeitpunkten einsetzte, variiert der Zeitansatz des Beginns der Frühgeschichte. Während in Griechenland der Übergang von der Ur- zur Frühgeschichte bereits im 2. Jt. v. Chr., d. h. in der Bronzezeit, mit der Entwicklung von Schriftsystemen in den ersten minoischen und mykenischen Palästen vollzogen wurde, gelten für Mitteleuropa erst das Ausgreifen des Römischen Reiches als Ende der Urgeschichte und die Völkerwanderungszeit als Beginn der Frühgeschichte, deren Ende etwa mit der Zeit Karls des Großen angesetzt wird.

Auch wenn die Fächerbezeichnung an sich keine geographische Einschränkung beinhaltet, ist es in erster Linie die Ur- und Frühgeschichte Europas, die in der Ausbildung von Studierenden dieses Faches an deutschen Universitäten im Mittelpunkt steht. Eine Ausnahme bildet die ältere Urgeschichte, deren Erforschung eine die Kontinente übergreifende Betrachtung voraussetzt und eine Entwicklung und Ausbreitung des Menschen und seiner Vorläufer in Afrika und Asien in der Lehre einbeziehen muss. Auf der Ebene von Forschungsprojekten greift das Fach im Allgemeinen weit über Europa hinaus auch auf andere Teile der Alten und sogar der Neuen Welt aus. Die wichtigsten beruflichen Betätigungsfelder für Absolventinnen und Absolventen des Faches Ur- und Frühgeschichte eröffnen die Archäologische Denkmalpflege, die Museen mit archäologischen Sammlungen, die Universitäten und das Deutsche Archäologische Institut (DAI) als bedeutendste außeruniversitäre altertumswissenschaftliche Forschungseinrichtung Deutschlands.

Ein junges Fach mit wechselvoller Geschichte

Unter den Altertumswissenschaften ist die Ur- und Frühgeschichte eine der jüngsten

Disziplinen. Zwar reichen ihre Ursprünge bis ins 19. Jh. zurück, als beispielsweise die noch heute grundlegende Einteilung in Steinzeit, Bronzezeit und Eisenzeit entwickelt wurde, doch wurde in Deutschland der erste Lehrstuhl dieses Faches erst in den 1920er Jahren geschaffen. Die Ur- und Frühgeschichte gehörte zu denjenigen universitären Fächern, die am meisten von der nationalsozialistischen Hochschulpolitik profitiert haben, denn nie mehr wieder wurde eine derart große Zahl an Lehrstühlen dieses Faches eingerichtet wie zwischen 1933 und 1945. Die NS-Machthaber bezweckten, die weltgeschichtliche Bedeutung der als Vertreter einer „arischen Rasse" imaginierten Menschen der vorrömischen Zeit Deutschlands zu verdeutlichen und ihre Stellung als Kulturbringer für weite Teile Europas zu erweisen. Der Ausbau der Ur- und Frühgeschichte zur NS-Zeit und die Instrumentalisierung des Faches für rassenideologische Ziele bilden ein besonders markantes Beispiel für die Möglichkeit, Reste antiker Kulturen zu politischen Zwecken zu missbrauchen, und damit auch eine Mahnung, wachsam gegenüber vergleichbaren Tendenzen der Vereinnahmung der Antike zu sein.

Gegenstand der Ur- und Frühgeschichte sind Gesellschaften, deren Wirtschaft, Sozialordnung, Wertvorstellungen und Weltbilder sich stark von denen moderner Industrienationen unterschieden. Die Auseinandersetzung mit den frühen Abschnitten der Menschheitsgeschichte eröffnet so die einzigartige Möglichkeit, das Wissen um die Vielfalt von Kulturen um ein wahres Universum von Erscheinungsformen zu erweitern und die Moderne mit anderen Entwürfen des Lebens und anderen Formen sozialer Organisation zu konfrontieren, wie sie sonst nur die Ethnologie beschreiben kann. Die Quellen, auf deren Basis das Fach seine Erkenntnisse generiert, sind jedoch ganz andere als die anderer Kultur- und Geschichtswissenschaften. Anders als z. B. die Ethnologie kann das Fach nicht das Handeln von Menschen direkt beobachten, geschweige denn diese befragen, und anders als die sich mit späteren Abschnitten beschäftigenden historischen Disziplinen oder auch andere Altertumswissenschaften (z. B. Ägyptologie, Klassische Archäologie, Vorderasiatische Archäologie) stehen dem Fach keine umfangreichen Textbestände zur Verfügung, die einen Zugang zu Politik, Wirtschaft, Religion oder Literatur eröffnen könnten. Alle ihre Erkenntnisse muss die Ur- und Frühgeschichte auf der Grundlage materieller Hinterlassenschaften gewinnen, die nur selten obertägig sichtbar sind (z. B. Stonehenge) und meist erst durch eine Ausgrabung freigelegt werden müssen.

Durch geistes- und naturwissenschaftliche Methoden zu einer „kulturellen Anthropologie der Antike"

Bei einer Ausgrabung (Abb. 1) geht es darum, die zutage tretenden Schichten, Funde und Strukturen möglichst genau zu beobachten und zu dokumentieren, da sich aus deren gegenseitiger räumlicher Beziehung Aufschlüsse nicht nur zum zeitlichen Verhältnis, sondern auch zur Interpretation des Gesamtbefundes ergeben. In Ausgrabungen können Spuren unterschiedlicher Gattungen ur- und frühgeschichtlicher Befunde zutage treten, v.a. Siedlungen und Gräber. Siedlungsfunde umfassen Rastplätze mobiler altsteinzeitlicher Gruppen ebenso wie Oppida der keltischen Zeit oder Burgen der mykenischen Kultur Griechenlands,

Abb. 1: Die Ausgrabung – hier im mykenischen Tiryns, Griechenland – bildet die wichtigste Methode im Fach Ur- und Frühgeschichte. Es geht beim Ausgraben darum, Älteres von Jüngerem zu trennen, Erdverfärbungen, Laufflächen, Mauern, Feuerstellen und andere Strukturen genau zu beobachten und die auftretenden Befunde in Zeichnung, Fotografie und Beschreibung festzuhalten. Foto: 1999.

um nur anhand dreier Beispiele zu verdeutlichen, dass, je nach Zeit und Raum, in solchen Siedlungen höchst unterschiedliche topographische Lagen, Gebäudeformen, Pläne und Baumaterialien gewählt worden sein können. Vielgestaltig sind auch die Arten, wie Menschen beigesetzt wurden, die Objekte, die ihnen mitgegeben wurden, und der Aufwand, der getrieben wurde, um die Gräber zu konstruieren. Eine weitere Befundgattung sind Depotfunde, zu denen ebenso Gegenstände gehören, die in Kriegszeiten verborgen wurden, um sie später wieder zu bergen, wie solche, die übernatürlichen Mächten geweiht wurden.

Auch wenn die Ausgrabung die wichtigste Methode des Faches darstellt, sprechen die bei einer solchen Feldforschung ausgegrabenen Strukturen nicht für sich, sondern bedürfen einer Interpretation, bei der neben fachspezifischen Methoden der Dokumentation und Auswertung der Beitrag anderer Disziplinen essenziell ist. Um den ur- und frühgeschichtlichen Quellen ein Höchstmaß an Informationen abzugewinnen, ist es dabei notwendig, eine Doppelstrategie zu verfolgen und sowohl mit anderen Disziplinen der Geisteswissenschaften als auch mit solchen der Naturwissenschaften zusammenzuarbeiten.

Die Naturwissenschaften sind ein nicht mehr wegzudenkender Faktor in ur- und frühgeschichtlichen Feldforschungen. Naturwissenschaftliche Datierungsverfahren (allen voran die ^{14}C-Methode und die Dendrochronologie) stecken den zeitlichen Rahmen einer Disziplin ab, die mangels Schriftzeugnissen aus sich selbst heraus keine historisch abgeleiteten Daten erstellen kann. Dort, wo ein Einsatz der Dendrochronologie möglich ist, z. B. in den jungsteinzeitlichen und bronzezeitlichen Feuchtbodensiedlungen der Schweiz und

Süddeutschlands, kann die Erbauung eines 4000 oder 5000 Jahre alten Hauses auf das Jahr genau datiert werden – eine Datierungsgenauigkeit, die auch von den historischen Chronologien des alten Ägypten oder Mesopotamien nicht erreicht wird. Unschätzbar wichtige Daten zur Wirtschaftsweise sowie Ernährung und Konstitution der Menschen liefern die Methoden der Archäozoologie, Archäobotanik und Humananthropologie. Mittels geophysikalischer Methoden kann sichtbar gemacht werden, was unter der Erdoberfläche liegt – Grundrisse und ganze Siedlungspläne zeichnen sich so ab und Grabungsmethoden können zielgerichteter eingesetzt werden. Die sich stetig verfeinernden molekularbiologischen Methoden erlauben auf der Grundlage der Untersuchung alter DNS Einblicke in Abstammungsverhältnisse und Herkunft von Menschengruppen sowie Tierarten, die man bis vor wenigen Jahren nicht für möglich gehalten hätte. Aufschlüsse zu den Produktionsweisen und Austauschbeziehungen einer Gesellschaft liefern verschiedene Verfahren der chemischen, mineralogischen oder isotopischen Charakterisierung von Materialien wie Keramik, Stein und Metall. Eine Fragestellung, die sich nur in Kombination der Methoden verschiedener naturwissenschaftlicher Disziplinen angehen lässt, ist die nach der Veränderung der Umwelt des ur- und frühgeschichtlichen Menschen. Während die Pollenanalyse Einblicke in die langfristigen Veränderungen der Vegetation einer Landschaft zulässt, können mit Hilfe geoarchäologischer Untersuchungen die Veränderungen des Reliefs infolge von Hangerosion oder Flussablagerungen nachvollzogen und in Beziehung zur Siedlungsdichte und wirtschaftlichen Nutzung während eines bestimmten Zeitraums gesetzt werden.

Ebenso wichtig wie die Kooperation mit den Naturwissenschaften ist es für das Fach, über gemeinsame Fragestellungen den Kontakt mit den Geschichts-, Sozial- und Kulturwissenschaften zu suchen und sich in die Diskussion übergeordneter theoretischer Konzepte in den Geisteswissenschaften einzubringen. Das Fach kann hierbei von den Erfahrungen derjenigen Fächer profitieren, die andere Zugänge zu menschlichen Gesellschaften haben und Aspekte erforschen können, die der Ur- und Frühgeschichte verborgen bleiben. Umgekehrt hat die Ur- und Frühgeschichte das Potenzial, den Diskurs in den Geisteswissenschaften zu bereichern, indem das Fach das Wissen um das Spektrum an Möglichkeiten der Ausgestaltung von Wirtschaft, Sozialordnung und Kultur menschlicher Gesellschaften erheblich erweitert. Ziel einer solchen interdisziplinären Einbindung in den Kreis der Geisteswissenschaften ist es, einen Beitrag zu einer „kulturellen Anthropologie der Antike" zu leisten, der es darum geht, den Menschen als ein Wesen zu erkennen, das in der Lage ist, seine Welt durch Handeln und Ideen zu verändern.

Ursprünge und Ausbreitung des Menschen

Die von der Ur- und Frühgeschichte bearbeiteten Phänomene sind von ihrem zeitlichen, räumlichen und thematischen Zuschnitt her so unterschiedlich, dass auf die Frage nach den zentralen Fragestellungen aus dem Fach heraus vermutlich höchst unterschiedliche Antworten gegeben würden. Dementsprechend sind die im Folgenden herausgegriffenen Gesichtspunkte als eine subjektive Auswahl zu verstehen.

Die Entstehung und Entwicklung der Gattung *Homo* in Afrika und die in mindestens zwei von dort ausgehenden Wellen erfolgte Ausbreitung zunächst des *Homo erectus* (Abb. 2) und dann des *Homo sapiens* auf andere Kontinente sind buchstäblich grundlegende Fragen, deren Beantwortung einer engen Kooperation zwischen Natur- und Geisteswissenschaften bedarf. Während die Paläoanthropologie die körperlichen und kognitiven Eigenschaften des Menschen und seiner Vorläufer erforscht, ist die Untersuchung der für die Menschwerdung so elementaren Herausbildung kultureller Systeme eine archäologische Aufgabe der älteren Urgeschichte. Die Erforschung der Kultur der Frühzeit der Gattung *Homo* wiederum muss mit einer möglichst genauen Rekonstruktion der Umwelt und damit einer Erhebung von Daten zu Klima, Vegetation, Fauna und Geomorphologie durch die entsprechenden Naturwissenschaften Hand in Hand gehen, stellt sich doch die Frage nach der Beziehung zwischen Veränderungen der Natur und dem zu beobachtenden Wandel der Technologien des frühen Menschen sowie seiner Bereitschaft, in neue Gebiete auszuwandern.

Die „Neolithische Revolution"

Ein Wendepunkt in der Menschheitsgeschichte war zweifelsohne der als „Neolithisierung" bezeichnete Übergang von der aneignenden zur produzierenden Wirtschaftsweise. Das hierdurch ausgelöste und mit der Sesshaftwerdung einhergehende Bevölkerungswachstum führte zu einer beispiellosen Beschleunigung der Kulturentwicklung. Während der Mensch der Altsteinzeit über viele Jahrhunderttausende vom Jagen und Sammeln lebte, lagen „nur" knapp sechs Jahrtausende zwischen den ersten Bauern und der frühesten Staatsentstehung Mitte des 4. Jts. v. Chr. in Mesopotamien. Dementsprechend ist es nicht übertrieben, von einer „Neolithischen Revolution" zu sprechen, wenn man hiermit auf die weitreichenden Folgen des Übergangs zur produzierenden Wirtschaftsweise abhebt und nicht vergisst, dass es sich um einen Prozess und nicht einen plötzlichen Umschwung gehandelt hat. Wie wir heute wissen, entstanden in mehreren Zonen der Alten und der Neuen Welt, die über eine besonders hohe Biodiversität verfügten, unabhängig voneinander Frühformen des Bauerntums. Diese waren allerdings infolge der Unterschiede in den zu kultivierenden bzw. domestizierenden Wildformen durch eine jeweils sehr spezifische Mischung an Kulturpflanzen und Haustieren gekennzeichnet. Die in Europa heute vorherrschende gemischte Landwirtschaft mit Anbau von Brotgetreide und Haltung der Haustiere Schaf, Ziege, Rind und Schwein entstand in Westasien, dem weltweit frühesten Gebiet der Neolithisierung, vor ca. 11 500 Jahren. Dass dieses und auch alle anderen Beispiele voneinander unabhängig vollzogener Neolithisierung erst in die Nacheiszeit datieren, unterstreicht die Beteiligung klimatischer Faktoren. Wie Klima und Kultur zusammengewirkt haben, durch welche Mechanismen sich die neue Wirtschaftsweise aus ihren primären Entstehungsgebieten verbreitet hat und welchen Anteil hieran Vorgänge der Migration bzw. der Akkulturation von Menschengruppen mit jägerischer Lebensweise hatten, sind bedeutende Fragen des Faches.

Bedingungen für die Entstehung sozialer Komplexität

Unabhängig voneinander entstanden aber auch in Teilen der Alten und Neuen Welt

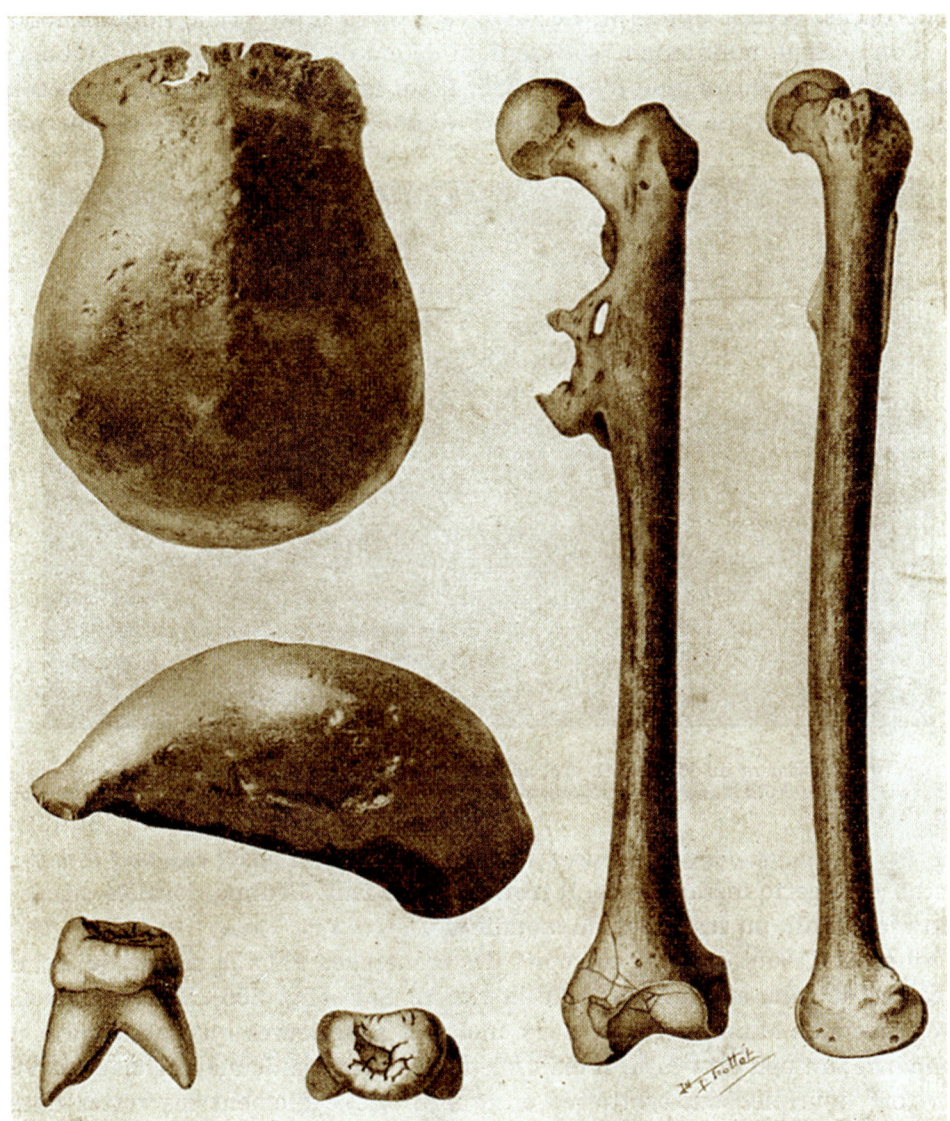

Abb. 2: Zeichnung der fossilen Knochen des *Pithecanthropus erectus* (der heute als *Homo erectus* bezeichnet wird), gefunden auf Java im Jahre 1891.

zu unterschiedlichen Zeitpunkten Gesellschaften mit Palästen, Tempeln, Schrift und Bürokratie sowie einer institutionalisierten sozialen Ungleichheit. Die Frage nach den Rahmenbedingungen, die der Herausbildung solcher hoch komplex organisierter bürokratischer Gesellschaften zugrunde lagen, stellt sich v. a. deshalb so nachdrücklich, weil es sich bei diesen frühesten Staatsgebilden im Weltmaßstab gesehen zunächst jeweils um räumlich eng umgrenzte Sonderfälle handelte, die freilich bis heute nachwirkende Folgen nach sich ziehen sollten. Die Tatsache, dass in Europa vor dem 1. Jt. v. Chr. die einzigen Beispiele für Schrift führende Palastkulturen auf Griechenland beschränkt bleiben, legt die Vermutung nahe, dass dies etwas mit Kontakten zu den frühen Staaten Vorderasiens zu tun gehabt hat. Wie sich indes ein solcher Transfer von Wissen um die Organisation und die Aufrechterhaltung staatlicher Strukturen von einer Gesellschaft zu einer anderen vollzogen haben könnte, ist auch deshalb unklar, weil weder die Monumentalarchitektur und Schriftsysteme noch sonstige Merkmale der frühen Palastkulturen der Ägäis etwaigen vorderasiatischen Vorbildern entsprechen würden. Zu vermuten ist, dass Ideen und Praktiken übernommen, aber sogleich zu eigenen Entwürfen umgewandelt wurden. Eine solche Übernahme setzt allerdings eine bereits weit vorangeschrittene Umgestaltung der Gesellschaften der Ägäis voraus. Welche diese Voraussetzungen waren und warum es im 2. Jt. v. Chr. noch nicht zu einer Verbreitung früher Staaten in andere Bereiche Europas kam, bedarf einer Erklärung.

Architektur als sozialer Raum

Ein Palast hat mit der einfachsten Hütte gemein, dass es sich um soziale Räume handelt. Jede Gesellschaft erschafft sich nämlich diejenige Art gebauter Umwelt, die sie als ihrer Lebensweise und ihrer Art der sozialen Kommunikation angemessen erachtet. Auch wenn in den Altertumswissenschaften die Tradition besteht, sich Bauwerke als Grundrisse vorzustellen, muss immer die Perspektive der ehemaligen Nutzer der Räume mitberücksichtigt werden, und für diese standen nicht so sehr die materiell fassbaren Baukörper als vielmehr die hierdurch umschriebenen und gegliederten Räume mit den darin befindlichen Menschen sowie der Einrichtung und Ausschmückung im Mittelpunkt. In die Auswahl und Ausgestaltung der Architektur- und Bildformen flossen dabei unwillkürlich Vorstellungen über die zum jeweiligen Zeitpunkt als richtig erachtete Ordnung der Dinge ein. Hiermit wurden Handlungsabläufe in ein Umfeld eingebettet, das seinerseits bereits von bestehenden Weltanschauungen geprägt und darauf angelegt ist, diese in der Zukunft fortzusetzen. Die Vielfalt ur- und frühgeschichtlicher Siedlungsformen erlaubt Einblicke, wie auf der Grundlage der jeweiligen Weltanschauungen mittels architektonischer Mittel Systeme räumlicher Beziehungen geschaffen wurden, in denen menschliches Handeln eingebunden, bestimmte Bewegungsabläufe durch Baumaßnahmen vorgeprägt und Handlungen gleichermaßen ermöglicht und eingeschränkt wurden.

Kommunikation und Wissenstransfer

Die Ausbreitung früher Staatengebilde und der bäuerlichen Wirtschaftsweise sind nur zwei Beispiele für die Bedeutung des Wissenstransfers zwischen Gesellschaften. Die Wechselbeziehung zwischen einer solchen Weitergabe von Wissen, unterschiedlichen Formen der Kommunikation und gesellschaftlichem Wandel bildet ein weiteres wichtiges Thema in der Ur- und Frühgeschichte. Die Ethnologie hat die Vorstellung, es habe Naturvölker gegeben, die weitgehend frei von Außenkontakten ein noch „ursprüngliches" Leben führten, als eine Projektion europäischer Wunschvorstellungen entlarvt. Ähnliches gilt für die Ur- und Frühgeschichte, für die auch lange Zeit die Vorstellung von in Zeit und Raum klar gegeneinander absetzbaren Kulturen vorherrsche, die allenfalls mit Nachbargruppen in Kontakt traten, um bestimmte Rohstoffe oder Fertigprodukte zu erhalten. Spätestens seit wir wissen, dass bereits der *Homo erectus* bei seiner Ausbreitung in der Alten Welt in der Lage war, zumindest kurze Distanzen über das Meer zurückzulegen, zeigt sich, wie früh es bereits zu den Eigenheiten des Menschen gehört haben muss, mit der Außenwelt in Kontakt zu treten, Neues zu erkunden sowie soziale Bande zu anderen Menschengruppen zu knüpfen.

Aus der Ur- und Frühgeschichte gibt es eine Fülle von Fallbeispielen dafür, dass neue Güter, Ideen und Praktiken zwischen Gesellschaften weitergegeben wurden und so eine schnelle Verbreitung erlangen konnten. Ein in jüngster Zeit intensiv diskutiertes Beispiel ist die Verbreitung der Technologie von Rad und Wagen. Während vor 3500 v. Chr. Hinweise für die Kenntnis von Räderfahrzeugen in den meisten Bereichen der Alten Welt fehlen, lassen sich ab diesem Zeitpunkt nahezu zeitgleich zwischen Schleswig-Holstein im Nordwesten und dem Südirak im Südosten diesbezügliche Belege nachweisen, was gegen eine voneinander unabhängige Entstehung in verschiedenen Gebieten spricht. In der Vergangenheit wurde angenommen, eine als so wichtig wahrgenommene technologische Innovation wie der Wagen müsse im frühstaatlichen Mesopotamien des 4. Jts. v. Chr. entstanden sein und sich von dort ausgebreitet haben. Demgegenüber vertritt der Verfasser dieses Beitrages die Ansicht, die Technologie von Rad und Wagen sei von Menschengruppen im Gebiet der heutigen Ukraine ersonnen worden und habe sich anschließend durch interkulturelle Kontakte sowohl in Richtung Mitteleuropa als auch nach Vorderasien hin ausgebreitet. Der Grund für die schnelle Ausbreitung dieser Innovation kann nicht in einer mit ihr verbundenen Steigerung der Mobilität gelegen haben, denn in dieser Frühphase der Wagenverwendung wird es kein Netz wagentauglicher Landverbindungen gegeben haben. Der Wert der Räderfahrzeuge dürfte in ihrer Funktion als Hilfsmittel für die beschwerlichen Tätigkeiten von Bauernkulturen (Ernte, Bauholz) gelegen haben.

Ausblick

Die Quellen des Faches Ur- und Frühgeschichte ermöglichen faszinierende Einblicke in den langfristigen Wandel der Erscheinungsformen menschlicher Gesellschaften und Kulturen, und sie tragen dazu bei, die Untersuchung der wechselseitigen Beziehung zwischen Mensch und Umwelt in Zeiträume zurück zu verlängern, die keiner anderen Disziplin zugänglich sind. Um diesen wahren Schatz an Informationen auszuschöpfen, gilt es, eine an bestimmten Orten und Landschaften ansetzende Mikroperspektive mit der Makroperspektive einer staaten- und, wenn nötig, sogar kontinentübergreifenden Betrachtungsweise zu vereinen. Denn nur wenn man sich von den heute so selbstverständlich erscheinenden, jedoch für die Ur- und Frühgeschichte bedeutungslosen politischen Einheiten frei macht, besteht die Chance, kulturgeschichtliche Phänomene in größerem Zusammenhang wahrzunehmen. Darüber hinaus ist es für das Fach essenziell, die Brücke zwischen Natur- und Geisteswissenschaften weiter zu festigen und Methoden und Fragestellungen einer Vielzahl von Disziplinen von den Kulturwissenschaften bis zur Molekularbiologie für das Wissen um Gesellschaften der Ur- und Frühgeschichte fruchtbar zu machen.

Archäologie Ägyptens

von Daniel Polz

Die Anfänge der Geschichte der Ägyptologie als Wissenschaft und mit dieser der Geschichte der Archäologie in Ägypten ist eng mit einem politisch-militärischen Ereignis am Ende des 18. Jhs. verbunden. Im Auftrag der französischen Regierung setzte sich im Mai 1798 eine große französische Flotte unter der Führung des Generals Napoleon Bonaparte in Richtung Ägypten in Bewegung, wo sie im Juli eintraf. Das vorrangige politische und militärische Ziel dieser „Ägyptischen Expedition" war es, durch die Besetzung von Ägypten und Teilen Palästinas die von den britischen Flotten beherrschten Handelswege nach Indien zu unterbrechen und den weltpolitischen Einfluss des Königreiches damit empfindlich zu stören. Dieses politische Ziel konnte Napoleon nicht erreichen: Bereits nach wenig mehr als einem Jahr kehrte er im August 1799 nach Frankreich zurück. Die in Ägypten verbliebenen französischen Truppen unter den Generalen Kleber und Menou unterlagen der britischen Streitmacht (so in der Schlacht bei Abukir) und mussten sich nach der Kapitulation von Alexandria im August 1801 endgültig aus Ägypten zurückziehen.

Europa entdeckt Ägypten: *Description de l'Égypte* und Stein von Rosetta

Von Beginn an verfolgte Napoleon mit dieser Expedition aber noch ein weiteres Ziel, für dessen Umsetzung ihm von der Regierung nicht unerhebliche zusätzliche Mittel bewilligt wurden: Mit an Bord der französischen Flotte waren knapp 100 Wissenschaftler, Ingenieure, Architekten, Zeichner und Techniker, die im Verlauf ihres dreijährigen Aufenthaltes in Ägypten das gesamte Land bereisten und eine bis zu jenem Zeitpunkt beispiellose systematische Kartierung und wissenschaftliche Beschreibung Ägyptens anfertigten. Das immense Material, das auf diese Weise in Beschreibungen, Zeichnungen, Architekturplänen, topographischen Karten und sogar gelegentlichen „Ausgrabungen" zusammengetragen wurde, konnte nach der Rückkehr der Gelehrten auf Anweisung von Napoleon selbst von 1809 bis 1828 in insgesamt 20 großformatigen, reich und zum Teil farbig illustrierten Bänden, der *Description de l'Égypte*, veröffentlicht werden. In der europäischen Neuzeit war diese „Beschreibung" das erste Werk, mit dem versucht wurde, ein „fremdes" Land in nahezu all seinen Aspekten darzustellen. Die *Description* ermöglichte den gebildeten Kreisen in Europa einen unverstellten, fast objektiven Blick auf die bis dato weit entfernte, fremde und häufig idealisierte orientalische Welt und das „Portal" zu einer ersten ernsthaften Auseinandersetzung des Okzidents mit dem Orient – jenseits der damals kursierenden, oft abenteuerlichen und durch persönliche Erlebnisse geprägten Reiseberichte vereinzelter Europäer.

Da die Gelehrten der napoleonischen Expedition bei ihren Reisen durch Ägypten entlang des Nils auf viele bis dahin in Europa unbekannte Denkmäler aus pharaonischer Zeit stießen, ist es verständlich, dass ein nicht unbedeutender Teil der *Description* der detaillierten Beschreibung dieser Altertümer gewidmet ist. In vielen Fällen stellen die Zeichnungen und Pläne der *Description* heute die einzigen noch vorhandenen Quellen zu Denkmälern und Objekten dar, die inzwischen verschwunden oder zerstört sind (Abb. 1).

Jenseits dieser in ihrer Bedeutung nicht hoch genug einzuschätzenden Ergebnisse erbrachte Napoleons Expedition aber auch ein weiteres Resultat, welches man ohne Zögern und im Wortsinn als den Grundstein der modernen wissenschaftlichen Beschäftigung mit dem alten Ägypten – mithin der Ägyptologie als akademischem Fach – bezeichnen kann. In der Nähe der heutigen Hafenstadt Raschid (dem antiken Rosetta) im westlichen Nildelta, nordöstlich von Alexandria, fanden Soldaten der Armee Napoleons im Jahre 1799 einen großen rechteckigen Steinblock (eine sog. Stele) aus dem Hartgestein Granodiorit, der auf einer Seite vollkommen mit Inschriften in zwei verschiedenen Sprachen und drei verschiedenen Schriften untereinander dekoriert war. Die Inschriften enthalten drei Versionen des gleichen Textes, ein Dekret der Priesterschaft von Memphis, in dem u. a. aufgeführt wird, dass der griechische Herrscher Ägyptens, Ptolemaios V. (205–180 v.Chr.), umfangreiche Steuererleichterungen für die Priesterschaft der Tempel erlassen hat. Die drei verschiedenen Schriften richten sich gewissermaßen an unterschiedliche „Leserkreise": Der mit Hieroglyphen geschriebene Text im oberen Teil der Stele stellt dabei die offizielle ägyptische, mit den alten heiligen Zeichen geschriebene Textversion dar, in der Mitte findet sich die in kursiver Schreibschrift gefasste demotische Version, der wiederum der in griechischen Buchstaben geschriebene Text folgt. Bei dieser letzten Version dürfte es sich um eine Kurzfassung des königlichen Dekretes zu den Steuersenkungen handeln, da Ptolemaios als griechischer Herrscher Ägyptens offizielle Texte sicher in seiner, d. h. der Sprache des Hofes verfassen ließ.

Schon bald nach seiner Entdeckung war man sich der enormen Bedeutung dieses „Steins von Rosetta" bewusst, handelte es sich doch offensichtlich um den gleichen Text in zwei verschiedenen Sprachen – Altgriechisch und Altägyptisch. Die Sprache der alten Ägypter war bis zu dieser Zeit unbekannt, da es trotz mancher Versuche nicht gelungen war, die „heiligen" ägyptischen Zeichen, die Hieroglyphen, zu entziffern. Der Stein von Rosetta bot nun die einzigartige Möglichkeit, sich durch einen Vergleich der gut lesbaren und leicht verständlichen griechischen mit den beiden unlesbaren ägyptischen Inschriften erneut an einen Entzifferungsversuch zu wagen. Solche Versuche wurden gleich von mehreren Gelehrten unternommen, doch letztlich war nur einem Erfolg beschieden: Dem genialen französischen Gelehrten Jean-François Champollion (1790–1832) gelang auf der Basis der Inschriften des Steins von Rosetta im Jahre 1822 die erfolgreiche Entzifferung der Hieroglyphen. Man muss sich vor Augen führen, dass die Wissenschaftler und Zeichner der napoleonischen Expedition nur wenig mehr als 20 Jahre zuvor zwar Unmengen von mit Hieroglyphen geschriebenen Texten und Inschriften überall in Ägypten kopierten, zeichneten und später veröffentlichten

Abb. 1: Assiut, Felsgrab des Cheti. Zeichnerische Ansicht der Fassade des Felsgrabes des hohen Würdenträgers Cheti (unten) und detaillierte Wiedergabe der Dekoration der Fassade (oben) durch die Zeichner der Expedition Napoleons (1798–1801).

(vgl. Abb. 1) zu dieser Zeit aber niemand in der Lage gewesen war, deren Inhalt auch nur annähernd zu verstehen. Es ist deshalb sicher angebracht, das Jahr 1822 und die Entzifferung der Hieroglyphen durch Champollion als die Geburtsstunde nicht nur der Ägyptologie, sondern auch der Archäologie in Ägypten zu bezeichnen. Denn die Tatsache, dass die „geheimnisvollen" Zeichen mit einem Male lesbar und übersetzbar waren, löste in Europa einen regelrechten Hype aus: Museen, Sammlungen, Kuriositätenkabinette und vermögende Privatleute wollten ihre Räumlichkeiten mit repräsentativen, d. h. beschrifteten Objekten aus Ägypten schmücken. Dies wiederum führte in den folgenden Jahrzehnten zu einer Welle von „pseudo-archäologischen" Ausgrabungen entlang des Nils, deren Ziel die Beschaffung solcher Objekte war. Es liegt auf der Hand, dass die Ausgrabungen jener Zeit keine methodischen wissenschaftlichen Grundlagen hatten – hier ging es zuvorderst um die Objekte selbst, nicht um deren Herkunft oder ihren alten „Kontext".

In starkem Kontrast hierzu steht eine Unternehmung, die zwar keine primär archäologische Zielsetzung hatte, aber als das ägyptologisch bedeutendste und ergiebigste wissenschaftliche Unternehmen des 19. Jhs. zu werten ist, nämlich die Expedition nach Ägypten und Äthiopien durch Carl Richard Lepsius (1810–1884) in den Jahren 1842–1845. Nach dem Studium verschiedener alter Sprachen hatte sich Lepsius in den 30er Jahren des 19. Jhs. der altägyptischen Sprache zugewandt, wobei er das von Champollion entwickelte System des „Alphabets" der Hieroglyphen übernahm und es mit Verbesserungen und Erweiterungen in einem berühmt gewordenen kurzen Artikel („Lettre à M. le Professeur H. Rosellini sur l'alphabet hiéroglyphique", Rom 1837) für alle Zeit als Standard etablierte. Lepsius gilt damit zumindest im deutschsprachigen Raum als der Begründer der modernen, wissenschaftlichen Ägyptologie. 1842 wurde er zum außerordentlichen Professor an der Friedrich-Wilhelms-Universität Berlin (heute Humboldt-Universität zu Berlin) ernannt und mit der Leitung der vom preußischen König Friedrich Wilhelm IV. finanzierten Expedition nach Ägypten beauftragt. Deren Ziel war einem der wissenschaftlichen Ziele der napoleonischen Expedition nicht unähnlich, nämlich eine möglichst vollständige Aufnahme der anstehenden und zugänglichen Monumente Ägyptens durchzuführen. Lepsius betrieb sowohl die technischen und inhaltlichen Vorbereitungen zu seiner Expedition, als auch die Auswahl seiner Mitarbeiter mit extremer Sorgfalt. Während der Expedition wurde er von dem Architekten und Geodäten Georg Erbkam (auf den topographische und Architekturpläne von bis heute beindruckender Genauigkeit zurückgehen, Abb. 2) und den Zeichnern Max Weidenbach, Johann Frey und Otto Georgi begleitet. Die Ergebnisse seiner Expedition wurden schon bald, in den Jahren 1849–1859, in zwölf riesigen Folio-Bänden mit insgesamt fast 900 Tafeln veröffentlicht, der dazugehörige Text in fünf Bänden erschien erst nach Lepsius' Tod, zwischen 1897 und 1913.

Der tastende Beginn einer systematischen und methodisch fundierten *Archäologie* in Ägypten ist mit dem Namen des französischen Gelehrten Auguste Mariette (1821–1881) verbunden. Mariette führte zunächst in den Jahren 1850–54 umfangreiche Ausgrabungen in Sakkara und Giza durch. Ende der fünfziger Jahre startete er ein enormes Ausgrabungsprogramm in allen Teilen Ägyptens, stellte erste Überlegungen zu einem systematischen Umgang mit den Monumenten Ägyptens an und konnte den damals über das Land herrschenden Vizekönig (Khediven) Mohammed Said Pascha (1822–1863) von der Notwendigkeit der Einrichtung eines eigenen Museums für altägyptische Monumente in der Nähe von Kairo (in Boulaq) überzeugen. Aufgrund seines Engagements für die Monumente des Landes wurde Mariette 1858 vom Khediven zum ersten Direktor des neu gegründeten Antikendienstes ernannt.

Den größten Beitrag zur Entwicklung einer gewissermaßen eigenständigen ägyptischen Archäologie lieferte zweifellos der Engländer William Matthew Flinders Petrie (1853–1942) im ausgehenden 19. und beginnenden 20. Jh. Im Zeitraum von 1884 bis 1926 führte Petrie eine gewaltige Anzahl von Ausgrabungen an verschiedensten Orten Ägypten durch und entwickelte sowohl Klassifikations- und Datierungssysteme für keramische Gefäße (sog. *sequence dating*) als auch chronologische Grundgerüste, etwa für die Vor- und Frühgeschichte des alten Ägypten, oder aber die Grundlagen für typologische Studien auch der kleinsten Objektgattungen. Mit einem für seine Zeit einmaligen methodischen Ansatz (etwa der Forderung, dass während einer Ausgrabung *alles* beobachtet werden muss – „the importance of observing *everything* found") und einer vergleichsweise extrem hohen Genauigkeit bei der Aufnahme und Dokumentation von Grabungsbefunden wurde er zum Vorbild für viele seiner Zeitgenossen und Schüler und prägt bis weit in das 20. Jh. hinein die Auffassungen und Grundsätze der ägyptischen Archäologie.

Ägyptologie vs. Archäologie Ägyptens

Es sind vor allem zwei Umstände, aus welchen sich die Archäologie Ägyptens von allen „anderen" Archäologien Europas und des Vorderen Orients unterscheidet. Der erste ist ein eher „innerer", eine Eigentümlichkeit der altägyptischen Kultur: in wohl keinem anderen Kulturkreis der alten Welt war *Schriftlichkeit* (im weitesten Sinn) im gleichen Ausmaß verbreitet wie in Ägypten. Die Menge an Inschriften, die aus dem alten Ägypten auf uns gekommen sind, ist auch heute noch – fast 200 Jahre nach dem Beginn ihrer Erforschung – reichlich unübersehbar, und nahezu jede archäologische Unternehmung fördert neues textliches Material zu Tage. Inschriften und Beschriftungen finden sich dabei auf den unterschiedlichsten Textträgern, seien es reliefierte Steinwände monumentaler Tempelbauten, dekorierte Wände königlicher und privater Grabanlagen, Tempel- und Grabstelen, Sarkophage und Särge, meterlange Papyri oder schmucklose, als Notizzettel, Memo oder Kurzbrief verwendete Steinbrocken und Tonscherben (Ostraka), schließlich sogar nur zentimetergroße, mit beschrifteten Siegelabdrücken versehene Tonklumpen als Gefäßverschlüsse. Die über Jahrtausende fast ungebrochene intensive Beschäftigung der alten Ägypter mit theologischen Konzeptionen und Vorstellungen vom Jenseits hatte eine immense Produktion im weiteren Sinn „religiöser" Literatur zur Folge, und so entstammt diesem Umfeld ein nicht unbeträchtlicher Teil der heute bekannten altägyptischen Texte.

Der zweite Umstand ist ein „äußerer": bedingt durch die geographische Lage Ägyptens und die daraus resultierenden klimatischen Verhältnisse sind die Erhaltungsbedingungen für jede Art von Material hier bei Weitem günstiger als in jeder anderen Region der alten Welt. Selbst organisches Material ist unter den jahresdurchschnittlich extrem trockenen und warmen Lagerungsbedingungen kaum von Verfall bedroht. Deshalb haben sich in großem Umfang Textträger und Materialien erhalten, die unter anderen klimatischen Bedingungen längst verloren wären (etwa Papyri, Holz, Farben und selbst die Tinte, mit der verschiedene Textträger beschrieben waren).

Diese beiden Umstände führten dazu, dass sich aus dem alten Ägypten weit mehr Texte und Inschriften erhalten haben als aus jedem anderen Kulturkreis der alten Welt, einschließlich Griechenland und Rom. Daraus ergab sich neben der oben geschilderten Ausgangssituation zu

Abb. 2: Giza, Pyramidenplateau. Ausschnitt aus dem „Situationsplan" in Lepsius' Denkmäler. In nur etwas mehr als zwei Wochen im Winter 1842 fertigte der Architekt und Geodät Georg Erbkam den „Situationsplan" der ausgedehnten Friedhöfe und königlichen wie privaten Grabanlagen bei den großen Pyramiden von Giza an. Der Plan ist noch heute von beeindruckender Genauigkeit und beinhaltet einige Strukturen aus pharaonischer Zeit, die inzwischen zerstört oder unter moderner Bebauung verschwunden sind.

Beginn des 19. Jhs. der eigentliche Forschungsgegenstand der frühen Ägyptologie, nämlich die wissenschaftliche Bearbeitung des immensen Textmaterials. Die *Ägyptologie* entwickelte sich vornehmlich als philologische Wissenschaft, und das ist sie auch heute noch. Die *ägyptische Archäologie* dagegen ist keine selbständige akademische Fachrichtung – sie ist (aus den genannten Gründen) in die Ägyptologie eingebunden und kann an Universitäten nicht als eigenes Fach studiert werden.

Betätigungsfeld und Schwerpunkte der ägyptischen Archäologie waren deshalb lange Zeit weitgehend identisch mit denen der philologisch orientierten Ägyptologie, auf die auch das chronologische Gerüst der pharaonischen Zeit Ägyptens zurückgeht. Dies sieht man an der heute noch gültigen (aber modern-wissenschaftlichen) Unterteilung der altägyptischen Geschichte in die Hauptepochen:
- Altes Reich (ca. 2690–2170 v.Chr.)
- Mittleres Reich (ca. 2119–1794)
- Neues Reich (ca. 1550–1070)
- Spätzeit (ca. 746–332)

Dies entspricht mehr oder weniger der Entwicklung der verschiedenen Sprachstufen des Ägyptischen: Alt-, Mittel-, Neuägyptisch und Demotisch (ab etwa 700 v.Chr.). Aus dieser Lage entwickelte sich ein – gemessen etwa an anderen Archäologien des angrenzenden vorderasiatischen Raumes – eigentümlicher Sonderweg der ägyptischen Archäologie: Bis weit in das 20. Jh. hinein war sie (mit einigen wichtigen Ausnahmen) gleichbedeutend mit der Ausgrabung bzw. Freilegung von Tempeln, Friedhöfen und monumentalen Einzelgrabanlagen. Dies war das Hauptziel, denn hier konnten der Wissenschaft mit vergleichsweise geringem Aufwand neue Textzeugnisse zugeführt werden. Die auch in Ägypten in großer (aber bedrohlich abnehmender) Zahl vorhandenen Siedlungshügel („Tell" oder „Kom"), d. h. die oft einige Duzend Meter hohen Überreste der altägyptischen Siedlungen und Städte, waren schon deshalb lange kein vornehmliches Ziel der ägyptischen Archäologie, weil ihre Ausgrabung weit beschwerlicher war und vor allem weniger textliche Zeugnisse erwarten ließ.

Ein für diese Entwicklung durchaus typisches Beispiel „archäologischer" Unternehmungen in Ägypten sind die sog. „Papyrusgrabungen" des frühen 20. Jhs. (etwa in Herakleopolis Magna am südlichen Fayumrand oder auf der Nilinsel Elephantine bei Assuan), die der Beschaffung von möglichst vollständigen Papyrusrollen aus alten Tempel- oder Friedhofsgebieten dienten – die umgebende Architektur oder gar ein archäologischer Kontext waren uninteressant und wurden durch die „Papyrusgrabungen" sogar teilweise zerstört.

Staudämme und Siedlungsarchäologie

Erst mit der allgemeinen Neupositionierung der Wissenschaften nach dem Zweiten Weltkrieg änderten sich auch langsam die Fragestellungen innerhalb der Ägyptologie. Wieder scheint ein politisches Projekt in Ägypten an einem Paradigmenwechsel in der ägyptischen Archäologie zumindest beteiligt: Der ambitionierte Plan der ägyptischen Regierung, den Nil nach dem ersten, 1902 gefluteten Staudamm bei Assuan ein zweites Mal auf ägyptischem Gebiet durch einen Staudamm zu nutzen, brachte in den 1960er Jahren eine beispiellose archäologische Kampagne der damals noch recht jungen UNESCO mit internationaler Beteiligung in Gang. Das gewaltige von den Fluten des neuen Damms bedeckte Gebiet (weit mehr als 5000 km²) sollte vor der schon 1964 begonnenen Füllung des Dammes auch archäologisch intensiv untersucht werden – unabhängig von den engeren Fragestellungen der Ägyptologie.

In der Folge gewannen auch im ägyptischen Kernland Fragestellungen jenseits derjenigen der „klassischen" ägyptischen Archäologie an Relevanz. Der österreichische Ägyptologe und Archäologe Manfred Bietak veröffentlichte 1979 in einer eng-

Abb. 3: Assuan, Ausgrabungen auf der Nilinsel Elephantine. Hier, an der Südgrenze des Landes, liegt der am besten erhaltene Siedlungshügel Ägyptens, am Ausgang des Ersten Kataraktes am Südende der Insel.

lischsprachigen ägyptologischen Fachzeitschrift einen flammenden Aufruf („The present state of Egyptian Archaeology"), in dem er zum einen die fehlende archäologische Grundausbildung innerhalb des Faches Ägyptologie beklagte, zum anderen die fast völlige archäologische Vernachlässigung eines immens wichtigen Bereichs der kulturhistorischen Hinterlassenschaft des alten Ägypten geradezu anprangerte, nämlich der sog. „Siedlungsarchäologie": Bietak hatte bereits 1966 im nordöstlichen Nildelta die Ausgrabungen des Siedlungshügels Tell ed-Daba'a begonnen, der sich durch seine Arbeiten dort zweifelsfrei als der Ort der alten Hauptstadt der Hyksos („Herrscher der Fremdländer") erwies. Nur wenig später, im Jahre 1969, startete das DAI Kairo unter seinem damaligen Direktor Werner Kaiser und in Zusammenarbeit mit dem Schweizerischen Institut für Ägyptische Bauforschung und Altertumskunde auf der Nilinsel Elephantine bei Assuan ein ambitioniertes archäologisches Projekt, welches die Ausgrabung des wegen seiner Insellage isolierten Siedlungshügels im südlichen Bereich der Insel zum Ziel hatte und bis in heutige Zeit fortgeführt wird (vgl. Abb. 3). Wohl zu Recht wird diese Ausgrabung einer altägyptischen Stadt mit einer Entwicklungsgeschichte von nahezu 4000 Jahren heute als die bislang intensivste und umfangreichste Stadtgrabung in Ägypten bezeichnet. Ab ca. 3300 v. Chr. war die Siedlung gut 4400 Jahre lang (von der späten Vorgeschichte bis hin zur frühislamischen Zeit) Grenzstadt, Garnison, Handelsposten und Verwaltungszentrum. Die Tempel der Gottheiten Satet und Chnum besaßen wegen ihrer Verbindung zur Nilflut und den angeschlossenen Nilometern landesweite Bedeutung.

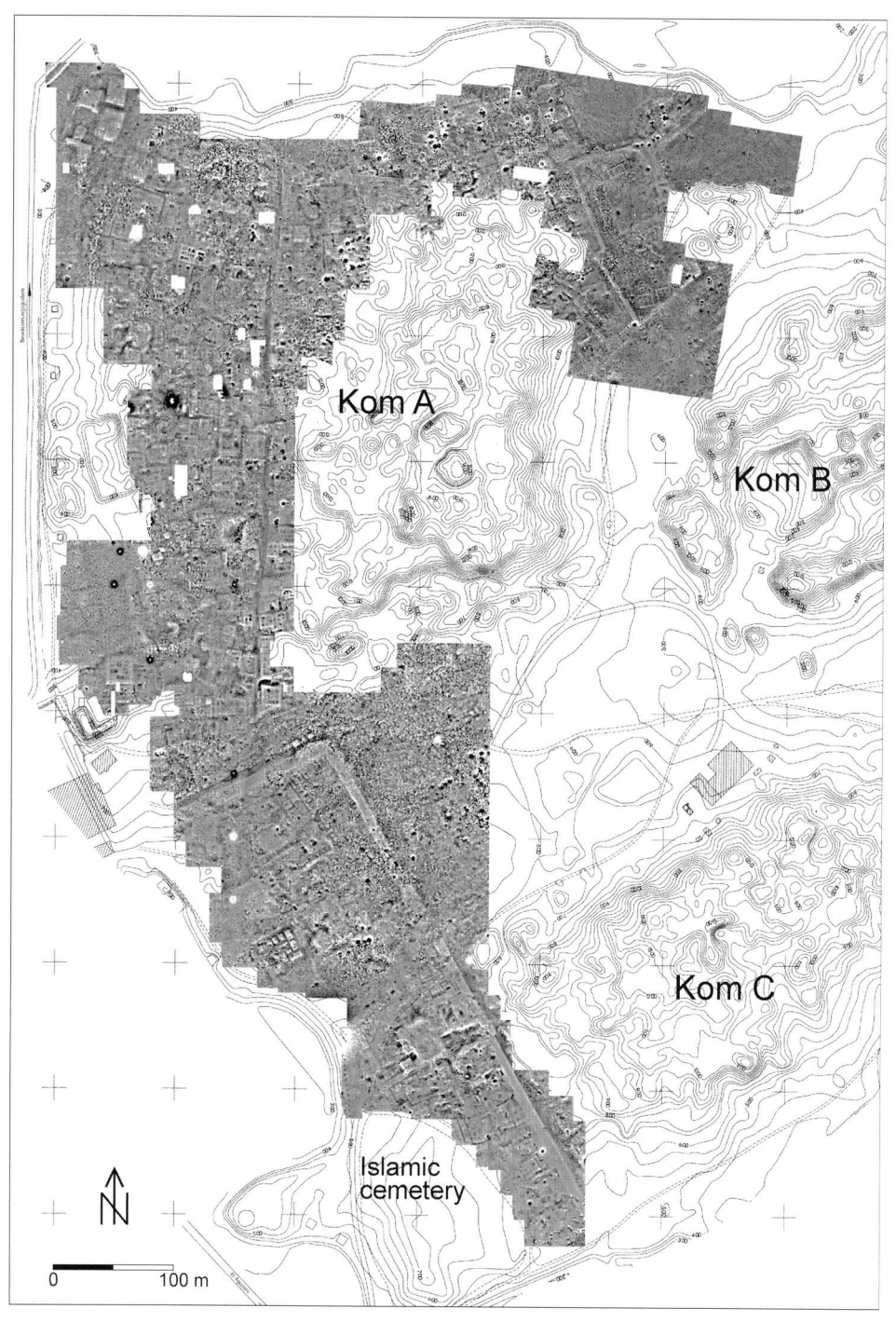

Mittlerweile ist die Stadt- bzw. Siedlungsarchäologie zu einem festen Bestandteil der ägyptischen Archäologie geworden. An vielen Orten im Lande, besonders im Nildelta, werden heute Tell-/Komgrabungen bzw. -kartierungen durchgeführt. Man kann dabei heute z. B. durch Magnetometer-Messungen oberflächlich nicht sichtbare Lehmziegelstrukturen und Befunde bis in eine Tiefe von ca. 1,50 m feststellen – im günstigsten Fall ergibt sich ein regelrechter „Stadtplan", der einen Eindruck von der noch erhaltenen Bebauung vermittelt und eine wertvolle Hilfe bei der zielgerichteten Auswahl von Grabungsplätzen für bestimmte Fragestellungen ist (wie auf Abb. 4 zu sehen, bei Ausgrabungen des DAI am Siedlungshügel in Buto im Nildelta).

Diese Entwicklung ist u. a. auch auf eine Initiative der staatlichen ägyptischen Antikenverwaltung zurückzuführen, die seit 2002 keine neuen Ausgrabungskonzessionen südlich des Großraumes Kairo mehr erteilt. Dadurch wurde zweifellos die archäologische Beschäftigung mit der Siedlungsarchäologie allgemein und mit den Siedlungshügeln im Nildelta im Besonderen intensiviert, sodass sich heute eine ganze Zahl von kleineren und größeren archäologischen Projekten mit der Kartierung und/oder Ausgrabung der langen vernachlässigten Siedlungen und Städte des Nildeltas befasst.

Quelle des Wissens: Grabanlagen

Gleichwohl bildet die archäologische Bearbeitung von sakralen und funerären Bauten auch weiterhin einen Schwerpunkt der ägyptischen Archäologie – und dies aus nachvollziehbaren Gründen: Die ägyptischen Tempel waren oft jahrhundertelang die Orte, an denen Könige wie hochgestellte Privatpersonen Stelen und Statuen aus Stein aufstellen ließen. Deren Inschriften geben nun keineswegs nur religiöse Texte wieder, sondern enthalten überaus häufig auch Informationen zu den historischen, sozialgeschichtlichen, prosopographischen oder verwaltungstechnischen Verhältnissen einer Zeit. Dadurch haben sie für die Wissenschaft den Status erstrangiger Quellen, wie sie in dieser Weise kaum aus den Siedlungen zu erwarten sind. Zudem stellten die altägyptischen Tempelbauten mit den ihnen angegliederten Verwaltungseinrichtungen und Magazinbauten fast immer auch die Zentren lokaler oder regionaler wirtschaftlicher Administration dar, in denen neben Papyrusrollen mit theologischen Texten auch solche mit Texten verwal-

Abb. 4: Geomagnetische Prospektion am Siedlungshügel in Buto: Im mittleren Bereich zeichnet sich eine dichte Bebauung mit zumeist quadratischen Häusern mit gekammerten Fundamenten entlang einer Hauptstraße ab, die größtenteils aus der Saitenzeit stammt (664–525 v. Chr.). Im Süden sieht man eine mächtige ptolemäische Umfassungsmauer, die ein Areal von mindestens 400 m Länge mit vielen kleinteiligen Baustrukturen und einem Zentralbau (?) an der westlichen Abbruchkante des Siedlungshügels umschließt. Der westliche und südliche Teil des vermutlichen Tempelbezirks sind offenbar der Erosion durch Nilüberschwemmungen zum Opfer gefallen. Da bei Magnetometer-Messungen ge- und verbrannte Befunde besonders hohe Anomalien ergeben, zeichnen sich z. B. Töpferöfen (schwarze Punkte mit hellem Ring) sehr deutlich ab, andererseits verunklaren Konzentrationen von Keramikscherben, dichte Belegung mit Keramiksarkophagen u. Ä. das Bild (daher die diffusen Bereiche).

Abb. 5: Theben-West, Ausgrabungen des Deutschen Archäologischen Instituts in der Nekropole von Dra' Abu el-Naga. Übersicht des Grabungsareals H mit den Resten der Lehmziegel-Pyramide des Königs Nub-Cheper-Re Intef. Das Grabungsareal H ist gekennzeichnet durch die Überreste der Pyramide des Königs Nub-Cheper-Re Intef vom Ende der 17. Dynastie (in der Bildmitte sichtbar) sowie eine große Anzahl an zeitgleichen und früheren Grabschächten aus der 13. Dynastie.

tungstechnischen und wirtschaftlichen Inhalts archiviert wurden.

Ähnliches gilt für die Grabanlagen der alten Ägypter, für deren Ausstattung zu einigen Zeiten ein immenser Aufwand betrieben wurde (Abb. 5). Die Gräber sollten nicht nur die mumifizierten Körper der Verstorbenen bergen, sondern die Toten auch für ihr langes Leben im Jenseits ausreichend versorgen – *ideell* durch die Existenz der entsprechenden Totentexte auf den Wänden der Grabanlagen, als Inschriften auf Särgen, Stelen oder Statuetten oder auf den mitgegebenen Papyri und *materiell* durch Grabbeigaben aller erdenklichen Art – Amulette, Kleidungsstücke, Mobiliar, Werkzeuge, Dinge des täglichen Lebens oder Nahrungsmittel (bzw. deren jeweilige „Modelle" als „Stellvertreter"). Auch Objekte des eigenen, persönlichen Lebens im Diesseits fanden ihren Weg in die Grabkammern der Verstorbenen: Ein nicht geringer Teil der auf Papyri und Ostraka erhaltenen literarischen Texte des Mittleren und des Neuen Reiches etwa stammt aus Grabanlagen hochgestellter Privatpersonen.

Bevölkerungswachstum und Versalzung: die Probleme von heute

Die Bemerkungen in den vorangehenden Abschnitten könnten die Vermutung aufkommen lassen, eine Festlegung auf bestimmte Prioritäten in der Archäologie Ägyptens ließe sich einfach anstellen und wäre das Gebot der Stunde. Dies ist nicht der Fall. Eine einseitige Beschränkung auf Siedlungsgrabungen im Nildelta etwa bedeutete zwar oberflächlich eine Erweiterung der Fragestellung, aber gleichzeitig auch das Ignorieren der Tatsache, dass die Faktoren, die eine akute Gefährdung des archäologischen Materials darstellen, für ganz Ägypten gelten: eine rasant ansteigende Bevölkerungszahl mit entsprechendem Siedlungsbedarf bei gleichzeitig nur sehr langsam wachsenden Siedlungsflächen; ein massiver, inzwischen unübersehbarer permanenter Anstieg des Grundwassers und eine zunehmende Versalzung des Bodens als Spätfolgen des Assuan-Staudammes; damit zusammenhängende Bewässerungsprojekte in der Niederwüste (d. h. den Gebieten, in denen sich in Mittel- und Oberägypten alte Flussrandsiedlungen und Nekropolen befinden).

Wenn sich also ein Priorisieren archäologischer Betätigung in Ägypten nach topographischen Gesichtspunkten schon als wenig sinnvoll erweist, so spricht auch die inhaltliche Entwicklung der ägyptischen Archäologie der letzten Zeit dagegen: Während der letzten zwei bis drei Jahrzehnte haben sich hier die Fragestellungen weiter verändert, z.T. auch unter dem Einfluss neuer theoretischer und methodischer Ansätze „anderer" Archäologien, wie etwa der verschiedenen Strömungen der britischen und amerikanischen Archäologie der 70er und 80er Jahre des letzten Jahrhunderts (z.B. Michael B. Schiffer, Lewis R. Binford, Ian Hodder). So stehen bei den meisten der in den letzten Dekaden begonnenen archäologischen Projekte in Ägypten nicht mehr Einzelobjekte (wie Grab, Tempel, Siedlung) und einzelne Themen (religiöse Texte, Grabdekoration, Tempelarchitektur), sondern weiterführende Fragestellungen im Vordergrund des Interesses. Moderne archäologische Unternehmungen in Ägypten haben eine Vielzahl von Fragestellungen im Auge, wie etwa die nach der Entwicklung von Grabarchitektur und Bestattungspraktiken in gesamten oder Teilen von größeren Nekropolen, den Zusammenhängen zwischen Architektur und Kultgeschehen, der Rekonstruktion der antiken Landschaft (*land-scaping*, Abb. 6) oder der Übergänge zwischen den „klassischen" Perioden der ägyptischen Geschichte.

Ausblick

Die im akademischen Curriculum der Ägyptologie an den meisten deutschsprachigen Universitäten bis vor kurzem noch vorhandenen strikten Fächergrenzen sind in der Praxis der heutigen archäologischen Unternehmungen in Ägypten längst gefallen, da sich eine Beschränkung auf die engen Grenzen des eigenen Faches in der Archäologie Ägyptens als nicht nur vollkommen überholt, sondern einfach als kontraproduktiv erwies. Gerade die letzte hier angesprochene Fragestellung, die der „Übergänge", ist heute von kulturhistorisch größter Brisanz: Wie entwickelte sich die altägyptische Gesellschaft in den Übergangszeiten zwischen den als „klassisch" empfundenen Epochen des Alten, Mittleren und Neuen Reiches, d.h. wie lassen sich diese Entwicklungen archäologisch fassen, wie nach der Eroberung Ägyptens durch Alexander und während der Herrschaft der römischen Kaiser? Welche kulturgeschichtlichen Prozesse in frühchristlicher Zeit lassen sich im archäologischen Material feststellen, welche in der Zeit der beginnenden Islamisierung des Landes?

In der Verfolgung dieser und ähnlich komplexer Fragestellungen liegt die Herausforderung, aber auch die Perspektive moderner Archäologie in Ägypten. Die vielfältigen textlichen Zeugnisse nahezu jeder Art und das reiche, häufig gut erhaltene archäologische Material werden in vielen Fällen eine weitgehende Rekonstruktion kulturgeschichtlicher Prozesse ermöglichen – vielleicht sogar modellhaft für andere Bereiche der alten wie der modernen Welt.

Abb. 6: Theben-West, Ausgrabungen des Deutschen Archäologischen Instituts in der Nekropole von Dra' Abu el-Naga. Standbild aus einer virtuellen 3D-Animation des Grabungsareals H in der näheren Umgebung der Pyramide des Nub-Cheper-Re Intef. Um die Pyramide herum finden sich zahlreiche Grabanlagen aus verschiedenen Zeiten, die sich teilweise oberirdisch und unterirdisch über- bzw. unterschneiden oder aber in ihrer Ausrichtung deutlich auf bereits vorhandene, ältere Anlagen Rücksicht nehmen. Diese vielfältigen architektonischen Beziehungen der einzelnen Grabanlagen zueinander lassen sich auf herkömmlichem Wege, also in zweidimensionalen Plänen und Schnitten, nicht mehr sinnvoll verdeutlichen. Um eine klare und nachvollziehbare Darstellung des ober- wie unterirdischen Bereiches der Anlagen zu erreichen, wurde vom gesamten Grabungsareal H mit Hilfe eines Laser-Tachymeters eine virtuelle 3D-Animation erstellt.

Vorderasiatische Archäologie

von Dominik Bonatz

Das Kerngebiet der Vorderasiatischen Archäologie umfasst aus historischer Perspektive traditionell die Bereiche von Sumer, Akkad, Assyrien und Babylonien (im alten Mesopotamien), das Hethiter-Reich (in Anatolien) und die Reiche Elams und der Achämeniden (im Iran). Heute beinhaltet das Fach jedoch weit mehr als die Erforschung sog. Hochkulturen durch Ausgrabungen und die Beschäftigung mit den materiellen Hinterlassenschaften aus den schriftlichen Epochen Altvorderasiens. Der erste Teil dieser Skizze befasst sich daher mit der Entwicklung der Vorderasiatischen Archäologie zu einer breit ausgerichteten Regionalwissenschaft, im zweiten Teil werden ihre aktuellen Betätigungsfelder dargestellt, und im dritten folgt der Versuch einer Standortbestimmung mit Blick auf die Zukunft des Faches.

Entstehung und Entwicklung der Vorderasiatischen Archäologie

Die Anfänge (1843–1930)

Die Ursprünge der Vorderasiatischen Archäologie in der Mitte des 19. Jhs. wurzeln in dem imperialen Bestreben Frankreichs und Englands, die Sammlungen ihrer nationalen Museen, des Louvre in Paris und des British Museum in London, durch Kunstdenkmäler aus den Ruinen assyrischer Paläste im Norden des heutigen Irak zu mehren (Abb. 1). 1893 entsandten danach die Vereinigten Staaten ihre erste archäologische Expedition zur Erkundung der babylonischen Stadtruine von Nippur und legten damit den Grundstein für die Sammlung altvorderasiatischer Altertümer am Museum der Universität von Pennsylvania. Kurz darauf, im Jahre 1898, wurde mit der Gründung der Deutschen Orientgesellschaft in Berlin auch in Deutschland ein funktionierendes Organ zur Durchsetzung eigener Grabungsinteressen im Vorderen Orient und zum Aufbau eines Vorderasiatischen Museums (damals im Kaiser-Friedrich-Museum) geschaffen.

Durch die Erfolge bei der Entzifferung der Keilschrift hatte sich bis dahin die Assyriologie als Wissenschaft zur Erforschung der altorientalischen Sprachen etabliert. Assyriologen besetzten in der Folge nicht nur universitäre Lehrstühle, sondern auch leitende Positionen an den archäologischen Museen (Friedrich Delitzsch und Otto Weber in Berlin, E. A. Wallis Budge in London). Die Suche nach Keilschrifttexten als Quellen zur Erkundung der Geschichte Altvorderasiens – häufig in Verbindung zur Geschichte des Alten Testaments – rückte vor diesem Hintergrund in den Mittelpunkt des wissenschaftlichen Interesses. Beispielsweise gingen die amerikanischen Ausgrabungen in Nippur (1893–1900) und die deutschen Ausgrabungen in Boğazköy/Hattuscha

Abb. 1: Die Stele des assyrischen Königs Assurnasirpal II. (rechts) und weitere Reliefs im Ninurta-Tempel von Nimrud nach einer graphischen Aufnahme der britischen Ausgrabungen von 1849–1851. Der dunkle Gang im Hintergrund entspricht der damaligen Grabungspraxis, Schächte durch das Innere der Ruinenhügel zu treiben, um die Bildwerke zu bergen.

(1906–1912) beide auf das Betreiben einflussreicher Altorientalisten, Hermann von Hilprecht an der Universität von Pennsylvania und Hugo Winckler in Berlin, zurück. Viele der Ausgräber sahen sich daher als Dienstleister ihrer philologischen Kollegen – ein Zwist, der seinen besonderen Ausdruck in der fortwährenden Auseinandersetzung zwischen Robert Koldewey, von 1899–1917 Leiter der Ausgrabungen in Babylon, und der Museumsdirektion in Berlin fand und der bis heute nicht gänzlich aus der Welt geräumt zu sein scheint.

Als eigenständige Wissenschaft hatte die Vorderasiatische Archäologie im Gegensatz zur Assyriologie bis in die 1920er Jahre keinen festen Stand. Ihre Hauptakteure waren häufig keine ausgebildeten Archäologen, sondern Architekten (Robert Koldewey in Babylon, Walter Andrae in Assur), Diplomaten (Max Freiherr von Oppenheim in Tell Halaf) oder Geschäftsleute (John Henry Haynes in Nippur). Bei vielen von ihnen überwog das Interesse an der baugeschichtlichen Forschung, wohingegen die Beschäftigung mit den Objektfunden, insbesondere der Bildkunst, wiederum in die Hände kunstgeschichtlich interessierter Sprachwissenschaftler fiel. Dazu zählen in Deutschland Bruno Meissner mit seinen 1915 publizierten *Grundzügen der assyrisch-babylonischen Plastik* und Otto Weber, dessen Buch *Altorientalische Siegelbilder* 1920 erschien.

Auf dem Weg zur Wissenschaft (1930–1960)

Die Emanzipation als Wissenschaft ging mit einer intensiven Auseinandersetzung um Inhalte und Methoden der Vorderasiatischen Archäologie einher und dehnte sich auch über die schwierigen Jahre des Zweiten Weltkrieges aus, als es zwar vielerorts zum Erliegen der Ausgrabungsaktivitäten kam, dafür aber ein Nachdenken über das bereits Erreichte zu Neuorientierungen führte.

Am Beginn dieser Entwicklung stehen beispielhaft die von dem britischen Archäologen Sir Leonard Woolley (1880–1960) geleiteten Ausgrabungen in Ur 1922–1934. Sensationell waren vor allem die Funde aus der Nekropole des 3. Jts. v. Chr. (Abb. 2). Für die beiden auftraggebenden Institutionen, das Museum der Universität von Pennsylvania und das British Museum in London, stellten sie eine willkommene Bereicherung ihrer Sammlungen dar. Auch verstand es Woolley mit seinen popularisierenden Verbindungen zu biblischen Themen – „Ur als die Heimat Abrahams" oder „Ur und die Sintflut" – das öffentliche Interesse an seinen Entdeckungen zu steigern. Neu vom wissenschaftlichen Standpunkt aus waren jedoch die Systematik des Ausgrabens und Dokumentierens, einschließlich einer detaillierten Beobachtung der Stratigraphie (der übereinandergeschichteten Phasen einer archäologischen Siedlung) sowie die in mehreren voluminösen Bänden vorgelegten Endpublikationen. Vergleichbare Fortschritte bei der stratigraphisch-baugeschichtlichen Untersuchung mesopotamischer Ruinenhügel konnten die deutschen Ausgrabungen in Uruk/Warka von 1928 bis 1941 erzielen, wenngleich die Funde (sumerische Verwaltungstexte, Rollsiegel, Keramik) weit weniger Aufsehen erregten als jene aus dem südlicheren Ur.

Standen bis zu diesem Zeitpunkt einzelne Orte mit ihren zentralen Palast- und Tempeleinrichtungen im Mittelpunkt der archäologischen Interessen, so

Abb. 2: Das Areal des Friedhofs von Ur nach den Ausgrabungen von 1931/32. Im Vordergrund die sog. Königsgräber (A–F) aus der Mitte des 3. Jts. v. Chr., im Hintergrund die an das Ende desselben Jahrtausends datierenden Grabanlagen der Könige der 3. Dynastie von Ur.

wurden ab den 1930er Jahren am Oriental Institute der Universität Chicago neue Fragen und Methoden der Feldforschung entwickelt. Von 1932 an leitete Robert Braidwood (1907–2003) das Projekt in der Amuq-Ebene im Südosten der Türkei, in dessen Folge 178 archäologische Siedlungshügel bei Oberflächenerkundungen identifiziert und davon acht durch Ausgrabungen näher untersucht wurden. Mit den Ergebnissen dieses Projekts war ein wichtiger Nexus zu den Forschungen in Nordmesopotamien geschlagen, konnten regionale Entwicklungen vor dem Hintergrund großräumiger Zusammenhänge besser erfasst werden. Zugleich erweiterte sich der Horizont auf die vorgeschichtlichen Epochen, in denen sich Prozesse der Sesshaftwerdung und die Ausbildung frühstaatlicher Systeme untersuchen ließen.

Wegweisend für die regionalgeschichtliche Forschung waren vor allem die 1930–1937 parallel durchgeführten Untersuchungen in den frühgeschichtlichen Ruinen von Tell Asmar, Chafaji, Tell Aqrab und Ischchali im Diyala-Gebiet nördlich von Bagdad. Der Leiter dieser und anderer Ausgrabungen des Oriental Institute im Irak, Henri Frankfort (1897–1954), vereinte als Archäologe, aber auch fundierter Altorientalist und Ägyptologe wie kaum eine andere Forscherpersönlichkeit jener Zeit die Fähigkeit zur vergleichenden feldarchäologischen, kunstgeschichtlichen und historisch-kulturhistorischen Untersuchung. Durch seine engagierte Tätigkeit als Hochschullehrer in Chicago und später als

Leiter des Aby Warburg-Instituts der Universität in London prägte er nachhaltig die Studieninhalte im Fach und übte damit auch großen Einfluss auf die Entwicklung in anderen europäischen Ländern aus.

In Deutschland übernahm 1948 Anton Moortgat (1897–1977) den ersten ordentlichen Lehrstuhl für Vorderasiatische Altertumskunde an der neu gegründeten Freien Universität Berlin. Der aus Flandern stammende und in Berlin 1923 als Klassischer Archäologe promovierte Gelehrte hatte unbeschadet von den Verwirrungen des Nationalsozialismus bereits 1941 eine Honorarprofessur an der Friedrich Wilhelm-Universität erhalten. Dort bot er bis zum Ende des Krieges neben einer durchgehenden Vorlesung zur „Archäologie des Zweistromlandes" Übungen zur „Altorientalischen Siegelkunde", zu „Altorientalischen Bildwerken", „Archäologischen Denkmälern aus Assur" und „Ausgewählten altvorderasiatischen Denkmälern" an. Das damit in der Lehre genauso wie in den Schriften Moortgats zum Ausdruck gebrachte Hauptinteresse an kunstgeschichtlichen Fragen sollte die Entwicklung des Faches in Deutschland auf lange Sicht prägen. Neben dem von ihm als „Spatenarchäologie" definierten praktischen Bereich der Vorderasiatischen Archäologie stand die Aufarbeitung des bis dahin bekannten Denkmalbestandes auch unter Moortgats promovierten Schülern, die bald wichtige neue Positionen an deutschen Universitäten, Museen und Forschungseinrichtungen besetzen sollten, im Mittelpunkt der wissenschaftlichen Tätigkeit. Allerdings setzte sich hier als Reaktion auf die deutliche, vor allem aus dem Ausland (H. Frankfort) vorgetragene Kritik an Moortgats kunstgeschichtlicher Hermeneutik („Tammuz-Debatte") eine Verschiebung in der kunstgeschichtlichen Analyse vom Inhalt auf die Form durch. Ansätze zu einer problemorientierten Forschung, wie sie seit den 1960er Jahren durch die „New Archaeology" propagiert wurden, fanden hier zunächst kaum Beachtung.

Ausbau und Profilierung des Faches (1960 bis heute)

In den letzten 50 Jahren hat die Entwicklung der Vorderasiatischen Archäologie in Forschung und Lehre einen enormen Aufschwung genommen. Die meisten europäischen Länder, Nordamerika, Australien sowie Japan sind mit feldarchäologischen Projekten in den Regionen des Vorderen Orients tätig geworden und haben diesen Zweig der Wissenschaft an ihren Universitäten, Museen und archäologischen Forschungseinrichtungen etabliert. Gleichzeitig hat sich das fachliche Profil in Richtung einer Regionalwissenschaft, die vor allem Teil der Kulturwissenschaft ist, deutlich geschärft. Bedingt durch die politische Situation in den Krisengebieten des Vorderen Orients (z. B. den Irak-Konflikt), aber auch durch Rettungsgrabungen in den von syrischen und türkischen Staudammprojekten betroffenen Gebieten an Euphrat und Tigris sowie grundsätzlich neuen Fragestellungen haben sich neue Forschungsschwerpunkte in Regionen außerhalb des ursprünglichen Kerngebiets der Vorderasiatischen Archäologie gebildet. Heute zählen daher neben dem Irak, Iran, Syrien und der Türkei genauso auch die Länder im Süden und Westen der Arabischen Halbinsel, die Golfstaaten, die Kaukasus-Region (Armenien, Georgien, Aserbeidschan) und die Anrainer am Hindukusch (Afghanistan und Pakistan) zu den Interessensgebieten der Vorderasiatischen Ar-

Abb. 3: Blick auf die Weststadt von Tell Bazi in Syrien mit der 1994–1998 großflächig freigelegten Wohnhausarchitektur aus dem Ende der Späten Bronzezeit (13./12. Jh. v. Chr.). Das Euphrat-Tal im Hintergrund wurde nach der Fertigstellung des Tishreen-Staudamms 1999 einschließlich der auf diesem Bild noch sichtbaren Ruinenreste geflutet (Tell Bazi-Projekt, LMU München).

chäologie. Dabei hat sich der zeitliche Rahmen der Forschung von den Anfängen der Sesshaftwerdung um 10 000 v. Chr. bis zum Aufkommen des Islam im 7. Jh. n. Chr. erweitert. Zwangsläufig kommt es dadurch zu Überschneidungen mit den Arbeitsfeldern der Prähistorischen, Biblischen, Klassischen und Islamischen Archäologie, worin eine grundsätzlich positive Herausforderung zur fruchtbaren Zusammenarbeit zu sehen ist. Als Regionalwissenschaft ist die Vorderasiatische Archäologie vor allem auch zu einer interdisziplinären Wissenschaft mit vielfältigen Beziehungen zu den Sprach-, Sozial- und Naturwissenschaften geworden, worauf im zweiten Teil dieser Darstellung einzugehen sein wird.

Wichtig für das Selbstverständnis der Vorderasiatischen Archäologie ist ihr Verhältnis zur nationalen Archäologie in den modernen Staaten des Vorderen Orients. Auch hier hat nach dem Zweiten Weltkrieg und z. T. im Zuge der Gründung unabhängiger Staaten (Jordanien und Syrien 1946, Irak 1958) die Archäologie im Rahmen von Denkmalpflege, Forschung und als Lehrfach an Universitäten deutlich an Stellenwert gewonnen. Lizenzen an ausländischen Ausgrabungen werden heute nur noch von den staatlich beauftragten Antikenbehörden erteilt und in Verbindung mit inländischen Kooperationspartnern ausgeführt. Die archäologischen Funde verbleiben in ihren Heimatländern und tragen dort zu einem ständigen Zuwachs der Museen bei. Der Prozess einer postkolonialen Archäologie hat in diesem Zusammenhang jedoch erst in jüngster Zeit eingesetzt und fordert ganz aktuell ein Umdenken in einer seit ihren Anfängen in westlichen Werturteilen verhafteten Archäologie. Nicht zuletzt bringt die Bezeichnung „Vorderasien" (englisch: „Near East", französisch: „Proche-Orient") für das Fach bereits zum Ausdruck, was eigentlich Gegenstand kritischer Reflexion sein sollte: Die Bedeutung einer Region, die wegen ihrer geographischen Nähe zu Europa gerne als Wiege der eigenen Zivilisation gesehen wird.

Betätigungsfelder

Aufgabengebiete und fachübergreifende Zusammenhänge

Die Vorderasiatische Archäologie hat es sich heute zur Aufgabe gemacht, Entstehungs- und Entwicklungsgeschichte altorientalischer Gesellschaften einschließlich ihrer kulturellen, sozialen, religiösen, wirtschaftlichen und politischen Äußerungen anhand der durch Feldforschung erschließbaren archäologischen Hinterlassenschaften zu rekonstruieren (Abb. 4). Erst für die Zeit ab dem späten 4. Jt. v. Chr. stehen ihr textliche Quellen, durch die Bearbeitung altorientalischer Philologen, als Ergänzung und Korrektiv der eigenen Interpretation zur Verfügung. Für die vorschriftlichen Perioden (10.–4. Jt. v. Chr.) ist sie hingegen allein auf archäologische Materialien angewiesen, deren Analyse spezielle Kenntnisse und Methoden verlangt, wobei Letztere (zumindest theoretisch) auch auf die schriftlichen Epochen anwendbar sein sollten. Die Entwicklung einer materiellen Hermeneutik für alle Epochen Altvorderasiens stellt daher eine der großen Herausforderungen für die Methodik des Faches dar.

Eine Eingrenzung auf mehrere innerdisziplinäre Aufgabengebiete wie in der Altorientalistik, die eine Spezialisierung in der Assyriologie, Sumerologie, Hethitologie, Hurritologie und Altsemitistik betreibt, existiert in der Vorderasiatischen Archäologie nicht. Dies schafft zuweilen Probleme bei der Vermittlung verbindlicher Lehrinhalte und klar definierter Forschungsziele. Individuelle Interessen bestimmen stattdessen häufig die fachlichen Akzente.

Mehr als das traditionell enge Verhältnis zur Altorientalistik hat die Zusammenarbeit mit den Naturwissenschaften das Profil der Vorderasiatischen Archäologie in den letzten Jahren geprägt. Bei der Auswertung von Ausgrabungen und Geländebegehungen findet sich heute praktisch kaum ein Bereich, auf den sich nicht ein naturwissenschaftlicher Zweig als „Archäowissenschaft" spezialisiert hätte: Archäozoologie, Archäobotanik, Archäoklimatologie, Archäometrie, Archäogenetik sowie die physische Anthropologie einschließlich der Forensik eröffnen der Vorderasiatischen Archäologie neuerdings unerhörte Möglichkeiten zur Bestimmung von Zeitabläufen, zur Rekonstruktion vergangener Lebensräume bis hin zur Aufdeckung von einzelnen Lebensschicksalen; sie fordern aber zugleich ein Mitdenken auf naturwissenschaftlichem Gebiet, das eine Reduzierung auf die Kernkompetenzen des Faches kaum noch möglich macht.

Gleichzeitig drängt das Interesse an Fragen der Sozialgeschichte, Bildgeschichte und der vergleichenden Kulturforschung in andere Fachgebiete, deren Methoden erlernt und laufend aktualisiert werden müssen. Beispiele einer vor diesem Hintergrund zunehmend interdisziplinär arbeitenden Vorderasiatischen Archäologie sollen im folgenden Abschnitt geliefert werden.

Forschungsschwerpunkte und Methoden

Die Erkundung der unterhalb des sichtbaren Bodenniveaus liegenden Befunde durch geophysikalische Prospektionsmethoden hat auch in der Vorderasiatischen Archäologie einen rasanten Aufschwung genommen. Als besonders effizient erweist sich hierbei die Geomagnetik, die durch Messung lokaler „Störungen" im Erdmagnetfeld auch von Menschenhand erschaffene Strukturen wie Mauern aus Stein und Lehmziegeln, Öfen, Straßenzüge und Kanalisationen zu erfassen vermag. Liegen solche Strukturen relativ nah zur Erdoberfläche, können Grundrisse von Siedlungen und Gebäuden großflächig kartiert und als wichtige Ergänzung zu bereits durchgeführten oder Orientierung für noch zu planende Ausgrabungen dienen. Dies gilt selbst für jahrtausendealte Siedlungen und Städte, wenn diese später nicht überbaut wurden. Beeindruckende Beispiele hierfür liefern die geomagnetischen Prospektionen an den frühneolithischen Monumentalbauten am Göbekli Tepe in Anatolien, in der hethitischen Stadtruine von Kuşaklı-Sarissa und der Unterstadt der neuassyrischen Provinzhauptstadt Dur-Katlimmu (Tell Schech Hamad) oder auch jene zur Erkundung der auf das legendäre Gilgamesch-Epos zurückgeführten Stadtmauer von Uruk im südlichen Irak.

Luftbildprospektionen bieten in Ergänzung zu den Geländebegehungen durch Archäologen (Surveys) die Möglichkeit, Einblicke in die großräumige Siedlungsentwicklung und die Überformung der natürlichen Landschaft durch frühe Siedlungsaktivitäten zu gewinnen. Dabei lassen sich heute durch modernste Satellitenbildauswertung in Verbindung mit geographischen Informationssystemen (GIS), aber auch mit dem Studium der Keilschrifttexte (historische Geographie) immer detailliertere Beobachtungen anstellen. Unter der Bezeichnung „Landschaftsarchäologie" hat sich daher auch in der Vorderasiatischen Archäologie ein Schwerpunkt entwickelt, der Landschaft als ein kulturell geprägtes Konstrukt und die Aneignung des Raums mittels persistenter Landschaftsmarken untersucht. Dazu zählen Siedlungshügel (arabisch: *Tell*, türkisch: *Höyük*) genauso wie Wegenetze und Kanalisationssysteme als für die Kulturlandschaften Vorderasiens besonders prägende Elemente. Wegweisend für diesen Zweig der Forschung sind die interdisziplinären Studien Hermann Gasches von der Universität Gent zur Entwicklung antiker Wasserläufe und Kanalisationen in Babylonien und vor allem die von Tony Wilkinson von der Universität in Durham (zuvor in Edinburgh und Chicago) geleiteten Projekte zur Landschaftsarchäologie und Geoarchäologie in Syrien, der Südtürkei, im Nordirak und Nordostiran sowie Jemen.

In enger Verbindung zur Landschaftsarchäologie stehen Fragen der Umweltarchäologie, die die Wechselwirkung zwischen Mensch und Natur als historischen Prozess untersucht. Wie in kaum einem anderen Bereich ist die Vorderasiatische Archäologie hier auf die Ergebnisse von Laboranalysen angewiesen, von denen sie sich Auskünfte über Klimaveränderungen, die Entwicklung der Pflanzen- und Tierwelt und ihrer Domestikationsformen und der Adaption menschlicher Lebensweisen verspricht. Dabei schafft die Diversifizierung des vorderasiatischen Naturraums (seine verschiedenen Klimazonen und sehr gegensätzlichen geologischen Formationen) eine schier unerschöpfliche Zahl an Problemstellungen. In den Vor-

Abb. 4: Fragmentarisch, wie dieses Bruchstück einer gesiegelten Tontafelhülle aus mittelassyrischer Zeit (13. Jh. v. Chr.), ist zumeist der Erhaltungszustand der archäologischen Funde. Dennoch können sie auf vielfältige Weise Auskunft über die wirtschaftliche und politische Organisation sowie geistigen Konzepte einer gesellschaftlichen Epoche liefern (Tell Fecheriye-Projekt, FU Berlin).

dergrund rücken u. a. Fragen der Wasserversorgung, der Ressourcensicherung, Wechselwirkung zwischen sesshafter und nicht-sesshafter Lebensweise und der Migration von Bevölkerungsgruppen, Letztere nachweisbar durch Genanalysen und die Herkunftsbestimmung von Knochen durch Strontium-Analyse. Ein Problem in der Übernahme naturwissenschaftlicher Daten zur Beantwortung all dieser Fragen besteht jedoch seitens der Archäologie in der mangelnden Kritikfähigkeit an den Methoden ihrer Auswertung. Naturwissenschaftler und Archäologen müssen daher nach Möglichkeit noch im Feld eng zusammenarbeiten, damit beide Seiten ein Verständnis für den Kontext und die Bedingungen der Erschließung eines für naturwissenschaftliche Verfahren genutzten Funds entwickeln.

Aktuelle Fragestellungen, die stärker in den eigenen Kompetenzbereich der Vorderasiatischen Archäologie fallen, finden sich in der Sozialarchäologie. Dieser Schwerpunkt befasst sich generell mit der Genese von Gesellschaft unter sozialen Gesichtspunkten und stellt deshalb für die Vorderasiatische Archäologie einen sehr wichtigen Aspekt der Forschung dar, weil hier die Entwicklung von Siedlungsstrukturen und Siedlungsformen, die häufig mit den Begriffen Zentralisierung und Urbanisierung analysiert werden, selbstverständlich auch Veränderungen in der Struktur der betroffenen Gesellschaft voraussetzen. Somit lassen sich selbst traditionelle Themen wie Herrschaft und Religion unter neuen Gesichtspunkten behandeln. Die Quellen, die sich die Vorderasiatische Archäologie bei ihrem Ansatz zur sozialgeschichtlichen Analyse zunutze macht, können ganz unterschiedlicher Art sein: Über Gegenstände der Alltagskultur wie Keramik, Steinwerkzeuge, Figurinen werden Bestimmungen zur Subjektivierung von Individuen bereits für die vorgeschichtlichen Perioden vorgenommen. Monumentale Architektur und Bildkunst werden als Repräsentationsformen von Macht analysiert und die Verteilung von Gütern innerhalb einer Gesellschaft in Bezug zu ihrer sozialen Hierarchisierung gesetzt, genauso wie Siedlungsformen und Siedlungsmuster Rückschlüsse auf die gesellschaftliche Ordnung zulassen. Die Methoden gehen dabei deutlich in Richtung der Kulturanthropologie und werden durch Theorien der prozessualen und postprozessualen Archäologie unterstützt. Die aus diesen beiden divergierenden Ansätzen entwickelte Diskussion, ob Gesellschaft stärker durch externe Faktoren (Ökologie und Ökonomie) oder interne Faktoren (Ideologie) geprägt wird, führt auch in der Vorderasiatischen Archäologie zu interessanten Hypothesen, etwa was die Verbreitung von Sesshaftigkeit im Neolithikum oder die Expansion des Assyrischen Reiches im 1. Jt. v. Chr. betrifft.

Durch die Erweiterung der traditionell stark vertretenen Kunstgeschichte auf Fragen der Bildgeschichte erfolgt schließlich eine weitere wichtige Neuorientierung im Fach. Als Bildwissenschaft untersucht die Vorderasiatische Archäologie ihre bildlichen Materialien (Statuen, Reliefs, Siegel, figürliche Objekte) nicht mehr allein unter dem Aspekt von Stil, Ikonographie und Chronologie, sondern zielt viel stärker auf deren Konzeption, Funktion und Einbettung in die zeitgenössische Umwelt. Neuere Studien befassen sich mit dem Kontext bildlicher Darstellungen, ihrer Verortung in den Texten, dem Verhältnis von Bildproduzenten und -konsumenten, den räumlichen und sozialen Bezügen von Bildern sowie deren eigenem Handlungsrahmen („agency") und tragen somit zu einem besseren Verständnis für die Spezifität des Bildschaffens und der visuellen Praxis in Altvorderasien bei. Aufgrund der immensen Zahl an bildlichen Hinterlassenschaften und ihrer enormen zeitlichen Tiefe kommt diesem Zweig der Vorderasiatischen Archäologie weiterhin eine große Bedeutung zu, zumal er auch im Vergleich mit anderen bildwissenschaftlich arbeitenden Archäologien seine Anwendung findet.

Standortbestimmung/Perspektiven

Die Vorderasiatische Archäologie ist heute als internationale Wissenschaft strukturell zwischen Universitäten, Museen und archäologischen Forschungseinrichtungen (wie dem Deutschen Archäologischen Institut, der British School of Archaeology in Iraq oder den American Schools of Oriental Research) verankert. Ihr kommen daher Aufgaben zu, die Lehre und Forschung mit Aspekten der Öffentlichkeitsarbeit verbinden. Wie auch in den anderen Archäologien wird die öffentliche Wahrnehmung durch Medien, museale Inszenierungen und vor allem auch Klischees aus den Anfangsjahren der Archäologie geprägt. Das „Indiana-Jones-Image" trägt in einem Fach, dem die Exotik des Orients anhaftet, besonders stark zur Außenwirkung bei, wenngleich seine Popularität bei Weitem nicht an die der Ägyptologie heranreicht. Die Vorderasiatische Archäologie muss sich vor diesem Hintergrund immer wieder neu fragen, was ihr Verhältnis zur eigenen Fachgeschichte ist, welchen Anteil zum Beispiel Männer gegenüber Frauen bei der Festsetzung fachlicher Inhalte und Profile haben und worin der Stellenwert archäologischer Forschung in den Ländern des Vorderen Orients besteht. Nach wie vor mangelt es jedoch an einer Theorie der Praxis, mit der die Arbeit von Archäologen und Archäologinnen kritisch reflektiert und die Wertsetzung der Vorderasiatischen Archäologie in ihren verschiedenen nationalen Kontexten diskutiert würde.

Die ausgeprägte Interdisziplinarität des Faches bestimmt schon heute viele seiner Forschungsschwerpunkte. Dabei dürfen jedoch die disziplinären Stärken in der Erschließung archäologischer Materialien und kritischen Prüfung ihres Aussagepotenzials für die kulturhistorische Analyse nicht zu kurz kommen. Grundlagenforschungen durch Ausgrabungen und Geländeprospektionen bleiben daher weiterhin Hauptaufgabengebiet der Vorderasiatischen Archäologie. Nur so können die nachwievor großen Forschungslücken in dem sehr weiträumigen Forschungsgebiet geschlossen werden. Hinzu kommen die Aufarbeitung der bereits vorhanden Materialien in den Archiven von Ausgrabungen und Museen und die Behandlung des bereits „Entdeckten" durch neueste wissenschaftliche Fragestellungen und Methoden.

Als Kultur- und Regionalwissenschaft steht die Vorderasiatische Archäologie schließlich vor der zunehmenden Herausforderung, ihre Forschungsinteressen vor dem Hintergrund gemeinsamer Interessen an der Pflege eines Weltkulturerbes zu vertreten. So ist der Kulturgüterschutz in den Ländern des Vorderen Orients ein wichtiges Ziel in der internationalen Zusammenarbeit mit nichtwissenschaftlichen Institutionen, wie die aktuellen Beispiele im Irak und in Afghanistan nachdrücklich demonstrieren. Insgesamt ist der Beitrag, den die Vorderasiatische Archäologie zur Schärfung eines modernen Gesellschaftsbewusstseins leisten kann, nicht zu unterschätzen. Mit dem Wissen, dass sie über die Gesellschaften Altvorderasiens generiert, schafft sie Denkräume, in denen sich über das kulturelle und politische Handeln der Gegenwart reflektieren lässt.

Klassische Archäologie zu Beginn des 21. Jahrhunderts – Wandel oder Diversifikation?

von Katja Sporn

Der Gegenstand der Klassischen Archäologie ist geografisch durch die Ausdehnung des Kulturgebietes der Griechen und der Römer einschließlich ihrer Nachbarkulturen in Phönizien, Etrurien und Iberien definiert. Der chronologische Rahmen wird dabei von den bronzezeitlichen Kulturen der Ägäis im 3. Jt. v. Chr. bis zum Tod des letzten römischen Kaisers im Osten, Justinian I., im Jahre 565 n. Chr. gezogen. Nur noch an wenigen Universitäten findet jedoch eine intensive Beschäftigung mit den Randkulturen statt: Der letzte Lehrstuhl für Etruskologie in Tübingen wurde kürzlich umgewidmet und der Lehrstuhl für phönizische Archäologie in Hamburg aufgegeben. Die ägäische Bronzezeit ist nur mehr an zwei Universitäten in Freiburg und Heidelberg vertreten. Dafür macht sich nun mancherorts eine Beschäftigung mit der Spätantike und naturwissenschaftlichen Methoden bemerkbar.

Veränderungen

Tatsächlich hat sich kaum eine Wissenschaft im Laufe ihres Bestehens so sehr verändert wie die Klassische Archäologie in Deutschland. Ursprünglich hervorgegangen aus der Philologie, stand mit J. J. Winckelmann am Anfang des Faches als wissenschaftliche Disziplin die antike Kunstgeschichte im Vordergrund. Diese war zunächst besonders an der griechischen Skulptur orientiert, die in erster Linie in römischen Kopien erhalten ist. Bis weit in das 20. Jh. hinein war diese kunsthistorische Ausrichtung für das Fach der Klassischen Archäologie in Deutschland bestimmend. Im angelsächsischen Gebiet wurde dagegen längst die *Art History* von der an kulturhistorischen Fragen orientierten und mit anderen anthropologisch-ethnologischen Methoden operierenden Archäologie, besonders der Feldforschung, getrennt. Die Trennlinie verlief im Fall von Deutschland aber nicht zwischen Fächern, sondern zwischen Institutionen: der an der griechisch-römischen Kunst orientierten Klassischen Archäologie an den Universitäten einerseits und dem Deutschen Archäologischen Institut (DAI) andererseits (Abb. 1). Dieses mächtige Forschungsinstitut mit seinen Zweigstellen in den Ländern des Mittelmeeres hatte dabei die Rolle des Betreuers und Koordinators der archäologischen Feldforschung. Gegenseitiger personeller Austausch war aufgrund der öffentlichen Stellenstruktur nicht möglich: Archäologen, die von der Universität ans DAI wechselten, konnten in der Regel selten wieder an die Universität zurück. Besonders beklagenswert war dabei die Tatsache, dass ein ungeheures Potenzial an Erfahrung und von aus erster Hand in den Mittelmeerländern gewonnenem Wissen nicht mehr weiter an die Studenten und Nachwuchsforscher der Universitäten vermittelt werden konnte und damit verloren ging.

In den späten 1980er Jahren begann ein Prozess, in dem sich diese Rollenaufteilung allmählich zu ändern begann. Für manche Ausgrabungsprojekte des DAI wie Milet (seit 1988 von Graeve, Bochum), Tiryns (seit 1994 Maran, Heidelberg) und Priene (seit 1998 Raeck, Frankfurt) wurden Grabungsleiter nicht mehr aus den eigenen Reihen, sondern aus der Professorenschaft der deutschen Universitäten rekrutiert. Damit waren einige Grabungsprojekte an Universitäten angesiedelt, an denen direkt studentische Teilnehmer gewonnen werden konnten. Dies bedingte eine sehr viel engere Auseinandersetzung mit der Spatenarchäologie bereits während der Studienzeit und somit eine intensive Ausbildung junger Studenten als Feldforscher. Besonders im Verlauf des letzten Jahrzehnts wurden zudem zahlreiche neue Feldforschungsprojekte von Seiten universitärer Lehrer angestoßen. Dabei diktierten zunehmend auch äußere Faktoren die Wahl der Projekte: Ein Faktor waren die beschränkten Möglichkeiten der Feldforschung jenseits der DAI-Grabungen durch ausländische Institutionen (etwa in Griechenland), was eine räumliche Verlagerung hin zur Türkei und Italien, in geringerem Maße auch nach Spanien, Nordafrika und Staaten der ehemaligen UdSSR im Schwarzmeergebiet bewirkte. Der zweite Faktor war die zunehmende Notwendig-

Abb. 1: Ausgrabungen bringen auch an Grabungsorten in den Ländern der klassischen Antike wie Griechenland und Italien immer noch sensationelle Neufunde zutage, die weitere Ausgrabungstätigkeiten rechtfertigen. Das Bild zeigt ursprünglich am Tempeldach befestigte Räder im Heiligtum von Kalapodi in Mittelgriechenland.

keit, Drittmittel einzuwerben. Nicht nur waren größere Projekte ohne externe Finanzierung kaum mehr durchführbar, auch die Position des Faches Klassische Archäologie innerhalb der Universitäten ließ sich auf diese Weise stärken. Drittmittel ließen sich aber besonders in den 90er Jahren kaum zur Publikation von Altgrabungslasten oder zur Erforschung konzeptueller, übergreifender Themenkomplexe einwerben, sondern eher für neue, in der deutschen Klassischen Archäologie als mit innovativen Fragestellungen oder Methoden verbunden geltende Feldforschungsprojekte.

Durch die Ansiedlung unterschiedlich ausgerichteter Klassischer Archäologen an einem Institut spalteten sich auch die Interessen der Studenten zunehmend zwischen den vor Ort tätigen Feldforschern einerseits und den „am Schreibtisch" tätigen Studenten der antiken Kunst- und Kulturgeschichte andererseits. Der Konflikt wurde noch geschürt von der Außenwahrnehmung der deutschen Archäologie, der man Methodenschwäche und mangelnde Auseinandersetzung mit theoretischen Fragestellungen attestierte. An den Diskussionen der angelsächsischen *New Archaeology* beteiligte sich die deutsche Klassische Archäologie im Gegensatz zu prähistorischen Nachbardisziplinen kaum. Auch in der Feldforschung wurden sehr viel später als in der angelsächsischen Welt extensive Surveys durchgeführt und neue naturwissenschaftliche Prospektionsmethoden angewendet.

Post-posthumanistische Archäologie

Obwohl die deutsche Klassische Archäologie sich nominell bereits seit langer Zeit als eine Forschung versteht, die sich mit den materiellen Hinterlassenschaften der Antike in ihrer ganzen Breite beschäftigt und den Vorrang der Kunstarchäologie aufgegeben hat, wurde dies in der Praxis häufig angezweifelt. Der Ruf nach einer Erneuerung des Faches wurde auch innerhalb Deutschlands laut. Unter dem Titel „Posthumanistische Archäologie" fand im Jahr 1999 in Berlin eine Tagung statt, in der ältere und jüngere Vertreter des Faches gemeinsam versuchten, eine kritische Bilanz der Klassischen Archäologie zu ziehen und Perspektiven für die Zukunft aufzuzeigen. Auf der Ebene der Forschung wurden etwa eine stärkere Theoretisierung, eine Einbeziehung naturwissenschaftlicher Methoden und Interdisziplinarität verlangt. Auf universitärer Ebene sollte im Studium eine intensivere Berufsorientierung erfolgen (die auch an den heutigen Anforderungen einer öffentlichkeitswirksamen Darstellung der Archäologie geschult wäre), mehr thematische und verfahrensorientierte als objektorientierte Lehrveranstaltungen sowie eine nähere Anbindung an die übrigen Archäologien als an die Kunstgeschichte. Auf institutioneller Ebene wurde eine stärkere öffentliche Präsenz der Berufsverbände und der zentralen fachlichen Einrichtungen gefordert sowie verstärkte Verwendung naturwissenschaftlicher Methoden und der Digitalisierung zur breiten Erschließung und Disposition von Quellen. Seitdem, also binnen nur zehn Jahren, sind deutliche Veränderungen zu konstatieren.

Forschungsfelder der Klassischen Archäologie

Kunstarchäologie

Kaum ein Fachvertreter würde heute noch die Klassische Archäologie als reine Kunstarchäologie verstehen. Dagegen hatten noch in den 80er Jahren bildgattungsbezogene Arbeiten etwa zur Plastik und Vasenkunst nach den ikonographischen Grundprinzipien des Bestimmens und Klassifizierens in der Klassischen Archäologie in Deutschland Konjunktur. Als Grundlagenwerke bilden sie lange Zeit eine der großen Stärken der hiesigen Archäologie, ohne die synthetische Arbeiten auch in anderen Ländern gar nicht erst möglich gewesen wären. Obwohl ihr Wert unschätzbar und sicher von größerer Nachhaltigkeit ist als so manches auf sie aufbauende Buch, werden solche Projekte heute aufgrund vermeintlich fehlender Innovation als wissenschaftliche Qualifikationsarbeiten weniger geschätzt und kaum mehr von Drittmittelgebern unterstützt. Ein großangelegtes mehrbändiges Buchprojekt unter der Leitung von Peter C. Bol zur *Geschichte der antiken Bildhauerkunst* (seit 2002 sind vier Bände erschienen) zählt zu wenigen nennenswerten Ausnahmen.

Anstelle von kunst- oder gattungsorientierten Werken werden nun verstärkt Projekte durchgeführt und gefördert, die eine Erschließung dieser Quellen für eine breite fachliche Öffentlichkeit zum Ziel haben. Neben Projekten wie der Aufarbeitung einzelner Sammlungen, etwa der umfangreichen Dresdner Skulpturensammlung, zählen dazu besonders Online-Datenbanken zur Bild- und Informationserschließung. Da Einzelpersonen diese Aufgaben kaum stemmen können, wird zu Recht auch in der Förderung auf die Kooperation mehrerer Partner gesetzt. Weit fortgeschritten ist etwa die an der Universität zu Köln angesiedelte Bilddatenbank der antiken Skulptur *Arachne* (Abb. 2), in der die reichen Bildbestände des DAI digitalisiert werden. Einen weiteren Schritt hat sich ein seit 2009 vom Bundesforschungsministerium gefördertes Gemeinschaftsprojekt der Antikensammlung der Staatlichen Museen zu Berlin, der Freien Universität Berlin und der Universität zu Köln vorgenommen: *Das Berliner Skulpturennetzwerk. Kontextualisierung und Übersetzung antiker Plastik* hat sich nicht nur zum Ziel gesetzt, den Skulpturenbestand der Berliner Museen einschließlich der Abgusssammlung der Freien Universität zu digitalisieren, sondern auch die antiken Aufstellungskontexte der Skulpturen in ihrem räumlichen, funktionalen und inhaltlichen Zusammenhang zu rekonstruieren.

Visuelle Kultur der Antike

Ungleich weiter verbreitet als die Kunstarchäologie ist heute die Beschäftigung mit der visuellen Kultur der Antike. Sie bildet nach wie vor einen verdienten Schwerpunkt der Klassischen Archäologie, da die griechisch-römischen Bildwelten bewusste, reflektierte Zeichen entsenden. Bis in das 20. Jh. stand zunächst der hermeneutische Interpretationsansatz der Einordnung und Klassifizierung dieser Bilder (Ikonographie) im Vordergrund. Erst später trat die Entschlüsselung des historischen, soziopolitischen und kulturellen antiken Kontexts in den Vordergrund (Ikonologie). Dieser Weg wurde, ausgehend von Forschungen des italienischen Archäologen Ranuccio Bianchi Bandinelli, seit den 70er Jahren konsequent und international anerkannt in der deutschen Archäologie besonders im Umfeld von Tonio Hölscher und Paul Zanker beschritten. Während dabei zunächst die figürlichen Bilder der Plastik und der griechischen Vasenkunst im Vordergrund standen, gerieten besonders seit den 80er Jahren komplexere Bild-Räume in das Visier: von Raumausstattungen im privaten und öffentlichen Bereich, etwa in Häusern und öffentlichen Bauten, über funktional definierte öffentliche Räume wie Nekropolen und Heiligtümer hin zu ganzen Stadt-Bildern. In diesem Zusammenhang wurde 1984 an der Bayerischen Akademie der Wissenschaften eine Kommission zur Erforschung des antiken Städtewesens eingerichtet. Ein in den 90er Jahren initiiertes mehrbändiges Lexikon zu antiken Kulten und Riten (*Thesaurus Cultus et Rituum Antiquorum*, ThesCRA) ist mittlerweile weitgehend abgeschlossen. Es hat sich zum Ziel gesetzt, den Handlungsraum antiker Heiligtümer in den verschiedensten Perspektiven zu untersuchen. Und es ist ferner bezeichnend, dass das in Berlin angesiedelte einzige große, vom deutschen Staat finanzierte universitäre Exzellenzcluster mit archäologischem Schwerpunkt sich mit Raumfragen beschäftigt: *TOPOI. The Formation and Transformation of Space and Knowledge in Ancient Civilisations* (FU Berlin, Friederike Fless für Klassische Archäologie, seit 2007). Hier werden neben Raumkonzepten auch kulturelle Wissensstrukturen untersucht. Noch weiter gefasst ist der Gegenstand eines vom Bundesministerium für Bildung und Forschung geförderten Internationalen Kollegs an der Universität zu Köln: *Morphomata. Genese, Dynamik und Medialität kultureller Figurationen* (Dietrich Boschung für Klassische Archäologie, seit 2009). Die Forscher dieses Kollegs beschäftigen sich mit verschiedenen Ausprägungen sinnlich wahrnehmbarer kultureller Gebilde im interkulturellen und diachronen Vergleich. Beide Initiativen zeigen, dass neue Perspektiven im interdisziplinären Raum verschiedener Geisteswissenschaften, sei es der Philosophie (Berlin) oder der Germanistik (Köln), gewonnen werden können. Dieses Potenzial wurde mittlerweile erkannt und an zahlreichen Universitäten vorangetrieben. Dies schlägt sich nicht nur in der Konzipierung neuer Sonderforschungsgebiete nieder, sondern bindet bereits die Ausbildung der Nachwuchswissenschaftler mit der Einrichtung thematisch definierter interdisziplinärer Promotionskollegs (Freiburg, Heidelberg, Köln) ein.

Materielle Hinterlassenschaften

Erklärtes Betätigungsgebiet der Klassischen Archäologie sind aber nicht nur die Bildwerke der Antike, sondern ihre materiellen Hinterlassenschaften im Ganzen. Allerdings ist sie dabei auf die Kooperation mit Kollegen aus den Naturwissenschaften angewiesen: Kenntnisse über diese Relikte können nicht nur über Ausgrabungen und intensive Surveys (Oberflächenbegehungen), sondern auch durch Luftbildarchäologie, naturwissenschaftliche Prospektionsmethoden, besonders Geomagnetik, Geoelektrik und Georadar, sowie durch Laserscanning gewonnen werden. Diese naturwissenschaftlichen Methoden dienen zur Erfassung von unter der Erde gelegenen Stein- und Metallgegenständen und können somit zur Lokalisierung und ersten Bestimmung auch komplexerer Raumeinheiten und Stadtstrukturen führen (Abb. 3). Zu den beweglichen materiellen Hinterlassenschaften gehören alle von Menschenhand geschaffenen, also anorganischen Spuren menschlichen Lebens wie Gebrauchskeramik, Metallfunde und Lampen; dazu zählen aber auch organische Überreste, die von naturwissenschaftlichen Nachbardisziplinen erforscht werden, etwa solche von Menschen (Osteologie), Tieren (Archäozoologie) oder Pflanzen (Archäobotanik). Ohnehin können naturwissenschaftliche Nachbardisziplinen wesentliche Beiträge zur Herkunfts- und Altersbestimmung antiker Artefakte leisten (Archäometrie).

KLASSISCHE ARCHÄOLOGIE ZU BEGINN DES 21. JAHRHUNDERTS

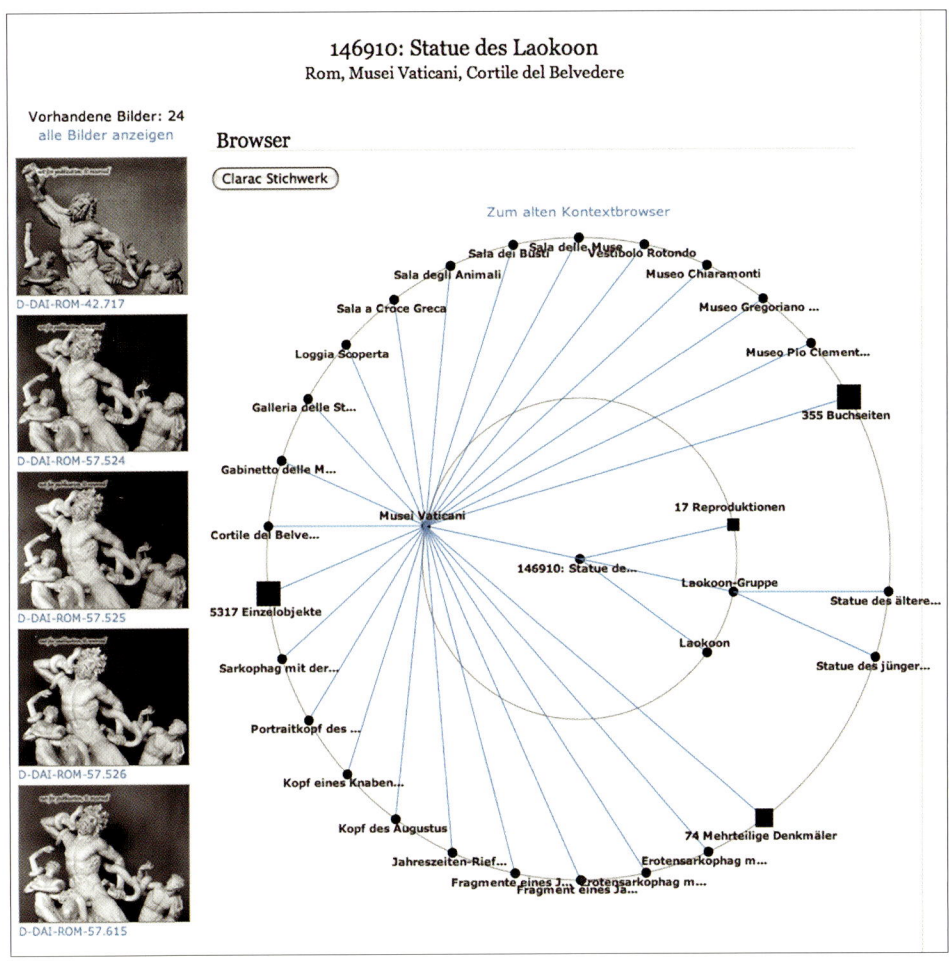

Abb. 2: Die Bilddatenbank *Arachne* bietet reiches Bildmaterial zur antiken Plastik, das nach verschiedensten Suchkriterien abgefragt werden kann.

Wenn die genannten Relikte bestimmt und klassifiziert sind, lassen sie sich unter Verwendung verschiedener, oft aus der Anthropologie, Ethnologie, Soziologie und Philosophie entlehnter theoretischer Methoden auswerten. Dabei versucht man, Aussagen über antike Siedlungsstrukturen im städtischen und ländlichen Raum, Gesellschaftsstrukturen (sowohl horizontal, also geschlechtsbezogen, als auch vertikal, also soziale Schichten betreffend), interkulturelle Kontakte, Wirtschaft etc. zu treffen. Die Methode und der Grad der Theoretisierung sind dabei wesentlich abhängig von den untersuchten Fragestellungen, und diese sind wiederum an den Erfahrungen und der Reflexion des jeweiligen Forschers und seiner Zeit geschärft. Dadurch ergibt sich, dass manche Fragen in bestimmten Zeiten besonders virulent sind. Zu den Trends der letzten Jahre zählen etwa Geschlechterrollen (Gender Studies), Akkulturationsphänomene und Identitätenbildung, Klima und Umwelt, Gewalt und Krieg. Erst die Zukunft wird zeigen, wie nachhaltig und ausbaufähig diese Fragen wirklich sind.

Theoretische und naturwissenschaftliche Methoden wurden in Deutschland bereits lange Zeit in archäologischen Disziplinen eingesetzt, die mangels Schriftquellen keine Kenntnisse über die betreffenden Kulturen hatten (in den Randgebieten, etwa der Archäologie der ägäischen Bronzezeit). In der Klassischen Archäologie blieben sie aber – ganz im Gegensatz zu Großbritannien und Amerika – bis noch vor wenigen Jahrzehnten weitgehend unberücksichtigt. Mittlerweile werden auch im Rahmen der deutschen Klassischen Archäologie immer mehr Feldforschungsprojekte gezielt mit Unterstützung von Partnern aus den naturwissenschaftlichen Nachbardisziplinen durchgeführt, beispielsweise in Milet an der kleinasiatischen Westküste. Diese Grabung war auch eine der Ersten, die eine datenbankgestützte Analyse des archäologischen Fundmaterials vorantrieb. Mittlerweile wird am DAI eine umfassende Datenbank für Feldforschungen (i.DAI.field) entwickelt, die Projekten innerhalb wie außerhalb des Instituts zu Verfügung steht, um mit Hilfe einer vereinheitlichen Dokumentation eine übergreifende Analyse der unterschiedlichsten Fragestellungen zu ermög-

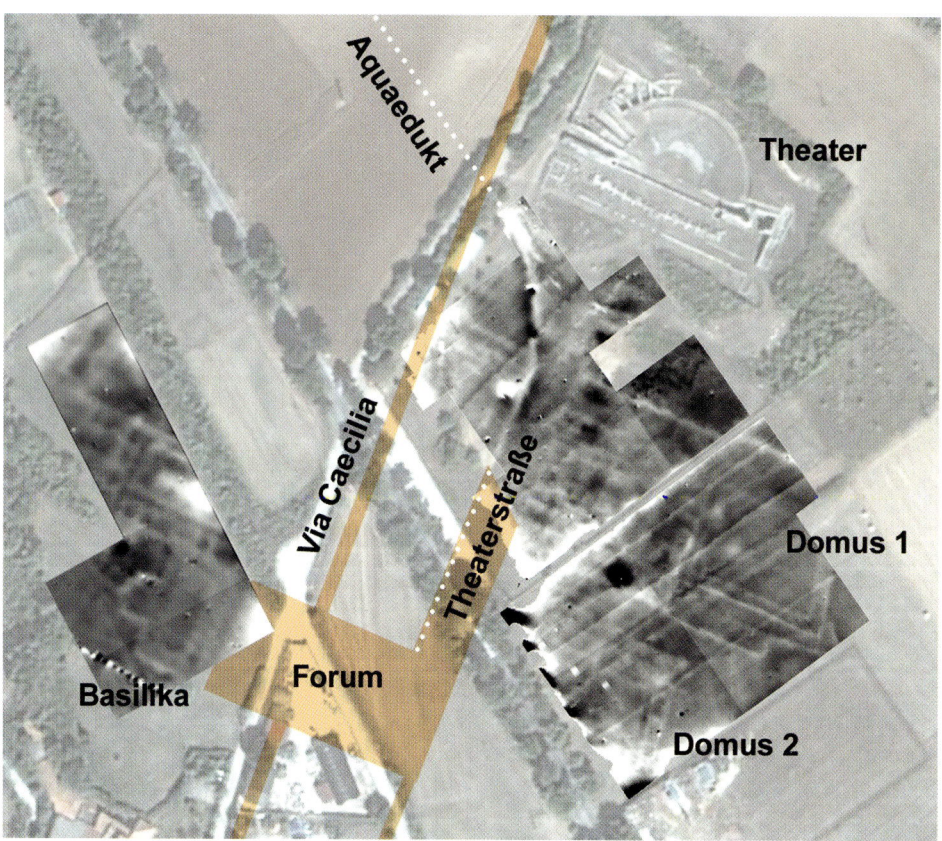

Abb. 3: Geomagnetische Prospektionen in Amiternum (Abruzzen, Italien) 2007/08.

lichen, etwa zu Fundverteilungen, Fundstatistiken einzelner Gattungen, Kontextanalyse etc.

Vernetzungen: Universitäten, Forschungsinstitute, Museen

An den Universitäten wurden im Laufe der letzten Jahre zahlreiche Zentren zur antiken Welt gegründet, die einerseits die Beschäftigung dieses Forschungsfeldes unter Berücksichtigung der archäologischen oder altertumswissenschaftlichen Teildisziplinen voranbringen, aber auch dessen Aktualität und Notwendigkeit betonen sollen. Auch am Deutschen Archäologischen Institut haben sich zahlreiche Veränderungen ergeben. Durch die Einrichtung von Forschungsclustern werden nun ein reger Austausch von Vertretern einzelner archäologischer Disziplinen und eine komparatistische Untersuchung zu verschiedenen Themengebieten gefördert. Diese Themengebiete sind einerseits von derzeit zentralen Forschungsthemen geprägt, nämlich Raumforschungen (Siedlungen, politische Räume, Heiligtümer), beschäftigen sich aber andererseits auch mit Innovationen sowie mit der Geschichte des Archäologischen Instituts. Hier erschließen sich auch neue Wege der fruchtbaren Zusammenarbeit mit den Wissenschaftlern an den Universitäten. Durch eine größere Stipendien-Dichte seitens des DAI können derzeit auch deutlich mehr promovierte Jungforscher die Länder des Mittelmeeres kennenlernen und vor Ort Kontakte zu ausländischen Wissenschaftlern knüpfen, die nicht selten in Kooperationen münden. Ferner werden auch Kooperationen zwischen Museen und Universitäten gezielt gefördert. Über die Museen erreicht die Arbeit der Archäologen die Öffentlichkeit. Nicht wenige große Sonderausstellungen mit dezidert klassisch-archäologischem Schwerpunkt haben in den letzten Jahren zahlreiche Besucher in die Museen geholt (wie etwa zuletzt die Ausstellungen über die „Zeit der Helden" in Karlsruhe oder über Dionysos in Berlin). Die multimediale Aufbereitung wissenschaftlicher Erkenntnisse nimmt dabei einen immer größeren Stellenwert ein. So finden Visualisierungen und 3-D-Rekonstruktionen und Anreize weiterer sinnlicher Wahrnehmungen wie der haptischen Sinne und des Geruchssinns zunehmend Verwendung. Zwar werden 3-D-Rekonstruktionen auch in der Wissenschaft (Abb. 4) eingesetzt, doch ist den Wissenschaftlern selbst klarer als den Laien, wie häufig diese Methoden auf hypothetischen Grundlagen beruhen. Publikumswirksame Ausstellungen wandeln damit auf dem schmalen Grat zwischen Einhaltung der wissenschaftlichen Sorgfalt bzw. Wahrheitstreue und der Erwartungshaltung des nach Unterhaltung strebenden Publikums. Aufgrund dieser engen Verknüpfung zwischen Museen und Forschern wird kaum eine große Sonderausstellung heute ohne Zusammenarbeit mit Vertretern der Universitäten oder des DAI realisiert. Einen wichtigen Beitrag zur Vorbereitung dieser Ausstellungen leisten Studenten der beteiligten Fachdisziplinen; so profitieren die Studenten von den in der Praxis gewonnenen Erfahrungen und die meist personell unterbesetzten Museen von der temporären Beschäftigung studentischer Mitarbeiter.

Klassische Archäologie als Studienfach

Im Zuge des Bologna-Prozesses werden mit Beginn des Wintersemesters 2009/10 an allen dreißig universitären Standorten der Klassischen Archäologie in Deutschland *Bachelor of Arts*-Studiengänge (BA) eingerichtet sein. An den meisten Universitäten ist dann erst in dem darauf aufbauenden Masterstudiengang ein Studium der Klassischen Archäologie als Einzelstudienfach möglich, meist ist Klassische Archäologie im BA-Studium jedoch Teil eines Fächerverbundes. Dieser ist je nach Universität entweder von den benachbarten Archäologien oder (seltener) von den altertumswissenschaftlichen Nachbardisziplinen Alte Geschichte und Klassische Philologie bestimmt, schließlich aber auch von der Kunstgeschichte. Die Tatsache, dass nur an wenigen Standorten die Klassische Archäologie mit der Kunstgeschichte einen Fächerverbund eingegangen ist, sondern vielmehr verstärkt den übrigen Archäologien verbunden ist, könnte als eine neue Schwerpunktgebung des Faches verstanden werden. Diese Vermutung trifft aber nur vordergründig zu: Die tatsächlich angebotenen Lehrveranstaltungen entwerfen ein anderes Bild. In den letzten Jahren werden zwar mehr thematische und nicht auf eine Materialgattung reduzierte Veranstaltungen angeboten als zuvor und auch verfahrensorientierte Veranstaltungen nehmen zu, aber die Überzahl der Lehrveranstaltungen ist nach wie vor gattungsorientiert. Die Klassische Archäologie zeigt somit, dass sie ihre Rolle als Bildwissenschaft auch innerhalb der Archäologien halten und ausbauen will.

Abb. 4: 3-D-Arbeitsmodell der westlichen Sakralbezirke in Knidos (Westtürkei).

Provinzialrömische Archäologie

von Thomas Fischer

Die Provinzialrömische Archäologie ist unter den an deutschen Universitäten vertretenen archäologischen Fächern eine der jüngsten Disziplinen. Sie ist gelegentlich auch unter dem Namen „Archäologie der römischen Provinzen" vertreten. Es ist der Provinzialrömischen Archäologie erst nach dem Zweiten Weltkrieg gelungen, sich als eigenes Wissenschaftsfach zu emanzipieren und sich an den Universitäten zu etablieren. Vorher existierte sie in einer Art Schwebezustand zwischen den Fächern Vor- und Frühgeschichte, Klassische Archäologie und Alte Geschichte unter dem Begriff „römisch-germanische Forschungen". Der altehrwürdig-traditionelle, räumlich klar definierte und eingegrenzte Begriff der „römisch-germanischen Forschungen" hat sich weder im Namen noch in seiner inhaltlichen Einengung auf das nach dem Krieg neu entstandene Wissenschaftsfach in Deutschland übertragen und durchgesetzt. Vielmehr wurde hier aus gutem Grunde der weiter gefasste Begriff der „Provinzialrömischen Archäologie" übernommen, der sich in den 1930er Jahren zunächst nur für den Bereich des antiken Kunstschaffens als Gegensatz zum „Reichsrömischen" entwickelt hatte.

Ich halte beide Begriffe, „Provinzialrömische Archäologie" und „Archäologie der römischen Provinzen", für Synonyme ohne inhaltliche Unterschiede, abweichend von älteren Meinungen, die im Ersteren eine Schwerpunktsetzung auf die Nordwestprovinzen sehen wollten. Natürlich gibt es diese z. T. sehr starken Schwerpunkte im Bereich der Nordwestprovinzen immer noch, aber aus rein forschungsgeschichtlichen Gründen, nicht etwa aufgrund inhaltlicher Selbstbeschränkung. Auf der anderen Seite sind auch die mediterranen und östlichen Provinzen sowie Italien und Rom für die Provinzialrömische Archäologie nicht mit einem Tabu belegt.

Gegenstand und Methoden

Die Provinzialrömische Archäologie sieht sich als ein historisch ausgerichtetes Fach. Sie steht methodisch und inhaltlich in einem Spannungsfeld zwischen der Ur- und Frühgeschichte, mit der sie methodisch besonders viele Gemeinsamkeiten hat, der Alten Geschichte, hier insbesondere auch der Epigraphik und Numismatik, und der Klassischen Archäologie. Die Provinzialrömische Archäologie beschäftigt sich hauptsächlich damit, anhand archäologischer Quellen (obertägig sichtbarer Denkmäler, Grabungsbefunden, Kleinfunden) mit Fragen der politischen Geschichte, der Wirtschafts-, Kultur-, Siedlungs-, Religions- und Militärgeschichte der Provinzen des Römischen Reiches und seiner angrenzenden Gebiete. Dabei hat sie methodisch, vor allem in der typologisch-stratigraphischen Auswertung der Kleinfunde, starke Bezüge zur ur- und frühgeschichtlichen Archäologie. Traditionell und in zunehmendem Maße wird Provinzialrömische Archäologie in Kooperation mit naturwissenschaftlichen Fächern (Archäobotanik, Anthropologie, historische Haustierforschung, Bodenkunde etc.) betrieben. Auch zerstörungsfreie Prospektionsmethoden, wie Luftbildarchäologie und Geophysik, gewinnen immer mehr an Bedeutung.

Besondere Schwerpunkte stellen aufgrund forschungsgeschichtlicher Entwicklungen Fragen der Siedlungsarchäologie, der Romanisierung, der Ausbildung von spezifischen Provinzkulturen und – in den Grenzprovinzen – die Militär- und Limesforschung dar. Zum einen sind die jeweiligen Archäologien der einzelnen Provinzen nur im Bezug auf die reichsweite Kultur der griechisch-römischen Antike rund um das Mittelmeer zu verstehen. Auf der anderen Seite spielen auch regionale und landesgeschichtliche Aspekte eine große Rolle. Vor allem in den Nordwestprovinzen ist damit die Provinzialrömische Archäologie als Teil der Frühgeschichte ein unverzichtbarer Bestandteil der jeweiligen Landesarchäologie. So unterscheidet sich die Provinzialrömische Archäologie deutlich von der Klassischen Archäologie, welche vielfach einen klaren Schwerpunkt im Bereich der Kunstgeschichte der antiken Welt im Mittelmeerraum aufweist.

In der Praxis der archäologischen Forschung lassen sich natürlich Probleme und Monumente der Provinzen Roms nicht von solchen Italiens oder der Stadt Rom selbst trennen. So wäre es aus sachlichen Gründen eigentlich besser, man würde – wie dies im angelsächsischen Raum geschieht – den Begriff „Römische Archäologie" verwenden. Aber dieser Begriff ist im deutschen Sprachraum von der Klassischen Archäologie im engeren Sinne einer Kunstgeschichte der römischen Epoche besetzt.

Die Provinzialrömische Archäologie in ihrer spezifischen methodischen und inhaltlichen Form, wie sie an deutschen Universitäten gelehrt wird, stellt eher eine deutsche Spezialität dar. In ähnlicher Form gibt es sie noch in der Schweiz; in Österreich ist es der Provinzialrömischen Archäologie noch nicht gelungen, sich als eigene Disziplin von der Klassischen Archäologie zu lösen. Im Gegensatz zur „Romano-British Archaeology" in Großbritannien oder der „Archéologie Gallo-Romaine" in Frankreich beschäftigt sich die Provinzialrömische Archäologie in Deutschland grundsätzlich mit allen römischen Provinzen rund um das Mittelmeer, was wiederum der „Roman Archaeology" in Großbritannien entspräche.

Geschichte der Provinzialrömischen Archäologie

Ein Überblick über die Geschichte der Provinzialrömischen Archäologie gestaltet sich nicht ganz einfach. Es gibt nämlich keine gründliche und umfangreiche Bearbeitung des Themas in inhaltlich und regional ausgewogener Form, welche man dafür als Grundlage heranziehen könnte. Vorbildlich ist hier z. B. eine lokale Studie von Klaus Schwarz für Bayern, die auch zeigt, dass es wenig sinnvoll ist, für die frühen Phasen der Forschungsgeschichte die römische Epoche von der Ur- und Frühgeschichte zu trennen. Bisher sind aus dem Bereich der Geschichte des Faches vornehmlich lokale Abhandlungen oder speziellere Themen, etwa aus dem Bereich der Limesforschung, bearbeitet – sieht man von der kurzen Darstellung bei Bechert (2003) einmal ab. So können auch die folgenden Ausführungen vielfach nur in exemplarischer Form und in subjektiv ausgewählten Anekdoten das Thema skizzieren. Eine Geschichte des Faches Provinzialrömische Archäologie, die diesen Namen auch wirklich verdiente, bleibt weiterhin ein Desiderat der Forschung.

Mittelalter

Die Geschichte der Römerforschung in Deutschland reicht sehr weit zurück – bis tief in das Mittelalter hinein. Diese ersten Auseinandersetzungen mit der römischen Vergangenheit betrieb man freilich ohne die Intention von kritisch-wissenschaftlichen Studien im modernen Sinne. Besonders in Städten wie Köln, Trier, Mainz oder Regensburg und Augsburg, die sich früh ihrer römischen Vergangenheit bewusst waren, gab es solche Ansätze. Dabei galt es, einerseits gestützt auf antike Baureste, Inschriften oder historische Überlieferung, andererseits aber auch oft nur durch frei erfundene Legenden, für die eigene Stadt ein möglichst hohes Alter und damit größere Bedeutung im Prestigewettbewerb mit anderen Städten zu belegen. Besonders Trier tat sich hier hervor.

Einen anderen Zugang zur römischen Vergangenheit suchte man, indem man in römischen oder frühmittelalterlichen Gräberfeldern durch Freilegung von Bestattungen menschliche Gebeine, aber auch vereinzelt Grabbeigaben als vermeintliche Reliquien spätantiker Märtyrer zur frommen Verehrung, aber auch zur gewinnbringenden Vermarktung zu gewinnen versuchte. Als Beispiel für diesen häufiger belegten Vorgang möchte ich nur auf die Suche nach den Überresten der 11 000 Jungfrauen der Hl. Ursula und ihre „Vermarktung" in Köln hinweisen bzw. auf Xanten, in dessen Name sich ja nicht der antike Namen der *Colonia Ulpia Traiana* widerspiegelt, sondern der von „ad sanctos" hergeleitet wird – Heiligen, die man auf dem Gelände der spätantikfrühmittelalterlichen Nekropole eifrig auszugraben verstand.

Eine skurrile Späterscheinung dieses Versuches, mit Hilfe archäologischer Methoden die Anfänge des frühen römerzeitlichen Christentums durch Märtyrergräber konkret zu fassen, stellt die Tätigkeit des von 1688 bis 1715 in Regensburg als Weihbischof amtierenden Albert Ernst Graf von Wartenberg dar. Dieser war bei einem Aufenthalt in Rom von den damals noch relativ neu entdeckten frühchristlichen Katakomben so tief beeindruckt, dass er auch an seinem Wirkungsort alsbald begann, den Spuren früher Christen in der Römerzeit nachzuforschen. Wartenberg schreckte in seinem zielgerichteten Eifer auch vor ungewöhnlichen Methoden nicht zurück: In seinem frommen Bemühen ging er so weit, dass er mit dem Stempel der 3. Italischen Legion versehene Ziegel zu römerzeitlichen Märtyrergrabsteinen erklärte. Dieser originelle methodische Ansatz ließ Regensburg, was die Dichte frühchristlicher Märtyrer angeht, kurzfristig in ernsthafter Konkurrenz zu Rom erscheinen, hat sich aber – begreiflicherweise – in der Forschung nicht durchgesetzt. Doch nicht genug: Mit Hilfe untergeschobener, offensichtlich in Rom erworbener Antiken schloss der Graf u. a. sogar, dass der Hl. Petrus persönlich im römischen Regensburg gepredigt habe.

Renaissance

Als ab dem 15. Jh. mit der italienischen Renaissance ein neues Herangehen an die Antike auch nach Deutschland übergriff, setzte auch dort sofort eine umfangreiche und ernsthafte wissenschaftliche Auseinandersetzung mit der Zeit der römischen Herrschaft in Deutschland und ihren Überresten ein. Eine Art Initialzündung für die Humanisten der Renaissance, sich mit der römischen Geschichte Deutschlands auseinanderzusetzen, löste die Entdeckung der Schriften des Tacitus aus, insbesondere der *Germania* im Kloster Hersfeld im Jahre 1455, die dann bereits 1473 gedruckt vorlag. Doch neben den philologischen Quellen erregten auch bald die Zeugnisse der materiellen Kultur das rege Interesse der Humanisten: In vielen Städten entstanden nun die ersten privaten Sammlungen, in denen Gelehrte auch örtliche Bodenfunde wie Inschriften und Münzen zusammentrugen.

Ich möchte hier nur einige dieser frühen Forscher nennen: Der Augsburger Patrizier Konrad Peutinger (1465–1547) hat 1505 eine erste Sammlung Augsburger Inschriften veröffentlicht. Bekannt ist sein Name durch die mittelalterliche Kopie einer spätantiken Straßenkarte, der „Tabula Peutingeriana", die über die Sammlung des Prinzen Eugen an die Wiener Hofbibliothek bzw. die Österreichische Staatsbibliothek in Wien gelangte. Mit römischen Ruinen in Deutschland beschäftige sich sodann auch der Straßburger Humanist Beatus Rhenanus (1485–1547). Inschriften aus Mainz, von denen viele inzwischen verschollen sind, veröffentlichten Thodoricus Gresmundus (1477–1512) und Johannes Huttichius (1487–1544). Für Köln und Trier kann man ähnliche Aktivitäten beobachten. Während viele dieser Humanisten in den römischen Funden eher antiquarische Curiosa sahen, wurden sie von Johannes Turmair, genannt Aventinus (1477–1534), dem „Vater der bayerischen Geschichtsschreibung" (Abb. 1), als vollwertige historische Quellen angesehen und ausgewertet. Er hat auch erstmals den raetischen Limes als römerzeitliches Bodendenkmal wahrgenommen und erwähnt, allerdings unterlief ihm der (verzeihliche) Fehler, die gut erhaltene Straße hinter dem Limes mit der Grenzwehr selbst zu verwechseln.

Ab der Mitte des 16. Jhs. kam es dann auch zu ersten systematischen Ausgrabungen, deren Dokumentationen noch heute einen gewissen Quellenwert besitzen. Der Marbacher Lehrer Simon Studion (1543–1605) veröffentlichte erste Grabungen im Kastell Benningen. Er hat dort 1597 gegraben und von diesen Forschungen auch Pläne publiziert. Seine noch erhaltene private Sammlung von Steindenkmälern bildete den Grundstock für das Lapidarium des Württembergischen Landesmuseums in Stuttgart.

Eine noch bessere Qualität der Dokumentation antiker Baureste weisen die Pläne vom Badegebäude des Kastells „Arnheiter Hof" in Hessen auf. Hier war 1543 ein Ochse in ein Hypokaust eingebrochen. Beim Nachgraben fand sich ein Fortuna-Altar, und so legte man große Teile des Gemäuers frei, dessen Zeichnung von unbekannter Hand bis heute erhalten blieb. Studion kannte den Befund, er regte ihn womöglich sogar zu seinen Benninger Grabungen an.

Limesforschung

Das 17. Jh. brachte den Dreißigjährigen Krieg mit seinen verheerenden Folgen. In dieser Zeit kamen die vielversprechenden Ansätze der Römerforschung in Deutschland weitgehend zum Erliegen.

Abb. 1: Johannes Turmair, genannt „Aventinus" (1477–1534). Grabplatte im Vorhof von St. Emmeram in Regensburg.

Die danach wieder einsetzende Forschung wandte sich nun aber besonders den teilweise noch gut sichtbaren Überresten des Limes in Obergermanien und Raetien zu. Schon seit der Renaissance stellte der römische Limes in Deutschland ein Objekt der Forschung dar, auf die erste Erwähnung bei Aventinus habe ich schon hingewiesen.

In Hessen kann die früheste Forschungsgeschichte des obergermanischen Limes im Taunus sogar mit einem Gedicht aufwarten: Der aus der Wetterau stammende Humanist Erasmus Alberus (um 1500–1553), der in seinen *Fabeln des Aesop* den Taunus schilderte, erwähnte auch den Pfahlgraben („Polgrab"), also die Wall- und Grabenanlage des obergermanischen Limes, ohne ihn allerdings als römisch zu erkennen:

> „Rings umbher ligt ein grosser Waldt,
> Darumb die alten Heyden haben
> Bey zehen meil umbher gegraben,
> Ein lange zeit, eh Jhesu Christ
> Auff erden mensch geboren ist,
> Den graben man noch sehen kan,
> Er wirdt genent von jederman
> Der Polgrab, und zur lincken handt
> Reicht er biß in das Hessenlandt,
> Zur rechten handt biß an den Rhein,
> Das kan ein langer Polgrab sein.
> Derselbig grab vergeht nun sehr,
> Dieweil man seiner acht nicht mehr,
> Das alter so feindtselig ist,
> Beid zeit und alter alles frist."

Letztere Bemerkungen von der zunehmenden Zerstörung des Pfahlgrabens nehmen vielleicht sogar schon einen ganz modernen Gedanken vorweg, nämlich den des Denkmalschutzes.

Mit dem 18. Jh. setzt nun die Limesforschung voll ein. Zu deren bedeutendsten Vertretern ist der Weißenburger Rektor Johann Alexander Döderlein mit seiner Schrift *Schediasma historicum* von 1723 zu rechnen. Hier stellte er erstmals Limesabschnitte in Bayern als Teile einer römischen Grenzwehr heraus.

Einen bedeutenden Fortschritt brachte eine Initiative der Preußischen Akademie der Wissenschaften. Diese stellte 1748 eine Preisfrage, nämlich „wie weit der Römer Macht nachdem sie über den Rhein und die Donau gesetzt in Deutschland eingedrungen, was vor Merkmale davon ehemals gewesen und etwa noch vorhanden seien".

Von den acht eingegangenen Schriften ist besonders die des Christian Ernst Hanßelmann hervorzuheben, der als Archiv- und Regierungsrat im Dienst der Fürsten von Hohenlohe stand.

1768 erschien das Werk: *Beweiss, wie weit der Römer Macht, in den verschiedenen teutschen Völkern geführten Kriegen, auch in die nunmmehrige Ost-Fränkische, sonderlich Hohenlohische, Lande eingedrungen, dargestellt aus denen in solchen Landen noch vorhandenen, seit einiger Zeit weiter entdeckten, bisher noch nicht bekannt gewesenen, merkwürdigen römischen Monumenten und andern Ueberbleibseln; Nebst einer historischen Beschreibung der unterschiedlichen teutschen Völker, als gewesenen Inwohnern jetztgedachter Landen selbiger Zeit bis nach Ankunft der Franken* in Schwäbisch Hall sowie 1773 der Nachfolgeband *Fortsetzung des Beweißes, wie weit der Römer Macht ...* . Hanßelmanns Verdienst liegt darin, dass er erstmals archäologische Zeugnisse gleichwertig mit schriftlichen Quellen gesehen hat und für seine Forschungen beide Quellengattungen kombiniert hat. Doch bei all ihren zum Teil erstaunlichen Fortschritten: all diese Ansätze vor der Mitte des 19. Jhs. waren nur punktuelle Bemühungen auf lokaler Ebene, ein sinnvolles gemeinsames Forschungsprojekt am Limes konnte es erst geben, als nach 1871 die deutschen Länder in einem gemeinsamen Staat vereinigt waren.

Der römische Limes in Obergermanien und Raetien stellt nicht nur das größte Bodendenkmal Deutschlands dar, sondern inzwischen auch das am besten erforschte (was nicht heißen soll, dass es dort nichts Wesentliches mehr zu erforschen gäbe!). Dies geht vor allem auf die Tätigkeit der im Jahre 1892 auf Anregung Theodor Mommsens (1813–1903; Abb. 2) gegründeten und vom Deutschen Reichstag finanzierten „Reichs-Limeskommission" zurück. Diese Reichs-Limeskommission hat bis zu ihrer Auflösung im Jahre 1939 nicht nur diese älteren Forschungsergebnisse gesammelt, sondern auch in ganz erheblichem Umfang neue Grabungen initiiert und zusammen mit den alten Ergebnissen in einem umfangreichen Sammelwerk publiziert. Das Hauptverdienst dieser imponierenden Leistung kommt dabei zweifellos dem Freiburger Althistoriker Ernst Fabricius (1857–1942; Abb. 3) zu.

Entwicklung der modernen Wissenschaftsorganisation

Doch zurück zum ausgehenden 18. Jh. Unter den zahlreichen Aktivitäten, die vielfach von persönlich interessierten Landesherren ausgingen, sei nur der pfälzische, dann bayerische Wittelsbacher Kurfürst Karl Theodor herausgehoben, der sich als großer Sammler und Antikenfreund hervortat. Als im Schlossgarten von Schwetzingen neckarsuebische und frühmittelalterliche Gräber gefunden wurden, ließ er am Fundort ein prächtiges Denkmal errichten, allerdings in der irrigen Meinung, man habe hier ein Schlachtfeld mit Spuren einer Auseinandersetzung zwischen Römern und Germanen entdeckt. Im ausgehenden 18. und frühen 19. Jh. errichtete man auch die ersten Schutzbauten über freigelegten römischen Ruinen, so in Hüfingen und Badenweiler über Thermenbauten, 1815 im damals bayerischen Loig bei Salzburg über den Mosaiken einer großen Villa.

Der große Aufschwung „vaterländischer Gesinnung" nach den Befreiungskriegen brachte einen großen Aufschwung der archäologischen Forschungen (dabei auch der Forschungen zum römischen Deutschland) mit sich – gleichzeitig mit dem Entstehen der Ur- und Frühgeschichte. Träger von Grabungen, Sammlungen und Publikationen waren vor allem die historischen Vereine, die allenthalben mit staatlicher Unterstützung entstanden und zumeist heute noch tätig sind.

Den Vorreiter bildete 1801, also noch vor der großen nationalen Erhebung, die „Archäologische Gesellschaft für nützliche Forschungen" in Trier. Von den folgenden Vereinen seien nur einige für die Römerforschung besonders wichtige genannt: 1812 entstand der „Verein für Nassauische Altertumskunde und Geschichtsforschung" in Wiesbaden, 1830 der „Historische Verein für Oberpfalz und Regensburg". 1841 wurde der „Verein für Altertumsfreunde im Rheinland" in Bonn gegründet, 1897 die „Altertumskommission für Westfalen" in Münster. Im Jahre 1900 bildete sich schließlich in Mainz als Dachorganisation all dieser lokalen Organisationen (Altertumsvereine, Denkmalämter, Museen, Universitätsinstitute) der heute noch wichtige „West- und Süddeutsche Verband für Altertumsforschung".

Abb. 2: Theodor Mommsen (1813–1903), Gründer und Vorsitzender der „Reichs-Limeskommission".

Mit der Anerkennung von Denkmalpflege und Altertumsforschung als staatlicher Aufgabe in der zweiten Hälfte des 19. Jhs. wuchs die Bedeutung der Bonner und Trierer „Rheinischen Landesmuseen", die gleichzeitig für die staatliche Denkmalpflege verantwortlich waren. Von enormer Bedeutung für die Römerforschung erwies sich die Gründung des „Römisch-Germanischen Zentralmuseums" in Mainz (RGZM) im Jahre 1852 und der „Römisch-Germanischen Kommission" des DAI (RGK) in Frankfurt am Main im Jahre 1901. Unter maßgeblicher persönlicher Förderung durch Kaiser Wilhelm II. konnte der Bad Homburger Architekt Luis Jacobi ab 1897 das Limeskastell Saalburg erforschen und rekonstruieren. Zu diesem ersten „Römerpark" in Deutschland (Abb. 4), der zugleich ein Museum und ein Forschungsinstitut enthält, wurde im Jahre 1900 – unter Mitwirkung des Kaiserpaares – feierlich der Grundstein gelegt.

Bei den Grabungen der Reichs-Limeskommission war es zu einer Erkenntnis gekommen, die weitreichende Folgen auch für die Prähistorische Archäologie haben sollte: Man lernte auch die Spuren von vergangenen Holzbauten zu erkennen, die nur in Form von Erdverfärbungen erhalten waren – vor allem das Pfostenloch. So war man nun in der Lage reine Holzbauten (etwa frühe Militärlager) der Römer zu dokumentieren.

Angewendet hat man diese neue Grabungsmethode dann bei den Grabungen in den augusteischen Militäranlagen von Haltern an der Lippe in Westfalen ab dem Jahre 1899. Insbesondere die Freilegung des sog. Hauptlagers stellte einen der wichtigen Meilensteine zur Herausbildung des Faches Provinzialrömische Archäologie in Deutschland dar.

Federführend war hier anfangs der Prähistoriker Carl Schuchhart. Unterstützt wurde er von den Klassischen Archäologen

Abb. 3: Ernst Fabricius (1857–1942), Althistoriker in Freiburg.

Alexander Conze aus Berlin und Siegfried Loescke aus Bonn sowie von dem Althistoriker und Archäologen Emil Ritterling aus Wiesbaden. Im Rückblick gesehen verkörperten diese Herren diejenigen Fächer (Ur- und Frühgeschichte, Klassische Archäologie und Alte Geschichte), aus deren methodischer und inhaltlicher Schnittmenge sich – nicht zuletzt durch die Forschungen in Haltern – das Fach Provinzialrömische Archäologie entwickeln sollte.

So waren im 19. und frühen 20. Jh. bis zum Ersten Weltkrieg mit den Historischen Vereinen, Museen, Denkmalämtern und der RGK all jene Institutionen entstanden, die im Folgenden – trotz der eingeschränkten Verhältnisse nach dem Ersten Weltkrieg – die Römerforschung in Deutschland zu ungeahnter Blüte brachten. Dies geschah, wie erwähnt, unter der damaligen zusammenfassenden Bezeichnung „Römisch-Germanische Forschungen". Was aber in Deutschland weiterhin fehlte, war die selbständige Vertretung des faktisch schon längst existierenden Wissenschaftsfaches Provinzialrömische Archäologie an einer Universität. Dies war umso notwendiger, als die deutsche Klassische Archäologie sich nach dem Ersten Weltkrieg zunehmend von ihren durchaus erfolgreichen Aktivitäten bei der heimischen Römerforschung löste und sich immer mehr der reinen Kunstgeschichte im Mittelmeerraum zuzuwenden begann. Dadurch wurde die heimische Römerforschung an den deutschen Universitäten immer mehr „heimatlos".

Römerforschung in der Zeit des „Dritten Reiches"

Doch damit nicht genug: Ab dem Jahre 1933 fielen die Forschungen zur Römerzeit in Deutschland vielfach einer verhängnisvollen Ächtung durch die nationalsozialistische Ideologie zum Opfer, die nun einseitig nur noch das, was sie an der Altertumsforschung für „germanisch" hielt, unterstützte. Forschungen zu der als schmachvolle Zeit der Fremdherrschaft angesehenen römischen Periode in Deutschland dagegen wurden zusehends und weitgehend unterdrückt. Das heißt aber nicht, dass es nicht auch in dieser schwierigen Zeit wichtige Forschungen und Publikationen älterer Grabungen gegeben hätte. Dass dabei vereinzelt wie z. B. in Xanten – sozusagen unter der Tarnkappe der „Siegfriedforschungen" – unter günstigen personellen Konstellationen auch noch größere Forschungsgrabungen möglich waren, bestätigt allerdings als Ausnahme nur die betrübliche Regel.

Vor diesem Hintergrund wirkt es umso befremdlicher, dass es ausgerechnet im sog. „Dritten Reich", das von Anfang an die Römerforschung in Deutschland unterdrückte, zur ersten Einrichtung eines Lehrstuhls für Provinzialrömische Archäologie kommen sollte – allerdings nur als Episode. Im Jahre 1941 wurde an der Reichsuniversität Straßburg unter dem Deckmantel einer „westeuropäischen Archäologie" ein Lehrstuhl für Provinzialrömische Archäologie eingerichtet. Der Hintergrund für diese merkwürdige Gründung lag in der geplanten Funktion der Straßburger „Reichs-Universität" als Instrument nationalsozialistischer Kulturpolitik in Richtung Frankreich (wo die römische Epoche in der Archäologie beim besten Willen nicht zu unterschlagen war). Bei der Besetzung des Lehrstuhls hatte man natürlich darauf geachtet, dass der Inhaber im Sinne der herrschenden Ideologie auch geeignet war. Dieser erste Lehrstuhl für Provinzialrömische Archäologie hatte jedoch für die Entwicklung nach dem Kriege keinerlei Bedeutung: Er nahm nie seine Tätigkeit auf. Schon bald nach seiner Berufung wurde der Lehrstuhlinhaber Harald Koethe zur Wehrmacht eingezogen und fiel 1944.

Abb. 4: Haupteingang des in der Nähe von Bad Homburg gelegenen „Kastells Saalburg" – des ersten deutschen „Römerparks".

Die Provinzialrömische Archäologie nach dem Zweiten Weltkrieg

So blieben die Gründung von Professuren und Lehrstühlen und damit die endgültige Anerkennung und Etablierung des Wissenschaftsfaches „Archäologie der römischen Provinzen" oder „Provinzialrömische Archäologie" der Zeit nach dem Zweiten Weltkrieg vorbehalten. Dies geschah vor allem auch vor dem Hintergrund, dass die nunmehr von den ideologischen Fesseln des „Dritten Reiches" befreite Forschung und Denkmalpflege in den westlichen und südlichen Bundesländern dringenden Bedarf an entsprechend ausgebildeten Spezialisten hatte.

Momentan ist die Provinzialrömische Archäologie als selbständiges Studienfach an folgenden Universitäten in Deutschland vertreten:

- Bamberg (Michaela Konrad) seit 2007
- Frankfurt (Aladár Radnóti, Maria Alföldy-Radnóti, Hans-Markus von Kaenel) seit 1962
- Freiburg (Rolf Nierhaus, Hans-Ulrich Nuber, Alexander Heising) seit 1966
- Köln (Thomas Fischer) seit 1992
- München (Günter Ulbert, Michael Mackensen) seit 1969
- Osnabrück (Stiftungsprofessur für Archäologie der römischen Provinzen; Günther Moosbauer) seit 2009
- Passau (Hans-Jörg Kellner, Helmut Bender) ab 1983 Honorarprofessur für Historische Hilfswissenschaften der Antike mit besonderer Berücksichtigung der Numismatik, seit 1991 Professur für Archäologie der römischen Provinzen (wird nicht mehr fortgeführt)

Nicht fest institutionalisiert, sondern personengebunden waren und sind die Vertretungen des Faches in Bonn (Harald von Petrikovits, Christian B. Rüger) und Mainz (Jürgen Oldenstein). Dabei sind bzw. waren die Vertretungen des Faches in Frankfurt, Freiburg, Osnabrück und Passau (bis 2005) der Alten Geschichte angegliedert, diejenigen in München und Mainz der Vor- und Frühgeschichte, die in Köln der Klassischen Archäologie.

Provinzialrömische Forschung wurde und wird aber nicht nur an den Universitäten betrieben: Auch andere Forschungsinstitute sind maßgeblich beteiligt; so die Römisch-Germanische Kommission des DAI in Frankfurt oder Museen wie das Römisch-Germanische Zentralmuseum in Mainz, die Rheinischen Landesmuseen in Trier und Bonn, die Archäologische (vormals: Prähistorische) Staatssammlung in München, das Limesmuseum in Aalen, das Römisch-Germanische Museum in Köln, das Saalburg-Museum in Bad Homburg v. d. Höhe oder das LVR-RömerMuseum/LVR-Archäologischer Park Xanten. In Süddeutschland und im Alpenraum ist die Kommission für die Vergleichende Archäologie römischer Alpen- und Donauländer (vormals: Spätrömische Kommission) bei der Bayerischen Akademie der Wissenschaften in München mit Grabungen und Publikationen tätig. In denjenigen Bundesländern, in denen einst Teile römischer Provinzen lagen (Nordrhein-Westfalen, Rheinland-Pfalz, Hessen, Saarland, Baden-Württemberg und Bayern), sind auch die jeweiligen Landesämter für Denkmalpflege mit der Pflege und Erforschung des römischen Erbes beschäftigt. Im Vorfeld der Ernennung des obergermanisch-raetischen Limes zum Welterbe der UNESCO am 15. Juli 2005 hat sich zudem eine neue Deutsche Limeskommission gebildet, die die Forschungen am obergermanisch-raetischen Limes koordinieren und bündeln soll.

Epigraphik und Archäologie – zwei symbiotische Wissenschaften

von Werner Eck

Inschriften sind Texte, die etwas mitteilen oder bewahren wollen. Doch im Unterschied zu Werken der Literatur, deren Sinn allein im Text zu erfassen ist, sind Inschriften fast immer mehr als reine Texte. Denn sie sind zumeist auf etwas geschrieben, das überhaupt die Ursache für die Abfassung der Inschrift war. Dieser Inschriftenträger hat damit einen eigenen Aussagewert und eine spezifische Aussageabsicht; der jeweilige Text ist vom Inschriftenträger nicht trennbar und gewinnt seine volle Bedeutung häufig überhaupt erst durch ihn und mit ihm. Ohne Inschriftenträger existiert keine Inschrift.

Epigraphische Texte, wie man Inschriften mit einem aus dem Griechischen abgeleiteten Wort (*epigraphein* = „auf etwas schreiben") auch bezeichnet, können grundsätzlich auf alles geschrieben werden, worauf man Buchstaben anbringen kann. Das kann, um Beispiele aus unserer heutigen Zeit zu nennen, eine Mauer sein, auf die ein Vorübergehender ein Wort, einen sog. Graffito, einkratzt, ein Schild an einer Rechtsanwaltskanzlei, auf dem die Namen der dort tätigen Juristen stehen, ein Lastwagen mit einer Firmenbezeichnung oder auch der Architrav über dem Eingang des Reichstagsgebäudes in Berlin mit der Aussage: „Dem Deutschen Volke" (Abb. 1).

Aus der Zeit der griechisch-römischen Antike sind Inschriften seit dem 8. Jh. v. Chr. bekannt. Bezieht man alle Texte bis zum Ende des 7. Jhs. n. Chr. im gesamten Mittelmeerraum und den angrenzenden Gebieten mit ein, dann zählen die bis heute gefundenen epigraphischen Texte sicher deutlich mehr als eine halbe Million, zumal wenn man, wie es sachlich nötig ist, auch die Inschriften in anderer Sprache und Schrift als Griechisch und Latein einschließt, also etwa die frühen italischen Sprachen oder Etruskisch, Punisch, Iberisch, Phrygisch, Hebräisch, Aramäisch und Nabatäisch. Eine genauere Zahl lässt sich beim gegenwärtigen Zustand der epigraphischen Wissenschaft nicht angeben. Die Typen der Texte, die man unter dem Stichwort Inschriften subsumiert, und die Typen der Inschriftenträger waren damals so mannigfaltig wie heute. Antike Inschriften stehen auf Material jeglicher Art: auf Ton, Stein, Metall, Edelsteinen, Holz, Leder und manchmal auf Stoffen. Angesichts der Länge der Zeit, die diese Inschriften von uns trennt, ist es nicht verwunderlich, dass die „Auswahl" der noch erhaltenen Texte sehr vom Inschriftenträger bestimmt ist. Alles organische Material hatte wenige Chancen, diesen langen Zeitraum zu überleben; deshalb sind Texte auf ver-

Abb. 1: Die Inschrift an der Fassade des Reichstagsgebäudes in Berlin – anders als bei vielen antiken Inschriften ist hier der bauliche Kontext erhalten.

gänglichem Beschreibstoff wie Holz, Leder oder Stoff nur unter besonderen Bedingungen erhalten geblieben. Das gilt etwa für die zahlreichen Holztäfelchen aus dem römischen Auxiliarlager Vindolanda im Norden Englands, die deshalb überlebten, weil sie in feuchtem Untergrund luftdicht verschlossen waren, oder für die Bauinschrift einer Kirche in Jerusalem aus dem 6. Jh. n. Chr., die auf einem Holzbalken eingeschnitten ist, den man später in der al-Aksa-Moschee verbaute, wo er im 20. Jh. gefunden wurde. Doch der allergrößte Teil der Inschriften auf Holz – und diese stellten in griechisch-römischer Zeit ohne Zweifel die überwiegende Mehrheit aller epigraphischen Texte dar – ist entweder schon bald, nachdem die Inschriften ihren Zweck erfüllt hatten, verschwunden, indem die Holztafeln anderen Zwecken zugeführt wurden, oder sie sind, wenn das nicht geschah, im Laufe der Jahrhunderte den Weg aller organischen Materialien gegangen. Die Masse aller heute noch erhaltenen Inschriften aber überdauerte die Zeiten, weil sie auf anorganischem Material stehen, vornehmlich Stein und Metall, daneben (für bestimmte Inschriftentypen) auf Ton.

Was von Inschriften auf solchem Material heute noch erhalten ist, repräsentiert allerdings auch nicht die ehemalige Wirklichkeit. Denn in Ton gestempelte Inschriften überlebten in großer Anzahl, weil die Gefäße (etwa Amphoren), in riesigen Massen hergestellt, nach der Benutzung zu einem nicht geringen Teil entsorgt wurden und dabei unter die Erde kamen. Weniger leicht überdauerten dabei auf Keramikgefäßen naturgemäß Dipinti (gemalte Inschriften, eng verwandt mit Graffiti), da die Farbe, die für sie verwandt wurde, nur unter günstigen Umständen erhalten blieb. In großem Umfang sind solche Dipinti auf den Amphoren bekannt, die aus Spanien nach Rom gesandt und dort auf dem heute so genannten Monte Testaccio deponiert wurden. Inschriften auf Metall hatten nur relativ geringe Chancen zu überdauern; denn Metall jeglicher Art war kostbar und wurde in großem Stil recycelt. Das gilt für alle Metalle, besonders jedoch für Silber oder Gold. In Rom und in den westlichen Provinzen des Römischen Reiches waren zahllose Inschriften auf Metall in der Öffentlichkeit zu sehen, so z. B. in Rom auf dem Kapitol, wo Hunderte von Texten die Gewährung von Bürgerrecht bereits während der Republik und dann besonders seit dem Beginn des Prinzipats dokumentierten. Die Tafeln waren dort an statuarischen Monumenten oder den großen Gebäuden auf dem Gelände zwischen der Arx und dem Kapitolstempel befestigt. Später wurden die Bürgerrechtskonstitutionen zu Tausenden an einer Mauer hinter dem Tempel des vergöttlichten Augustus angebracht. Keine dieser mehr oder minder großen Bronzetafeln – und es waren tausende – hat jedoch bis heute überlebt.

Die größte Chance, erhalten zu bleiben, hatten Inschriften auf Stein; denn viele wurden als Baumaterial wiederverwendet, ohne dabei zerstört zu werden. Auch dabei galt jedoch, dass ihre Möglichkeit zu überleben stieg, je weniger wertvoll der Stein war; denn vor allem Marmor, aber auch Kalkstein wanderte nur allzu leicht in den Kalkofen, um dort zu Kalk gebrannt zu werden. Die Gefahr drohte im Übrigen mehr den Inschriften, die in den urbanisierten und kontinuierlich besiedelten urbanen Zentren gefunden wurden, als den Texten, die mit Gräbern außerhalb der Siedlungen verbunden waren. Dies ist auch ein Grund, weshalb die Mehrheit unserer inschriftlichen Texte heute dem funerären Bereich angehört. Ähnliches trifft in manchen Regionen auch für ländliche Heiligtümer zu wie etwa das Heiligtum des Gottes Men nahe Antiochia in Pisidien (heute: Süd-Türkei) oder für manche Matronenheiligtümer Niedergermaniens.

Anfänge epigraphischer Forschung

Die Beschäftigung mit dem epigraphischen Erbe der griechisch-römischen Zeit in nachantiker Zeit hing eng mit der Wertung zusammen, die vor allem die literarischen Werke Griechenlands und Roms durch die geistig führenden Kreise einer Epoche erfuhren. So überrascht es nicht, dass die erste größere Sammlung von Abschriften lateinischer und griechischer Inschriften vor allem aus Rom auf einen vielleicht aus dem Kloster Fulda stammenden Mönch in der Zeit der karolingischen Renaissance zurückgeht; sie ist in der sog. *Sylloge Einsidlensis* erhalten. Doch blieb diese Sammlung noch ein vereinzeltes Ereignis. Erst mit der beginnenden Renaissance in Italien wurden solche Versuche wieder aufgenommen. Dabei ist besonders Cyriacus von Ancona (1391–1459) bemerkenswert, weil er von den Inschriften, die er auf seinen Reisen in vielen Teilen des Mittelmeerraumes gesammelt hat, nicht nur den Text abschrieb, sondern auch eine Beschreibung des Inschriftenträgers gab. So hat er bei einer Dedikationsinschrift für Diokletian und seine Mitherrscher von der Insel Lesbos (CIL III 450) zusätzlich beschrieben, dass der Text zu einer großen marmornen Bogenanlage gehörte, die er Tetrastylon nennt. Damit ordnet sich die Anlage in eine Serie von Monumenten ein, die in der damaligen Epoche überall im Römischen Reich für die vier Herrscher der ersten Tetrarchie errichtet wurden.

Nicht alle diejenigen, die sich in den folgenden Jahrhunderten mit Inschriften befassten, sind seinem Beispiel gefolgt. Manche beschränkten sich bei ihren Sammlungen auf die Wiedergabe der reinen Texte. Andere aber haben sich bemüht, die Inschriften als Gesamteindruck zeichnerisch zu erfassen, wie etwa im Codex Coburgensis, der als das erste „systematische Archäologiebuch" bezeichnet wurde. Auch Pirro Ligorio (1514–1583), der wegen seiner nicht wenigen Fälschungen berüchtigt ist, hat in großem Umfang von ihm gesehene Monumente in seinen Sammlungen beschrieben. So ist uns ein gro-

Abb. 2: Basis des Standbilds für Marcus Lollius aus Sagalassos.

ßes Statuenmonument aus der Übergangszeit von der römischen Republik zur Kaiserzeit dank der genauen Aufnahme der in der Kirche San Lorenzo in Lucina damals gefundenen Fragmente durch Ligorio heute noch zugänglich (CIL VI, VIII 3, 41054). Auf der iberischen Halbinsel sind zahllose solcher Zeichnungen von Inschriften erhalten, deren Originale nicht selten verloren sind (z. B. G. Alföldy, RIT Taf. LXXVIII). Solche finden sich zum Teil auch in den großen Inschriftensammlungen, wie etwa bei Jan Gruter (1560–1627); doch im Allgemeinen wurden bei ihm oder in dem weit verbreiteten Auswahlwerk von Johann Caspar von Orelli (1787–1849) die Texte allein wiedergegeben, ohne auf die Inschriftenträger besonders einzugehen. Das gilt dann schließlich sogar für die großen Sammlungen, die vor allem von der Akademie in Berlin im 19. Jh. erstellt wurden, das *Corpus Inscriptionum Graecarum* (CIG, seit 1815), das *Corpus Inscriptionum Latinarum* (CIL, seit 1853) und die *Inscriptiones Graecae* (IG, seit 1873 bzw. seit 1902). Es ging August Boeckh (1785–1867), vor allem aber Theodor Mommsen (1817–1903), den großen Initiatoren der beiden ersten Sammlungen, speziell darum, eine zuverlässige Textgrundlage zu schaffen, wenn auch auf sehr unterschiedliche Weise. Denn in den damals verwendeten Inschriftensammlungen waren zu viele fehlerhafte Texte vorhanden, dazu noch eine sehr große Zahl von Fälschungen. Durch das Prinzip der Autopsie, das Theodor Mommsen als Grundprinzip in die epigraphische Wissenschaft einbrachte, sollten richtige Lesungen geboten und insbesondere Fälschungen als solche erkannt und ausgesondert werden. Dieses Prinzip wurde seit Mommsen soweit nur möglich zur zwingenden Voraussetzung für jede seriöse epigraphische Arbeit.

Überraschend ist freilich, dass Mommsen trotz der Autopsie dem Inschriftenträger nur wenig Beachtung schenkte. In seinem Antrag an die Akademie vom Jahr 1847 in Berlin, ein völlig neues Corpus lateinischer Inschriften zu schaffen, verliert er darüber kein Wort; auch jeder Hinweis auf den Zusammenhang vieler Inschriften mit archäologischen Denkmälern fehlt in dem Schreiben. Das überrascht umso mehr, weil doch im Istituto di Corrispondenza in Rom und dem sich daraus entwickelnden Deutschen Archäologischen Institut in den frühen Jahrzehnten gerade Leute tätig waren, für die beide Bereiche, archäologische Monumente und Inschriften, zusammen mit Fragen der Topographie fast eine Einheit bildeten. Namen wie Wilhelm Henzen (1816–1887) und Christian Hülsen (1858–1935), die beide maßgeblich an der Herausgabe der Inschriften Roms beteiligt waren, können dafür stehen. Doch bis zum Beginn des 20. Jhs. wurde in den Bänden des CIL den äußeren Merkmalen einer Inschrift kaum Beachtung geschenkt; lediglich einige dürre Hinweise wie Basis, Altar, Epistylium werden im Allgemeinen gegeben. Nur in den Fällen, in denen frühere Autoren etwas Genaueres über eine Inschrift geschrieben hatten und das Monument selbst nicht mehr erhalten war, wurde auch mehr darüber im CIL berichtet. Auch die meisten anderen späteren Inschriftensammlungen wie etwa die *Inscriptions Latines de l'Algérie* oder die *Tituli Asiae Minoris* beschränkten sich meist auf knappste Angaben.

Neue Wege in der Epigraphik

Das hat sich im Verlauf der zweiten Hälfte des 20. Jhs. und insbesondere in den letzten Jahrzehnten deutlich geändert, wie etwa die neuen Bände des CIL oder die neuesten Bände der Inschriften Kleinasiens zu Smyrna, Perge oder zu den Städten von Zentralpisidien zeigen. Den äußeren Merkmalen wird zunehmend Gewicht beigemessen, weil die Frage nach den Rezipienten der Zeit, aus der die Inschriften stammen, massiv an Bedeutung gewonnen hat. Inschriften werden nicht mehr nur als Träger von historischen und sprachlichen Inhalten angesehen, sondern ebenso als Medium in einem kommunikativen Prozess verstanden. Dann aber ist es unabdingbar, Inschriften so zu betrachten, wie sie dem Zeitgenossen erschienen. Ein Athener des Jahres 477/76 v. Chr. hat zunächst die imposante Statuengruppe der Tyrannenmörder Harmodios und Aristogeiton gesehen, bevor er den Text las, der von ihrer Tat berichtete (IG I³ 502); Gleiches gilt von zwei einander zugeordneten Statuen in Delphi, auf deren Plinthen die Namen der Dargestellten genannt waren, die häufig mit den Brüdern Kleobis und Biton identifiziert wurden (Syll.³ 5). Ebenso wenig hat ein Bewohner von Ephesos im 5. Jh. die Aussage: „Heiligtum des Zeus Patroos" (*Inschriften von Ephesus* II Nr. 104) als Text wahrgenommen, sondern damit den gesamten Kultbezirk des Gottes am Panayir Dagh assoziiert. Und ein Ephesier der augusteischen Zeit hat nicht nur durch einen zweisprachigen Text erfahren, dass zwei Freigelassene des Marcus Agrippa, Mazaeus und Mithridates, Augustus und Livia sowie Agrippa und Julia geehrt haben; er hat vielmehr zunächst vor allem das Tor wahrgenommen, das diese als Eingang zur Unteren Agora errichteten. Auf dem Architrav des Tores, auf dem die Statuen ihrer Patrone standen, war die Inschrift geschrieben; der Betrachter aber assoziierte gleichzeitig, wie die beiden Freigelassenen mit der gesamten Anlage sich selbst ein fast unsterbliches Monument mitten im Herzen der Stadt erbaut hatten (*Inschriften von Ephesus* VII 1, 3006). Gleiches gilt auch bei den zahllosen Inschriften, mit denen Personen vor allem hoher sozialer Stellung auf den öffentlichen Plätzen oder in den Vorhallen der Heiligtümer einer Stadt, aber auch in-

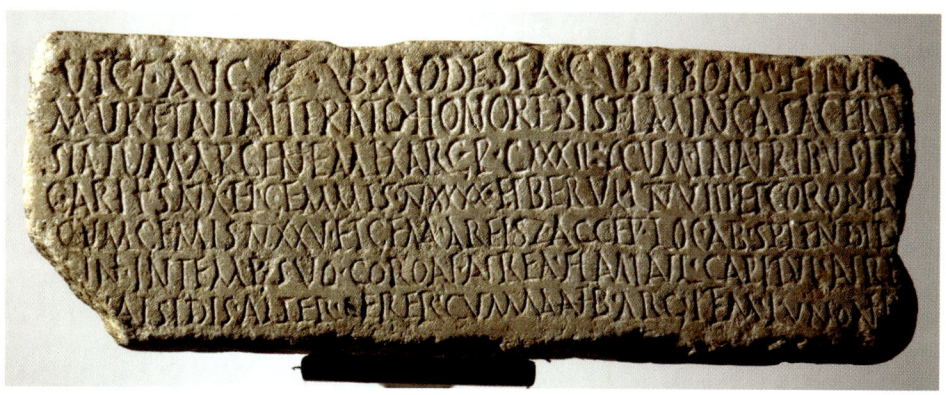

Abb. 3: Inschrift unter einer Statue der Victoria Augusta in Italica (dem heutigen Santiponce, Südspanien).

nerhalb von Privathäusern geehrt wurden. Denn es sind nicht die Texte, die primär dem zeitgenössischen Betrachter ins Auge fielen, vielmehr sind es die Statuen in verschiedensten Formen, unter denen die Texte angebracht waren. Natürlich sind die Texte wichtig, da sie die Dargestellten mit einem Namen versehen und auch erkennen lassen, warum sie geehrt wurden; doch nicht jede Ehrung war gleichwertig und machte denselben Eindruck auf den Betrachter. Eine Kolossalstatue des Marcus Lollius in der pisidischen Stadt Sagalassos (Abb. 2), zusammen mit der Basis mindestens rund fünf Meter hoch, sollte natürlich über den lapidaren Text hinaus, der neben dem Rat und dem Volk von Sagalassos nur den Namen des Geehrten anführte, etwas über die Bedeutung der Persönlichkeit aussagen. Das galt in gleicher Weise für den gewaltigen Pfeiler in Delphi, den ursprünglich König Perseus von Makedonien hatte errichten lassen, auf den aber dann der Sieger in der Schlacht von Pydna, Aemilius Paullus, sein Standbild hatte setzen und mit einer lateinischen Inschrift „erklären" lassen (A. Degrassi, *Inscriptiones Latinae Liberae Rei Publicae* 323). Für den privaten Wohnbereich der römischen Senatoren war in der frühen Prinzipatszeit ein neu-

Abb. 4: Basis für eine Reiterstatue des römischen Kaisers Constantius II.

er Typ von Reiterstatue geschaffen worden: Die Statue stand nicht mehr auf einem massiven Fundament, sondern auf einer leichter wirkenden, tischähnlichen Konstruktion mit zwei Stützen (sog. *trapezophora*), auf deren einer die Inschrift berichtete, wer der geehrte „Reiter" war. Ohne die Einbeziehung der *trapezophora* in die Interpretation wäre der Text nur eine übliche Inschrift im Kontext einer Ehrung, das Gesamtmonument aber führt meist in den privaten Kontext und nicht in den öffentlichen Bereich einer Stadt, spricht also zu einem anderen Publikum. Umgekehrt wird aber z. B. in Apollonia in der römischen Provinz Epirus (auf dem Balkan) die gesamte Einwohnerschaft einer Stadt von der Bauinschrift angesprochen, die auf dem Architrav des Bouleuterions steht. Mit diesem Bauwerk sollte an Q. Villius Valentinus Furius Proclus, ein verstorbenes Mitglied einer führenden Familie der Stadt, erinnert werden. Gleichzeitig aber präsentierte sich auf diese Weise der Erbauer des Gebäudes, Q. Villius Crispinus Furius Proclus, der Bruder des Verstorbenen, als Euerget der Stadt. Jeder, der die griechische Inschrift las, konnte sogleich an dem imposanten Gebäude sehen, welch bedeutende Familie sich hier ein Denkmal erbaut hatte (*Inscriptions d'Apollonia* 187).

Die Einbettung von epigraphischen Texten in den archäologischen Kontext ist somit heute eine zwingende Notwendigkeit. Ebenso aber muss die archäologische Überlieferung durch die epigraphischen Quellen ergänzt werden. In nicht wenigen Fällen lassen diese sogar verlorene archäologische Komplexe wiedererstehen oder machen sie erst in ihrem Gesamtumfang deutlich. So sind Kaiserstatuen bzw. -portraits durchaus zahlreich; doch wie verbreitet sie waren, lässt sich durch den Einschluss der Inschriften wesentlich deutlicher machen; denn Statuen sind wegen ihres wertvollen Materials (Metall oder Marmor) weit öfter schon in spätantiker Zeit und insbesondere danach vernichtet worden, weit häufiger als die zugehörigen Inschriften. Ähnliches lässt sich von den Reiterstatuen sagen, von denen nur wenige direkt überlebt haben; doch lässt sich über die Texte von Inschriften, vor allem aber über die Dimensionen der Inschriftenträger eine ungemein größere Zahl von Reiterstatuen nachweisen, wobei die Texte oft auch noch etwas über das Material, z. B. über die nicht seltene Vergoldung, aussagen. Aus diesen Dokumenten ergibt sich mit großer Klarheit, dass Ehrungen mit Reiterstatuen in der römischen Kaiserzeit keineswegs ein Reservatrecht der Herrscher waren, wie man lange Zeit geglaubt hatte, sondern eine recht weitverbreitete Erscheinung, die Personen sehr unterschiedlicher sozialer Herkunft betraf. Wie zahlreich auch Weihungen und Dedikationen aus Edelmetall waren, würden wir unserer direkten Überlieferung von Artefakten kaum entnehmen können, doch Inschriften sprechen davon. So zeigt eine stadtrömische Inschrift, dass die Provinz Hispania Baetica auf dem Forum Augusti eine Statue von Augustus im Gewicht von 100 Pfund Gold errichtet hatte, weil die Provinz ihm den Frieden verdankte (CIL VI 31267). Aus der südspanischen Stadt Italica, dem heutigen Santiponce, berichten Inschriften, dass mehrere Statuen aus Silber, immerhin auch im Gewicht von 100 Pfund, dort von Mitgliedern des Stadtrats aufgestellt wurden (AE 1983, 519. 520). Und eine *flaminica* (eine Priesterin, die am Provinzialkult für den Kaiser beteiligt war) ließ ebenfalls in Italica in einem Tempel nach Erlaubnis durch den Dekurionenrat eine Statue der Victoria Augusta im Gewicht von etwas mehr als 132 Pfund Silber errichten, die überreich mit Edelsteinen geschmückt war (AE 1983, 521 = 2001, 1185, Abb. 3). Nichts von all diesen kostbaren Statuen ist erhalten geblieben; spätestens die Raubzüge germanischer Stämme im 5. Jh. n. Chr. haben sie in klingende Münze oder andere Wertsachen verwandelt, wenn nicht bereits die politisch-militärischen Zwänge des 3. Jhs. den Zugriff auf solche Schätze herbeigeführt hatten. Im 2. Jh. n. Chr. aber haben Monumente aus edlem Metall das Bild vieler Städte des Reiches geprägt.

So sind archäologische Monumente und Inschriften oft nur die zwei Seiten einer Medaille. Sie berichten in unterschiedlicher Sprache von derselben Sache. Doch man muss beide wahrnehmen, wenn man das Ganze verstehen will.

Biblische Archäologie

von Wolfgang Zwickel

Der Begriff „Biblische Archäologie" wird heute von den Fachvertretern immer mehr hinterfragt. Ursprünglich wurde das Fach als Hilfsdisziplin zum Alten Testament verstanden. Wichtige biblische Stätten wie Jerusalem, Sichem oder Megiddo sollten ausgegraben werden, um so die biblischen Texte anschaulicher präsentieren zu können. In einem anfangs noch recht unkritischen Umgang mit archäologischen Funden erwartete man schlichtweg die Bestätigung textlicher Quellen durch die Archäologie und ihre Befunde. Schon früh setzte jedoch – vor allem in Deutschland, kaum dagegen in den USA oder in Israel – ein kritischer Umgang mit den Ergebnissen der Archäologie ein. Die Menge an aufgefundenem Material ermöglichte immer mehr eine eigenständige Rekonstruktion der Geschichte ohne Heranziehung der Texte. Andererseits war es gerade die deutschsprachige exegetische Forschung, die immer wieder betonte, dass die biblischen Texte nicht zeitgleich mit ihrer dargestellten Zeit verfasst wurden, sondern oft Jahrhunderte jünger sind. Wenn aber ein derart großer zeitlicher Abstand zwischen erzählter Zeit und Abfassungszeit besteht, dann kann die Biblische Archäologie allenfalls die realen Verhältnisse zur Abfassungszeit, nicht aber der erzählten Zeit repräsentieren. Schon 1938 veröffentlichte etwa Martin Noth einen grundlegenden und bis heute lesenswerten Aufsatz über „Grundsätzliches zur geschichtlichen Deutung archäologischer Befunde auf dem Boden Palästinas". Die Folge war eine sehr ausführliche hermeneutische Diskussion, die aber weitgehend auf die deutschsprachigen Länder beschränkt blieb und erst in den letzten Jahren auch in den USA und in Israel geführt wurde. Mit Fug und Recht kann die Biblische Archäologie heute für sich in Anspruch nehmen, dass die hermeneutische Diskussion über das Verhältnis von Textüberlieferung und archäologischem Befund hier besonders weit entwickelt ist und sicherlich auch für andere archäologische Disziplinen grundlegende Anregungen vermitteln kann.

Die genaue Bestimmung dessen, was man unter Biblischer Archäologie verstehen sollte, ist angesichts einer noch immer laufenden und erst in den letzten Jahren breite Kreise der Wissenschaft erreichenden hermeneutischen Diskussion noch immer umstritten. Am besten versteht man darunter die Archäologie Palästinas bzw. der südlichen Levante vom Neolithikum bis zur Gegenwart. Biblische Archäologie ist somit eine lokale Ausprägung der Vor- und Frühgeschichte bzw. der Klassischen Archäologie. Diese Region als eigenes Fachgebiet zu verstehen rechtfertigt sich nicht nur von ihrer Bedeutung für unsere Kultur und ihre Beziehung zur Bibel her, sondern auch und vor allem wegen der vielfältigen kulturellen Einflüsse, die es in diesem Land gibt. Im 2. Jt. v. Chr. war es vor allem von

Ägypten geprägt, im 1. Jt. v. Chr. kamen die Einflüsse dann zunehmend aus Mesopotamien und später aus der Mittelmeerwelt. Daneben sind in diesem kulturellen Schmelztiegel auch Einflüsse aus Saudi-Arabien vertreten. Gerade diese Vielfalt, aber auch die Disparatheit kleinster Kultureinheiten wie z. B. Phönizier, Philister, Ammoniter und Judäer mit je eigener Kulturentwicklung machen die südliche Levante so spannend und bemerkenswert. Eine wirklich eigenständige Kultur konnte in diesem Land nie entstehen. Vielmehr war es immer Durchgangsland für die großen Handelsströme und das Militär.

Die räumlichen Grenzen der Biblischen Archäologie oder – wie man in den letzten Jahren häufiger sagt – der Palästina-Archäologie sind fließend. Das Kernland der Biblischen Archäologie ist sicherlich diejenige Region, die in der Bibel als „von Dan bis Beerscheba" (u. a. 1 Kön 5, 5) bezeichnet wird. Dieses Gebiet hat aber viele kulturelle Gemeinsamkeiten mit dem nördlich liegenden Raum, der heute den Ländern Libanon und Syrien zugerechnet wird (ohne die Gebiete im Umfeld des Euphrat). Im Süden ist eine Grenzziehung zum Sinai hin eigentlich nicht sinnvoll, und viele wirtschaftliche, politische und kulturelle Einflüsse reichen bis in das nördliche Saudi-Arabien hinein.

Viel entscheidender als die antiken Kulturgrenzen Palästinas, die sich natürlich je nach politischer Großwetterlage immer wieder verschieben konnten, sind aber für die gegenwärtige Forschung die heutigen politischen Grenzen. Die schwierige politische Lage im Nahen Osten und speziell in der südlichen Levante hat dazu geführt, dass von einheimischen Forschern kaum grenzüberschreitend geforscht wird. Israelische Publikationen findet man z. B. in Jordanien allenfalls in den europäischen oder amerikanischen Forschungseinrichtungen, und selbst grenznahe Orte jenseits der eigenen Grenzen werden von den Wissenschaftlern in den einzelnen Ländern in ihren Publikationen kaum wahrgenommen. Die ausländischen Institutionen haben daher im Bereich des Wissenschaftsaustausches weiterhin eine wichtige Rolle inne, internationale Tagungen können ein wichtiger Treffpunkt für die Forscher benachbarter Länder sein, und europäische und amerikanische Universitäten spielen auch in Zukunft eine wichtige Rolle als Kontaktstelle für Nachwuchswissenschaftler, die sich sonst nie kennenlernen würden.

Biblische Archäologie – Hebräische Archäologie – Palästina-Archäologie

Die Änderung des Selbstverständnisses der Biblischen Archäologie lässt sich sehr deutlich in der geschichtlichen Entwicklung des Faches aufzeigen. Der Begriff „Biblische Archäologie" wurde – auch wenn sich die erste Erwähnung dieses Begriffes heute kaum mehr auffinden lässt – wohl als Parallelbegriff zur „Klassischen Archäologie" gewählt. Die Quellen, die vor rund 200 Jahren für die Erfassung der Antike zur Verfügung standen, waren einerseits die „Klassiker", die den westlichen Mittelmeerraum bis etwa Troja abdeckten, und eben die Bibel für den östlichen Mittelmeerraum. Vor dem Feldzug Napoleons nach Ägypten 1799 und der Entzifferung der ägyptischen Schrift im Jahre 1822 war Ägypten nahezu unerforscht und vor allem durch die biblischen Texte bekannt. Ähnlich verhält es sich mit Mesopotamien, wo 1842 die ersten Ausgrabungen unter der Leitung von Botta durchgeführt wurden, und für weite Teile Kleinasiens. Erst mit der Entstehung der eigenständigen Disziplinen Ägyptologie, Vorderasiatische Archäologie bzw. Altorientalistik und Hethitologie wurde das Gebiet der Biblischen Archäologie auf den Raum der südlichen Levante beschränkt. Das ursprüngliche Verständnis zeigen deutlich noch von Theologen verfasste Text- und Bildsammlungen wie Alfred Jeremias' *Das Alte Testament im Lichte des Alten Orients* (Leipzig ³1916) oder James B. Pritchards *Ancient Near Eastern Texts Relating to the Old Testamen*" (Princeton ¹1950/³1969) bzw. *Ancient Near East in Pictures Relating to the Old Testament* (Princeton ¹1954/²1969). Dagegen trägt z. B. das weit verbreitete Lehrbuch von Wilhelm Nowack den Titel: *Lehrbuch der hebräischen Archäologie* (Freiburg/Leipzig 1894) und beschränkt sich durch die Verwendung des Wortes „hebräisch" auf den Raum des vom antiken Israel besiedelten Gebietes.

Eigentlich schien man die biblische Welt ohnehin recht gut zu kennen. Nur so ist es verständlich, dass die wissenschaftliche Erforschung Palästinas erst relativ spät einsetzte. In Ägypten und Mesopotamien gab es längst hochstehende wissenschaftliche Forschungen, ja selbst die Südsee wurde seit Jahrzehnten erforscht, bevor man mit den ersten wissenschaftlichen Expeditionen ins Heilige Land begann. Nach ersten Reisen z. B. von Ulrich Jasper Seetzen und Johann Ludwig Burckhardt in den Jahren 1805–1807 bzw. 1812, die sich erstmals abseits der ausgetretenen Pilgerpfade bewegten, folgte in den Jahren 1863, 1870 und 1875 die erste wissenschaftliche Aufnahme der archäologischen Hinterlassenschaft durch Victor Guérin. Etwa gleichzeitig nahmen die Briten die erste zuverlässige kartographische Aufnahme des Landes vor, in den Jahren 1871–1878 (1880 erschienen). Diese Forscher waren aber eher Nachzügler: Diplomaten, mehrere Missionsgesellschaften und selbst Touristen (1868 hatte Thomas Cook die erste Touristenreise ins Heilige Land durchgeführt) repräsentierten längst die europäischen Länder und Amerika in dieser Region. Die wissenschaftliche Arbeit in Palästina wurde dann auch im Wesentlichen von ausländischen Institutionen getragen: 1865 wurde der „Palestine Exploration Fund" gegründet, 1877 der „Deutsche Verein zur Erforschung Palästinas", 1890 die „École Biblique", 1902 der Jerusalemer Zweig der „American Schools of Oriental Research". Damit begann die wissenschaftliche Erforschung eines Landes, das heute vielleicht die größte Grabungsdichte weltweit aufweist.

Im Verlauf des 20. Jhs. wurden dann zunächst von zionistischer Seite, später auch von arabischer Seite eigene Forschungsinstitutionen aufgebaut, die nach der Staatsgründung Israels bzw. Jordaniens sowie in der Westbank selbständige Forschungen betreiben. Die europäischen und amerikanischen Institute spielen jedoch noch immer eine wichtige Rolle für den Wissenschaftsaustausch. Insgesamt lässt sich aber beobachten, dass die einheimische archäologische Forschung in den vergangenen Jahren wichtige Fortschritte gemacht hat (Abb. 1). In Israel ist längst die Ausbildung des wissenschaftlichen Nachwuchses auf einem Standard, der europäischen oder amerikanischen Universitäten mindestens ebenbürtig ist. Das archäologische Institut der Universität Haifa umfasst beispielsweise nicht weniger als 19 fest angestellte Wissenschaftler und Wissenschaftlerinnen, außerdem einen Dozenten für Mikroarchäologie und eine Archäobotanikerin, zwei Keramikrestauratoren und die sonst üblichen Mitarbeiter, die man für ein intaktes Forschungsinstitut benötigt. Archäologie war über viele Jahre hinweg in Israel ein

Abb.1: Eine moderne europäische Grabung in Israel, an der die Universitäten Bern, Helsinki, Leiden und Mainz beteiligt sind, wird in Tell Oreme/Kinneret am See Gennesaret durchgeführt. Das Luftbild zeigt den bisher ausgegrabenen Gebäudekomplex aus der Eisenzeit I. Dies war im ganzen Land eine Zeit eines städtischen und damit auch kulturellen Niedergangs. Im Gegensatz zur allgemeinen Entwicklung wurde an diesem Ort jedoch eine mächtige, mehr als zehn Hektar große Neusiedlung gegründet.

Forschungszweig, der auch zur Selbstfindung eines frisch gegründeten Volkes führte. Daher wurden viele Stellen für Archäologen geschaffen. Allerdings werden derzeit einige Stellen nicht wiederbesetzt. In Jordanien hat man sich jahrelang bemüht, fähige Nachwuchswissenschaftler ins europäische und amerikanische Ausland zu schicken. Dies führte dazu, dass inzwischen auch dort ein beachtliches Niveau erreicht wurde, auch wenn die Arbeitsbedingungen oft sehr schwierig sind und vielfach auch die finanzielle Unterstützung fehlt. In der Westbank und im Gazastreifen leidet die Archäologie jedoch stark unter den politischen Verhältnissen. Es ist den Leuten nicht zu verdenken, dass die Sorge um das Überleben höher angesetzt wird als die Sorge um die Vergangenheit des Landes – auch wenn gerade in den Altertümern, die für den Tourismus interessant sind, eine Zukunftschance für das Land liegen dürfte.

Von den biblischen Ortslagen zum Verständnis einer Kultur

Das Verständnis der Archäologie hat sich in den vergangenen Jahrzehnten stark gewandelt. Noch in den 50er und 60er Jahren des 20. Jhs. hat etwa der israelische Archäologe Yigael Yadin Grabungen in Hazor und Masada durchgeführt, um einerseits bei Hazor die kriegerische Eroberung des Landes durch die Israeliten um 1200 v. Chr. und andererseits bei Masada die Verteidigungsbereitschaft der Judäer im Kampf gegen die Römer nachzuweisen. Seit den 70er Jahren wendet man sich zunehmend von Ortslagen mit zentraler biblischer Bedeutung ab und wählt stattdessen Grabungsplätze aus, die aus rein archäologischen Gründen Informationen über die Geschichte des Landes vermitteln können. Parallel zu dieser Entwicklung lässt sich auch beobachten, dass biblische, d. h. eisenzeitliche Ortslagen nicht mehr im Mittelpunkt des Interesses stehen, sondern alle Epochen gleichermaßen berücksichtigt werden. Auch die osmanische Hinterlassenschaft fand in den letzten Jahren – vor allem unter Gesichtspunkten des Denkmalschutzes – größere Beachtung. Die enge Bindung der Archäologie an die (biblische) Textüberlieferung wurde von vielen, wenn auch nicht von allen Forschern aufgegeben. Die Archäologie soll ein eigenes Bild von der kulturellen Entwicklung des Landes bieten, und das wurde durch die aktuellen Forschungen weitgehend erreicht.

Allerdings gibt es auch durchaus gegenläufige Trends. Die Bar Ilan-Universität in Tel Aviv versteht sich als eine Forschungseinrichtung, bei der Forschung und Lehre im Einklang mit den biblischen Schriften durchgeführt werden müssen, was zwangsläufig zu Problemen bei manchen Fundinterpretationen führt. Aber auch in Europa und Amerika versuchen zunehmend finanzkräftige Sponsoren, Einfluss auf die Wissenschaftlichkeit des Faches auszuüben.

Derzeitige Tendenzen der Forschung

Mehrere Schwerpunkte lassen sich derzeit in der Forschung in der südlichen Levante feststellen. Beachtenswerte Projekte werden im Rahmen der Surveyarchäologie durchgeführt, wenngleich die Vorgehensweise in Israel und Jordanien recht unterschiedlich ist. In Israel wurde das ganze Land in 10 x 10 km große Quadranten eingeteilt, die nun separat intensiv untersucht werden sollen. Dabei werden viele bislang völlig übersehene oder kaum beachtete kleine Fundstätten und landwirtschaftliche Anlagen bemerkt. Für die Zukunft ermöglicht dies interessante Möglichkeiten für eine außerordentlich exakte landschaftsarchäologische Erfassung des ganzen Landes. Allerdings wurde bislang nur ein Bruchteil der Surveyaktivitäten durchgeführt bzw. publiziert. Die einzelnen Quadranten sind oft auch unverbunden, so dass man bislang allenfalls repräsentative Befunde hat, aber noch keine großflächigen Gesamtergebnisse erstellen kann. In Jordanien gab es in den letzten 30 Jahren gleichfalls sehr intensive Surveyaktivitäten, wobei die Archäologen die Untersuchungsgebiete selbst abgrenzen konnten. Damit gibt es zwischen hervorragend erforschten Bereichen oft auch kleinere Gebiete, in denen es noch keine intensive Erforschung gibt. Dafür sind die jordanischen Daten weltweit über eine intelligente Datenbank abrufbar und erschließbar (http://gaialab.asu.edu/Jordan/JADISGIS.php). Insgesamt dürften in Israel, Jordanien und der Westbank inzwischen etwa 20 000 bis 25 000 Fundplätze vom Neolithikum bis zur Gegenwart erfasst sein. Wohl kaum ein anderes Land weltweit dürfte eine so dichte Erfassung antiker Kulturdenkmäler aufweisen. Sowohl für Israel als auch für Jordanien gilt aber, dass die derzeitigen Bauaktivitäten im Straßen- und Hausbau so groß sind, dass eine große Gefahr für die Erfassung aller antiken Fundplätze besteht. Die bereits begonnenen Aktivitäten müssten möglichst bald zum Abschluss gebracht werden, um zumindest den gegenwärtigen Bestand zu sichern.

Ein groß angelegtes deutsches Forschungsprojekt hat die Historische Topographie inzwischen auf einen neuen Stand gehoben. Der Tübinger *Atlas zum Vorderen Orient* hatte als einen Schwerpunkt den Bereich der südlichen Levante. Inzwischen sind die einschlägigen Kartenblätter, die immens von den Surveyaktivitäten im Lande profitierten, in einem separaten Band erschienen und stehen damit weiten Kreisen zur Verfügung. Die zahlreichen Palästina betreffenden Beihefte zu dem Kartenwerk ermöglichen es erstmals, die gesamten Textquellen bequem heranzuziehen.

Archäologie muss sich auch vermarkten lassen, und das Interesse der Touristen an Archäologie wurde in den letzten Jahren immer geringer. Die politischen Probleme der letzten Jahre führten zu einem Rückgang des Tourismus und damit auch zu einer nachlassenden Förderung der Archäologie. Daher finden große, vom Staat geförderte Grabungsaktivitäten häufig nur noch an den Orten statt, die auch von touristischem Interesse sind.

Große Tellgrabungen (wie z. B. Megiddo, Abb. 2, oder Tel Rehov) sind heute nur noch in wenigen Ausnahmen möglich, da sie einen enormen Personal- und Finanzaufwand bedeuten. Sie ermöglichen zwar eine immer genauer werdende relative und absolute Chronologie, können aber nur kleine Flächen ergraben und damit kaum umfangreichere Strukturen freilegen (Abb. 1). Daher lässt sich für die letzten 20–30 Jahre beobachten, dass zunehmend Grabungsorte gewählt wurden, die nur in einer beschränkten Epoche besiedelt waren. Dies ermöglicht ein großflächiges Freilegen ganzer Architekturkomplexe. Damit gelang es inzwischen für fast alle Epochen seit dem Neolithikum ein anschauliches Bild der kulturellen Entwicklung zu erstellen. Da Grabungen in der südlichen Levante im Vergleich zu Ägypten oder Mesopotamien relativ arm an spektakulären Funden sind, konzentrierte man sich auch stärker auf die Keramikentwicklung, für die heute wohl die exaktesten Grundlagen im gesamten Nahen Osten vorliegen. Aber auch die kulturelle Entwicklung, die sich anhand von Architektur, Kleinplastiken, Gewichtssteinen, Bestattungspraktiken u. v. a. m. abzeichnet, kann heute als recht vorbildlich erforscht gelten. In den letzten 10–15 Jahren erschien eine Vielzahl von umfassenden Publikationen zu einzelnen Kleindenkmälern. So zeichnet sich allmählich ein Bild der geschichtlichen Entwicklung des Landes ab, das nahezu ausschließlich auf der Basis archäologischer Funde erstellt wurde. Die biblischen Texte, deren Aussageabsicht und Datierung häufig umstritten ist, verlieren so zunehmend ihre dominante Stellung für die Rekonstruktion der Profan- und Kulturgeschichte des Landes.

In diesem Zusammenhang spielt es auch eine große Rolle, dass vor allem in Israel die Epochen jenseits der Eisenzeit wiederentdeckt wurden. Insbesondere im Gefolge von Yigael Yadin (1917–1984), der in den 50er und 60er Jahren die israelische Archäologie stark geprägt hat, gab es eine einseitige Konzentration auf die Eisenzeit und die römische Zeit – die Zeit des biblischen Israel bis zum Untergang Judäas (70 n. Chr.) bzw. dem Bar-Kochba-Aufstand (132–135 n. Chr.). Inzwischen kann mit Fug und Recht behauptet werden, dass z. B. die lange vernachlässigte byzantinische und arabische Zeit bei Ausgrabungen mindestens ebenso berücksichtigt wird wie die biblischen Epochen. Dies führt jedoch auch zu einer zunehmenden Spezialisierung der Wissenschaft-

Abb. 2: Die amerikanischen Ausgrabungen der Jahre 1925–1939 in Megiddo wollten den gesamten Siedlungshügel mit allen Schichten vollständig freilegen. Die Grabungsmethodik und die Qualität der Veröffentlichungen waren jedoch nach heutigen Ansprüchen unzureichend. Daher kann man froh sein, dass wegen des Ausbruchs des Zweiten Weltkrieges das anvisierte Ziel nicht vollständig verwirklicht werden konnte. Das Bild zeigt die Rekonstruktion der Stadtanlage während der Eisenzeit II.

ler und damit zu einer Aufspaltung der Archäologie, da kein Forscher mehr die Relikte aller Epochen überschauen kann.

Ein weiteres Feld heftiger Diskussionen war die Frage nach der absoluten Chronologie, insbesondere in der frühen Eisenzeit. Israel Finkelstein stellte die traditionelle Chronologie für die Eisenzeit I (ca. 1250–1000 v. Chr.) infrage und befürwortete eine Herabsetzung der Daten um rund 100 Jahre. Einen wesentlichen Anteil an seiner Argumentation hatten dabei ^{14}C-Daten, deren Exaktheit und Zuverlässigkeit zu heftigen Diskussionen führten. Hier wird auch in den nächsten Jahren sicherlich noch erheblicher Gesprächsbedarf bestehen. Die Debatte wird u. a. auch deshalb so intensiv geführt, da für den Raum der südlichen Levante eine archäologisch bedingte Änderung der Datierung um nur 50 Jahre ein völlig anderes geschichtliches Bild aufwirft. Ein Gebäude, das z. B. herkömmlich der Zeit Salomos zugeordnet wurde (nach biblischer Chronologie 965–926 v. Chr.), könnte dann der Zeit Omris (882–871 v. Chr.) entstammen. Gerade wenn man mit Hilfe der Archäologie Geschichte rekonstruieren will, spielen genaue Datierungen natürlich eine große Rolle. Allerdings fehlt es jenseits naturwissenschaftlicher Methoden weitgehend an exakten archäologischen Ankerpunkten für eine absolute Chronologie. Lediglich die mit den Jahren 733/32 (Tiglat-Pileser III.), 701 (Sanherib) und 587 v. Chr. (Nebukadnezar) verbundenen Zerstörungen palästinischer Städte können weitgehend zweifelsfrei mit archäologischen Befunden verbunden werden. Für die vorangehenden Jahrhunderte fehlen entsprechend exakte Links noch immer.

Schwerpunkte der Forschungen waren in den letzten Jahrzehnten auch die Epigraphik und die Ikonographie. Insbesondere bei den Bildwerken – es handelt sich dabei in großer Mehrheit um Siegel – kann inzwischen eine sehr differenzierte archäologische Chronologie dargestellt werden. Ähnliches gilt auch bei den Inschriften, wobei eisenzeitliche und römische Texte (Qumran!) hier weiterhin eine dominante Stellung innehaben. Beide Fundgruppen wurden auch, besonders angeregt durch Forschungen von Othmar Keel und seiner Schülerinnen und Schüler, intensiv für die Erstellung einer Religionsgeschichte herangezogen und führten vielfach zu völlig neuen Einsichten. Die Archäologie hatte hier sogar erhebliche Folgen für die Theologie. Aschera-Figurinen (Abb. 3), Inschriften, Siegel u. a. führten zu einer völligen Neuinterpretation der Religionsgeschichte Israels, Inschriften zeigten zudem auf, dass der kulturelle Höhepunkt während der Königszeit nicht die Zeit Davids und Salomos, sondern das 8. und 7. Jh. v. Chr. war. Das neu erwachte Interesse an Bild- und Schriftdokumenten führte aber auch zu einem Anstieg der Fälschungen, die inzwischen ein lukrativer Markt geworden sind. Die Methoden der Fälscher haben sich mittlerweile so entwickelt, dass Fälschungen oft selbst mit naturwissenschaftlichen Methoden kaum mehr nachgewiesen werden können. Daher sollte man für zukünftige Untersuchungen nur noch auf Grabungsmaterial zurückgreifen und Fundstücke aus dem Antikenhandel allenfalls ergänzend verwenden. Anderseits gibt es aber in Israel mit dem Hecht-Museum (Haifa) und dem Bible Lands-Museum (Jerusalem) zwei vielbesuchte Museen, deren Sammlungen größtenteils aus Funden aus dem Antikenhandel bestehen. Hinzu kommt noch die sehr umfangreiche Sammlung Shlomo Moussaieff, deren Stücke in den letzten Jahren zunehmend publiziert werden.

Bereits eingangs wurde das erneute Aufkommen hermeneutischer Fragestellungen erwähnt. Breite Forscherkreise in Israel und den USA haben bis in die 1990er Jahre hinein die europäische Forschung zu biblischen Texten kaum wahrgenommen bzw. wahrnehmen wollen, bedingt durch die religiös eher fundamentalistische Prägung vieler früherer Fachvertreter. Inzwischen werden auch in diesen Ländern zunehmend die grundlegenden Erkenntnisse von Julius Wellhausen (1844–1918) und seinen Nachfolgern zur Entstehung des Alten Testaments zur Kenntnis genommen – Erkenntnisse, die übrigens in Deutschland sich längst in den Lehrplänen der Schulen finden, in der breiten Öffentlichkeit trotzdem aber kaum bekannt sind. Hier hat sich die Forschungssituation allerdings in den letzten Jahren völlig geändert und stellt das Fach auch vor neue Herausforderungen.

Wie in anderen Ländern auch spielen die Naturwissenschaften in der südlevantinischen Archäologie eine zunehmend größere Rolle. In den letzten Jahren wurden im Bereich der Materialwissenschaften intensive Forschungen an umstrittenen Fundstücken aus dem Antikenhandel durchgeführt. Einen weiteren Schwerpunkt bildeten ^{14}C-Untersuchungen. Ein heiß diskutiertes Thema aus dem Bereich der Archäozoologie war die Frage, ob aufgefundene Schweineknochen einen Nachweis für die Einhaltung der Speisegebote und damit letztendlich auch für eine ethnische Zuweisung (Juden oder Nichtjuden) sein können. Andere naturwissenschaftliche Zugänge werden dagegen teilweise vernachlässigt oder befinden sich erst noch im Aufbau. Angesichts der großen Grabungsdichte gäbe es vor allem in Israel ein großes Potenzial für weiterführende Studien.

Abb. 3: Im 8. und 7. Jh. v. Chr. gab es in nahezu jedem Haushalt in Juda Aschera-Figurinen. Die Köpfe wurden meist in einer Model hergestellt; der Körper, von dem nur die Brüste und die Hände abgebildet sind, ist jeweils in Pfeilerform gestaltet. Die Existenz derartiger Figurinen, die wohl mit einer ersehnten Schwangerschaft der Frauen in Verbindung stehen, wird in der Bibel nicht explizit erwähnt. Die archäologischen Funde erweitern so unsere Kenntnis von der Religionsgeschichte in biblischer Zeit erheblich.

Ein Problem für die Zukunft wird die Publikation der zahlreichen noch immer unpublizierten Altgrabungen sein. Viel Material wurde zwar ausgegraben, blieb aber unpubliziert. Gerade von israelischer Seite hat man in den vergangenen Jahren große Anstrengungen unternommen, die wichtigsten Grabungen zu veröffentlichen. Noch immer gibt es aber eine Vielzahl unpublizierter Grabungen. Zunehmend erweist es sich als schwierig, für diese Publikationen das nötige Geld aufzutreiben. Dies ist umso bedauerlicher, als eine unpublizierte Grabung eine verlorene Grabung ist, denn niemand kann auf ihre Ergebnisse zurückgreifen.

Für den deutschsprachigen Raum ergibt sich noch ein weiteres Problem. In Deutschland, der Schweiz und in Österreich ist die Biblische Archäologie traditionell eng mit den theologischen Fakultäten verbunden. Die Lehrstühle an diesen Fakultäten wurden in den vergangenen Jahren stark dezimiert, was eine Konzentration auf Kernaufgaben an den theologischen Fakultäten zur Folge hatte. Dazu gehört aber nicht die Archäologie! So wurden viele Lehrstühle nicht mehr besetzt und die Ausbildung des wissenschaftlichen Nachwuchses vernachlässigt. Hinzu kommt, dass die archäologischen Disziplinen sich in den letzten 30 Jahren sehr stark weiterentwickelt haben und als Anhang zu einem theologischen Studium nicht mehr angemessen durchgeführt werden können. Dies führt dazu, dass einerseits ein großes öffentliches Interesse an der Biblischen Archäologie besteht, andererseits aber die wissenschaftliche Bedeutung in den deutschsprachigen Ländern enorm abnimmt. Es wird eine Aufgabe der nächsten Jahre sein, dieses Fach auch an deutschsprachigen Universitäten als Forschungsbereich zu erhalten.

Christliche Archäologie – Byzantinische Archäologie und Kunstgeschichte

von Urs Peschlow

Die Christliche Archäologie befasst sich mit unserer christlich geprägten Kultur, und zwar mit deren Wurzeln, der Ausbildung ihrer Grundlagen und ihrer Entwicklung. Erkenntnisse darüber werden in erster Linie aus den materiellen Zeugnissen gewonnen, die das frühe Christentum hinterlassen hat. Sie sind eine ebenso wichtige Quelle wie die schriftliche und epigraphische Überlieferung. Sie sollen helfen, Fragen zu beantworten, etwa in welchem Maße die neue Religion das Leben der Menschen bestimmte, wie diese zunehmend christliche geformte Umwelt aussah und wie sie sich veränderte.

Denken wir an die Anfänge der Kirche: Für die Gemeindezusammenkünfte mussten Versammlungsräume, später eigene Gotteshäuser geschaffen werden, für die Gottesdienste liturgisches Mobiliar und Gerät, für die Aufnahmeriten in die Glaubensgemeinschaft bedurfte es Taufhäuser, für die Bischöfe wurden später Residenzen errichtet.

Der Wunsch, die in der Heiligen Schrift überlieferten Geschehnisse als Zeugnisse der Heilslehre und des eigenen Glaubens auch in Bilder umzusetzen, ließ eine neue christliche Bildwelt entstehen. Gräber, Sarkophage, Kircheninnenräume, Handschriften und viele Arten von Gegenständen des täglichen Lebens wurden mit solchen Darstellungen geschmückt. Die Verehrung Christi, der Muttergottes, der Märtyrer und anderer Heiliger sowie deren Reliquien führte zur Entstehung von Kultorten, die in der Folge zu Pilgerstätten wurden (Abb. 1), und zur Anfertigung von Kultbildern wie den Ikonen. Damit sind stichwortartig einige der wichtigsten Neuschöpfungen genannt, die das frühe Christentum hervorgebracht hat. Sie wirkten vielfach formbildend, wurden weiterentwickelt und haben sich z. T. bis in unsere Zeit hinein erhalten.

Vieles jedoch bliebe unerklärt und unverständlich, beschäftigte sich die Disziplin ausschließlich mit diesen Phänomenen. Denn die Welt des frühen Christentums ist nicht als ein isoliertes Biotop zu begreifen. Die Menschen, die den neuen Glauben annahmen, hatten ihre Wurzeln in der hellenistisch-römischen Kultur und vielfach auch im monotheistischen Judentum. Alles, was sie an materiellen „christlichen" Zeugnissen schufen, waren Produkte ihrer Zeit, und sie sind ohne die heidnischen bzw. profanen Denkmäler der ausgehenden römischen Antike nicht zu verstehen.

Wenn sich die Christliche Archäologie mit den Anfängen dieser spätantiken, christlich gewandelten Welt und den unterschiedlichen Ausformungen und der Entwicklung ihrer materiellen Kulturäußerungen beschäftigt, geht es daher auch immer um die Beziehungen und Zusammenhänge zwischen den traditionell überlieferten antiken Formen, Motiven, Darstellungsweisen und Bedeutungen, ebenso aber auch um das aus den Forderungen von Glaube und Kirche erwachsene neu Gestaltete.

Auch wenn das Leben in zunehmendem Maße christlich geprägt wurde und damit auch religiöse Bauten und Bilder eine besondere Bedeutung erhielten, gehörten doch profane Denkmäler genauso zur Lebenswirklichkeit der Menschen dieser Zeit – das tägliche Essgeschirr ebenso wie die Wohnhäuser oder Thermen und Stadtmauern (Abb. 2). Beide Bereiche lassen sich häufig auch gar nicht voneinander trennen, wenn etwa dieselben Werkstätten sowohl die historischen Reliefs des Konstantinbogens als auch Sarkophage mit christlichen Szenen arbeiteten, wenn zeitgleich Schriften des Vergil und Bibeltexte illustriert wurden und die Darstellung von Christus als Weltenherrscher sich der Mittel und Formen kaiserlicher Repräsentation bediente. Wie ließe sich

Abb. 1: Thessaloniki, Hagios Demetrios, Blick in den Altarraum nach Süden. Diese ist eine der wenigen noch intakten Märtyrerkirchen auf dem ehemaligen Gebiet des Byzantinischen Reichs. Sie wurde, um den Pilgerströmen genügend Raum zu geben, als 5-schiffige Querhaus-Basilika errichtet, wohl Ende des 5. Jhs. Sie steht vermutlich an der Stelle, wo Demetrios um 300 n. Chr. sein Martyrium erlitt, nämlich innerhalb der Stadt, und nicht an seinem Grabe, das nicht bekannt ist und außerhalb gelegen hätte. Die Kirche diente zur Zeit der Osmanenherrschaft als Moschee, wurde 1917 durch einen Brand stark zerstört und danach wiedererbaut (siehe die Malerei in der Apsis). In der Zeit vom 5. bis 7. Jh. ließen sich Stifter zusammen mit dem Heiligen in Mosaiken darstellen. Einige davon sind noch erhalten, wie hier an den Pfeilern der Vierung.

da für die Entstehungsgeschichte, Stilanalyse und Deutung einer der beiden Bereiche ignorieren?

Gerade was die Verfestigung und bruchlose Fortentwicklung der christlichen Lebenswelt und ihrer materiellen Zeugnisse anbelangt, ist es von ganz besonderem Interesse, auch Ostrom/Byzanz in den Blick zu nehmen, da sie dort über einen Zeitraum von mehr als einem Jahrtausend zu überblicken sind.

Zur Geschichte

Im Zuge der Gegenreformation erfolgte durch römische Gelehrte eine Wiederentdeckung frühchristlicher Monumente. Vor allem mit der Erforschung der christlichen Katakomben glaubte man, deren Anfänge bis in apostolische Zeit zurückverfolgen zu können und damit eine Bestätigung katholischer Dogmen gefunden zu haben. Die Entdeckung der christlichen Märtyrerbestattungen dort galt als Beweis für die Rechtmäßigkeit ihrer Verehrung und damit der Gültigkeit der unverfälschten Lehre.

Antonio Bosio (1575–1629) war der Erste, der die römischen Katakomben für seine Zeit wissenschaftlich erforschte und dokumentierte, obwohl auch sein Anliegen apologetischer Natur war. An Bosio anknüpfend legte dann mehr als zweieinhalb Jahrhunderte später Giovanni Battista de Rossi (1822–1894) unter Verwendung aller verfügbaren Quellen ein Monumentalwerk über das unterirdische christliche Rom von höchstem wissenschaftlichen Rang vor. Seine Arbeiten trugen wesentlich dazu bei, dass in der zweiten Hälfte des 19. Jhs. die Christliche Archäologie zu einer eigenen historischen Wissenschaft erhoben wurde, auch wenn sie noch keinen einheitlich-verbindlichen Charakter besaß und vielfach noch immer an die Theologie gebunden war. So reservierte man ab 1874 auch jeweils eines der Reisestipendien des Deutschen Archäologischen Instituts (DAI) für einen Christlichen Archäologen – Voraussetzung dafür aber war ein theologischer Studienabschluss.

Kurz nach der Jahrhundertwende hatte der katholische Theologe Joseph Wilpert die frühchristlichen Bilddenkmäler Roms, der Katakomben (1903), der Kirchen (1916) und später der Sarkophage (1929/36), in monumentalen Corpora vorgelegt. Der bis dahin auch durch Wilpert geförderte vorwiegend Rom-zentrierte Blick der Forschung wurde jedoch zu dieser Zeit durch neue Entdeckungen und Ausgrabungen stark erweitert. Während man zuvor die Keimzellen christlicher Kunst in Rom vermutete, stritt vor allem Josef Strzygowski für den Primat des hellenisierten Ostens.

Anders als die Traditionalisten, für die die „christlichen" Denkmäler das exklusive Forschungsfeld gewesen waren, erkannte Ludwig von Sybel, dass die frühchristliche nicht als eine eigenständige, sondern als ein Zweig der antiken Kunst zu betrachten sei.

Diesem Gedanken verschrieb sich auch der katholische Theologe Franz Joseph Dölger (1879–1940). Er war der Erste, der in seinem umfangreichen Werk darzustellen versuchte, wie sich aus der antik-heidnischen und jüdischen Kultur die spätantik-christliche entwickelte. Das nach seinem Tod gegründete und auch nach ihm benannte Forschungsinstitut in Bonn führte und führt noch immer seine Arbeiten fort. Es ist mit seinen Publikationsorganen eine interdisziplinäre Plattform für theologische, altertumswissenschaftliche und damit auch christlich-archäologische Forschungen.

Die Christliche Archäologie etablierte sich in einigen Theologischen Fakultäten beider Konfessionen als Hilfswissenschaft. Allein Freiburg besaß in der katholischen Theologie seit 1916 den ersten und einzigen Lehrstuhl (Joseph Sauer) für dieses Fach (Patrologie und Christliche Archäologie).

Zwischen den beiden Kriegen und in den Jahrzehnten nach dem Zweiten Weltkrieg machte eine ganze Generation von Theologen, in erster Linie Kirchenhistoriker, die Christliche Archäologie zum Mittelpunkt ihrer Forschungen, wie Alfons Maria Schneider, Theodor Klauser, Johannes Kollwitz und Klaus Wessel, dazu Kunsthistoriker wie Friedrich Wilhelm Deichmann, Richard Krautheimer, Ernst Kitzinger und Kurt Weitzmann. Sie leisteten Entscheidendes für die Erforschung der Christlichen Archäologie und der Byzantinischen Kunstgeschichte.

Ein Erkenntnis hatte sich schon seit Längerem durchgesetzt und lag allen ihren Arbeiten zugrunde: Diese Disziplin gehörte zu den Altertumswissenschaften und nicht zur Theologie.

Die Mehrzahl der eigenständigen Professuren für Christlichen Archäologie wurde erst in den letzten Jahrzehnten des 20. Jhs. eingerichtet. Damit verlor das Fach weitestgehend seine Bindung an einen theologischen Lehrstuhl bzw. wurde ganz aus der Theologischen Fakultät herausgelöst und in die Philosophische Fakultät oder einen entsprechenden Fachbereich eingegliedert. Lediglich in Erlangen, Marburg und Greifswald verblieb die Christliche Archäologie (nun jedoch als eigenes Studienfach) weiterhin in der Theologie. In anderen Fällen hatte eine solche Verbindung von vorneherein gar nicht bestanden: In Münster ging sie aus der Klassischen Archäologie hervor, in Mainz löste sie sich aus der Kunstgeschichte, in München war es eine eigenständige Gründung.

In einigen Theologischen Fakultäten gehört die Christliche Archäologie aber immer noch zur Alten Kirchengeschichte und Patrologie, so in Bochum, Leipzig, Mainz, Trier, Tübingen und Würzburg, wobei sie in den meisten Fällen dort nur noch eine untergeordnete oder auch gar keine Rolle mehr spielt.

Benennung und Methodik

Die Christliche Archäologie trägt mit ihrem Namen heute noch eine Erblast, weswegen sie auch häufig irrtümlich für ein religiös gebundenes Studienfach gehalten wird. Er führt auf die Wurzeln dieser Disziplin zurück und transportiert die anfänglich vorherrschende Vorstellung, mit dem Aufkommen und der Verbreitung des Christentums entstünde auch eine eigenständige Kunst und nur diese sei das alleinige Arbeitsfeld.

Der Begriff der Archäologie benennt eine Beschäftigung mit Altertümern wie auch mit Feldforschungen und Grabungstätigkeiten. Er bleibt aber, was die Methodik anbelangt, ebenso unscharf wie der der Klassischen Archäologie. Denn in beiden Fächern werden neben der stratigraphischen Methode der Grabung auch die kunstgeschichtlichen Methoden der Stilanalyse und Ikonographie für die Deutung der Denkmäler angewandt. Insofern lassen sich die Begriffe Archäologie und Kunstgeschichte durchaus synonym verwenden. Methodisch bewegt sich die Christliche Archäologie also auf denselben Pfaden wie die übrigen archäologischen Disziplinen und auch die Kunstgeschichte.

Im Gegensatz jedoch zu Ersteren ist die Christliche Archäologie weniger klar

Abb. 2: Nikaia/İznik, Stadtmauer, Ost-Seite. Die als Tagungsort zweier ökumenischer Konzile – das erste 325 und das siebente 787 – geadelte Stadt wurde zum Schutz gegen die Goten nach der Mitte des 3. Jhs. mit einer Mauer umgeben. Ein Teil der Türme wurde später wiederhergestellt: Sie bestehen aus einem Kern aus *Opus caementicium* und einer Außenschale aus Ziegeln. Die Technik, bei der jeder zweite Ziegel zurückgesetzt und überputzt wurde, ist charakteristisch für das 11./12. Jh. und erlaubte, die Reparaturen in die Jahre nach dem Erdbeben von 1065 zu datieren. Zur Zeit der Besetzung Konstantinopels durch die Lateiner (1204–1261) war Nikaia Exilort des byzantinischen Hofes. Johannes III. Dukas Vatatzes (1222–1254) sicherte nun die Stadt zusätzlich durch eine Vormauer (Reste links im Bild) und einen Graben.

zu fassen. Denn ihr Arbeitsfeld ist nicht ein eigener mehr oder weniger geschlossener Kulturkreis, der charakterisiert wäre etwa durch Anfang, Blütezeit und Niedergang, sondern es ist durch mehrere Aspekte geprägt: Es sind die Kunst- und Kulturäußerungen der Endphase einer heidnischen Hochkultur, einer sich darin neu etablierenden Religionsbewegung und in der Folge das Denkmälerspektrum und seine Weiterentwicklung in einem nun christlich geprägten Reich.

Das Erbe hellenistisch-römischer Kultur wurde von Ostrom/Byzanz weitergetragen. Seine Kunst und Kultur waren im Wesen konservativ, mit Phasen der Rückbesinnung und Rückgriffen (sog. Renaissancen). Dieses Phänomen ist vor allem auch für die Erforschung der Frühzeit von großem Interesse, weil sich hier noch ein Denkmälerpotenzial erhalten hat, das Verlorenes oder Fragmentarisches rekonstruierbar macht. Beispielsweise sind uns illustrierte Handschriften mit den ersten acht Büchern des Alten Testaments (Oktateuch) aus frühchristlicher Zeit verloren und erst aus dem byzantinischen Mittelalter erhalten.

Die Christliche Archäologie aber, deren zeitlicher Rahmen ungefähr vom 3. bis spätestens ins 8. Jh. reicht, blendet für den oströmisch/byzantinischen Raum das Mittelalter vollkommen aus. Das bedeutet etwa, dass zwar die im 6. Jh. erbaute Hagia Sophia in Istanbul, aber nicht mehr ihr gesamter figürlicher Mosaikschmuck aus der Zeit ab dem 9. Jh. Gegenstand der Betrachtung ist.

Aus solchen Erkenntnissen heraus erwies es sich als geboten, die Christliche Archäologie und die Byzantinische Kunstgeschichte zu *einem* Fach zusammenzuführen.

Institutionen

Die universitären Institute oder Arbeitsbereiche sind die Träger und Garanten der Forschung und auch des Fortbestehens der Disziplin. Die Wissens- und Methodenvermittlung ihrer akademischen Lehrerinnen und Lehrer und deren individuelle Forschungsinteressen bestimmen zu einem gewissen Grade Fragestellungen, Themenbereiche und Forschungsfelder. Darüber hinaus kann das Fach jeweils durch seine historischen Wurzeln, durch spezifische wissenschaftliche Ausrichtung oder auch hochschulpolitische Zwänge geprägt sein, vor allem auch durch die Verbünde, die es jüngst für die neuen Bachelor- und Master-Studiengänge eingehen musste.

Diese Bedingungen, die zur Bildung unterschiedlicher Schwerpunkte und Akzente führten, waren letztlich auch dafür verantwortlich, dass die Disziplin kein einheitliches, nachhaltiges Gesamtbild erhielt, das auch nach außen hin verständlich darstellbar und vermittelbar gewesen wäre.

Ein gewisses Abbild dieser Varietäten gibt die unterschiedliche Benennung der Fächer, auch wenn sie nicht immer programmatisch zu verstehen ist: Das eigenständige Studienfach heißt in Erlangen und Freiburg „Christliche Archäologie und Kunstgeschichte", in München „Spätantike und Byzantinische Kunstgeschichte", in Marburg, Mainz und Göttingen „Christliche Archäologie und Byzantinische Kunstgeschichte", und in Greifswald wird diese Bezeichnung noch ergänzt durch „Geschichte der Kirchlichen Kunst". Bonn hat seinen Schwerpunkt in der Spätantike („Christliche Archäologie") ebenso Münster („Frühchristliche Archäologie"). Heidelberg hat seinen auf den Osten verlegt („Byzantinische Archäologie und Kunstgeschichte").

Die Christliche Archäologie ist aber auch dort Gegenstand von Lehre und Forschung, wo sie institutionell und/oder nominell nicht verankert ist, wie im Institut für Christentum und Antike in der Theologischen Fakultät an der Humboldt-Universität in Berlin und in Halle-Wittenberg im Seminar für Orientalische Archäologie und Kunstgeschichte.

So gilt letztlich auch heute noch, was Friedrich Wilhelm Deichmann bereits vor einem Vierteljahrhundert festgestellt hatte: „Es gibt beinahe so viele Christliche Archäologien wie Christliche Archäologen" (*Einführung in die christiliche Archäologie* 1983, 1).

Eine Einrichtung ganz anderer Art ist die Byzantinische Archäologie Mainz (BAM), eine Neugeburt des Jahres 2005. Es handelt sich um einen Forschungsverbund des Römisch-Germanischen Zentralmuseums (RGZM) mit Fächern der Universität (Byzantinistik, Vor- und Frühgeschichte, Provinzialrömische Archäologie, Christliche Archäologie und Byzantinische Kunstgeschichte, Ägyptologie). Eine solche speziell auf interdisziplinäre Forschungen zu gemeinsamen Fragestellungen und Projekten auf diesem Gebiet ausgerichtete Institution ist bisher ohne Beispiel.

Archäologische Feldforschungen zu Siedlungen und Denkmälern auch aus dem Bereich unserer Disziplin wurden und werden von den Auslandsabteilungen des DAI unternommen, solche begannen in Istanbul 1929, in Rom 1937 und in Madrid 1943.

Vor allem in den letzten Jahrzehnten wurden aber auch von Universitätsinstituten mit Hilfe der Drittmittelförderung größere längerfristige Grabungs- und Surveyprojekte in Angriff genommen, so etwa im syrischen Resafa und El-Anderin und im türkischen Antakya/Antiocheia.

Nicht zu vergessen sind aber auch die überregionalen wissenschaftlichen Forschungen, die von den Berliner Museen mit der größten und bedeutendsten Sammlung spätantik-byzantinischer Kunst in Deutschland (Abb. 5) durchgeführt wurden, sowie von den Dommuseen in Köln und Trier (vgl. Abb. 3) und den Denkmalpflegeämtern.

Die Disziplin ist in einem Zweck- und Interessenverband organisiert, seine Bezeichnung spiegelt das gesamte Spektrum des Arbeitsbereichs treffend wider: Christliche Archäologie zur Erforschung spätantiker, frühmittelalterlicher und byzantinischer Kultur. Die Byzantinische Kunstgeschichte ist zusätzlich vertreten in der Deutschen Arbeitsgemeinschaft zur Förderung Byzantinischer Studien (DAFBS). Beide Arbeitsgemeinschaften bilden gleichzeitig die nationalen Vertretungen in den internationalen Fachverbänden, die in der Regel alle vier Jahre Kongresse in unterschiedlichen Ländern ausrichten.

Fachliche Grenzen

Es liegt in der Natur dieser Disziplin, dass sie vielerlei fachliche Überschneidungen mit Nachbardisziplinen besitzt. Das Interesse der Theologie daran wurde schon ausführlich dargestellt.

Die Spätantike als letzte Phase der römischen Kultur war vor allem nach dem Ersten Weltkrieg ein Forschungsfeld der Klassischen Archäologie, aus dem grundlegende Werke wie z. B. wie die Corpora von Richard Delbrueck *Konsulardiptychen*, *Spätantike Kaiserporträts* und *Antike Porphyrwerke* hervorgingen.

In der Regel aber – und das gilt bis heute – wird in der Klassischen Archäologie alles Christliche ausgeblendet. Das spätantike Rom etwa ist immer das heidnische, zeitgleiche christliche Denkmäler werden gern außen vor gelassen. Ähnliches ist auch in der Vor- und Frühgeschichte und in der Provinzialrömischen Archäologie zu beobachten – etwa, wenn sich die Provinzialrömische und Christliche Archäologie im spätantiken Trier oder Köln treffen, beim Nebeneinander von säkularen, paganen und christlichen Bauten. Die Christlichen Archäologen scheinen da freier von Berührungsängsten zu sein.

Ohne ideologische Scheu dem Christlichen gegenüber ist hingegen die Bauforschung. Bei ihr steht – erfrischend unkompliziert und positivistisch – allein das architektonische Denkmal im Mittelpunkt des Interesses; es ist die einzige Quelle, die befragt und von der Auskunft erwartet wird. Ein nicht unbedeutender Beitrag zu unserer Disziplin ist von dieser Forschungsrichtung geleistet worden.

Auch Kunsthistoriker haben natürlich schon früh begonnen, die Wurzeln und Anfänge abendländischer Kunstentwicklung zu erforschen. Hier sind vor allem

Abb. 3: Trier, Dom, Nord-Seite. In der seit 292 n. Chr. kaiserlichen Residenzstadt ließ Konstantin d. Gr. im 4. Jh. eine der größten Doppelkirchenanlagen ihrer Zeit ausbauen. Die Ostpartie der Nordkirche wurde ein Jahrzehnt später durch den sog. Quadratbau ersetzt, der erst in den 70er/80er Jahren des 4. Jhs. vollendet wurde (Zweck unbekannt). Der heutige romanische Dombau hat noch wesentliche Reste dieser monumentalen Architektur konserviert: In den Außenmauern, wie hier an der Nordseite, sind noch die beiden Bauphasen mit unterschiedlichem Mauerwerk und die ursprünglichen, später zugesetzten Fenster erkennbar. Ebenso sind noch im Innern Teile des Stützsystems aus dem 4. Jh. im Bereich der Vierung erhalten. Es sind die bedeutendsten Reste eines frühchristlichen kaiserlich geförderten Kirchenbaus diesseits der Alpen.

die Vertreter der sog. „Wiener Schule der Kunstgeschichte" zu nennen.

Forschungsfelder

Mit der Einsicht, dass Ausgraben auch immer Zerstören bedeutet und dass auch spät- und nachantike *strata* Zeugnisse vergangener Kulturen bewahren, die zu dokumentieren und zu untersuchen die wissenschaftliche Pflicht des Ausgräbers ist, wurden u. a. auch die Christlichen Archäologen zu einer gefragten Spezies, denen man vor dem Tiefergraben in ältere Kulturschichten die Reste der Spätbesiedlung zur Aufarbeitung überließ. Denn wenn die Spätphase nicht denselben Stellenwert besaß wie die ältere Blütezeit, war es häufig nicht mehr als eine Pflichtübung oder Dienstleistung.

Fruchtbare Kooperationen entstanden hingegen, wenn es um die Siedlungsgeschichte bedeutender, bis in die Spätantike und auch darüber hinaus bestehender Städte ging. Ephesos und Milet sind dafür gute Beispiele.

Ihr eigenes, exklusives Forschungsfeld aber findet der Christliche Archäologe mit Stätten, die erst in spätantiker oder frühbyzantinischer Zeit entstanden sind, Städten wie Caričin Grad oder Resafa, ländlichen Siedlungen, wie sie sich im nordsyrischen Kalksteinmassiv erhalten haben, Klöstern und Heiligtümern wie z. B. Cimitile/Nola oder Abu Mina. Und hinzuzurechnen ist natürlich der mittelalterliche Denkmälerbestand des gesamten byzantinischen Raums und seiner Einflussgebiete.

Wie bei den Nachbardisziplinen geht es auch hier um Siedlungsarchäologie mit Fragen nach dem Verhältnis von Stadt und Umland und auch um spezifischere Probleme wie etwa nach der Christianisierung der Städte.

Die Hauptdenkmälergattung der Feldforschung ist die Architektur mit dem gesamtem Spektrum privater, öffentlicher und imperialer Bauten und hier vor allem auch den christlichen Anlagen wie Kirchen, Klöstern und Heiligtümern. Bei Ersteren interessiert z. B. stets in besonderem Maße deren spezifische Funktion und liturgische Nutzung.

Zu den Bauten gehören auch ihre Ausstattung, Skulptur, Malerei und Mosaiken (Abb. 4). In der Spätantike bilden unterirdische Grabanlagen wie Katakomben und skulptierte Sarkophage große, wichtige Denkmälergruppen. Häufig noch ungelöste Probleme zum Dekor dieser Gattungen sind die Organisation von Ateliers, wandernde Werkstätten und Verwendung von Vorlagen wie Musterbüchern.

Abb. 4: Hosios Loukas Mosaiken in der Vorhalle (Narthex). Eines der am besten erhaltenen byzantinischen Klöster liegt in Mittelgriechenland. An der Stelle des Grabes des hl. Lukas wurde es – als kaiserliche Stiftung? – im 10. Jh. gegründet. Dem ersten folgte Anfang des 11. Jhs. ein zweiter, größerer Bau (die eigentliche Klosterkirche), in dem sich die Mehrzahl Mosaiken und Fresken erhalten hat. In der Vorhalle befindet sich über der Mitteltür das Brustbild des Pantokrators („Weltenherrschers"), im Gewölbe davor als Halbfiguren die Muttergottes und Johannes der Täufer sowie die Erzengel Michael und Gabriel. Nach dem Ende des Bilderstreits 843 wurde für die Innenräume byzantinischer Kirchen ein theologisch-liturgischen Gedanken folgendes Bildprogramm entwickelt. So auch hier: Die Darstellung Christi über der Tür folgt Joh. 10. 9 („Ich bin die Tür ...") und dem Eintretenden wird die Fürbitte Mariens und Johannes' des Täufers bei Christus zuteil.

Abb. 5: Berlin, Museum für byzantinische Kunst, Elfenbeindiptychon. In der Spätantike verschenkte der Konsul zum Amtsantritt elfenbeinerne Klapptafeln mit seinem Bild und Inschriften seines Namens und seiner bisherigen Ämter (in Rom und in Konstantinopel). Durch überlieferte Konsulatslisten sind solche Stücke genau datierbar. Dieses Diptychon des Ost-Konsuls Justinus von 540 zeigt exemplarisch die repräsentative Selbstdarstellung des Amtsinhabers: In der Rechten hält der die *mappa*, ein Tuch, mit dem er von ihm gestiftete Spiele eröffnete, in der Linken ein Zepter mit der Büste des regierenden Kaisers Justinian. Dieser erscheint oben noch einmal jeweils im linken der drei Medaillons, im rechten seine Gemahlin Theodora, im mittleren Christus, in einem Fall mit Kreuznimbus unter dessen Segen die kaiserliche Herrschaft gestellt ist. Eine weitere Sitte beim Amtsantritt zeigt die Szene unten: das Geldausschütten *(sparsio)*.

All das, was an Bodenfunden zutage tritt, ist in gleichem Maße Gegenstand der Beschäftigung: Keramik, Münzen und Gerätschaften des täglichen Lebens.

Wichtige Forschungsbereiche sind darüber hinaus weitere Gattungen der Sammlungs- und Museumsbestände: Gewänder, liturgische Geräte und Reliquiare – Letztere sind unmittelbar verbunden mit Form und Ablauf des Reliquienkultes. Ikonen evozieren Fragen nach Porträthaftigkeit des Dargestellten, Stilwandel und liturgischer Verwendung, die Buchmalerei u. a. nach dem Verhältnis von Text und Bild.

Ein weites Feld schließlich bildet die christliche, aber auch die imperiale Ikonographie mit Fragestellungen nach Herkunft und Veränderung der Motive sowie der Entschlüsselung der Symbolwelt (Abb. 5). Bei all diesen Objekten geht es um die Klassifizierung, Zeitstellung und Geschichte, um Herkunft und Funktion, Auftraggeber und Adressat, um Außenwirkung, Außenkontakte und Handelsbeziehungen, nicht zuletzt um das historische und kulturelle Umfeld und seine Veränderungen und immer auch um die Lebenswelt der Menschen jener Zeit.

Das uneinheitliche Spektrum der Fächer spiegelt sich auch in den unterschiedlichen Forschungsfeldern, Fragestellungen und Forschungsansätzen wider. Daher sind kaum neue allgemeinverbindliche inhaltliche und methodische Entwicklungen und Forschungsrichtungen zu erkennen.

Die Christliche Archäologie und Byzantinische Kunstgeschichte ist ein unverzichtbares Glied zwischen Klassischer Antike und mittelalterlicher Kunstgeschichte. Sie leistet mit unverstelltem Blick einen wesentlichen Beitrag zur Erforschung der Spätantike sowie der Wurzeln, der Anfänge und der Entwicklung unserer christlich geprägten Kultur und erschließt dabei gleichzeitig die gesamte materielle Hinterlassenschaft des Byzantinischen Reiches.

Man möchte daher diese Disziplin nicht zu einer Hilfswissenschaft herabgestuft und nicht zu einem Nebenfach degradiert sehen. Dass unter den Zwängen der neuen Studienordnungen noch Luft und Freiheit gelassen wird für die notwendige gründliche Ausbildung eines wissenschaftlichen Nachwuchses, dem auch Möglichkeiten und Chancen geboten werden, die Forschungen dieser Disziplin erfolgreich weiterzuführen, ist eine große Hoffnung, die wir nicht aufgeben dürfen.

Mittelalterarchäologie

von Heiko Steuer

Anders als die übrigen Zweige der archäologischen Wissenschaften zielt die Mittelalterarchäologie (oder Archäologie des Mittelalters) nicht auf alte, vergangene und fremde Zivilisationen und ihre Kultur, sondern erforscht die Ursprünge der gegenwärtigen Strukturen in den europäischen Landschaften. Denn die heutige Verteilung der Dörfer, Städte, Klöster und Industrieorte im Straßennetz, eingebettet in eine vom Menschen ständig veränderte natürliche Umwelt, stammt aus dem Mittelalter (der Zeit etwa 500 bis 1500) und ist nach dem Niedergang des Römischen Reichs entstanden.

Zur eigenständigen wissenschaftlichen Disziplin wurde die Mittelalterarchäologie erst Mitte des 20. Jhs., und je weiter sich gewissermaßen die Gegenwart vom Mittelalter entfernt, desto näher rücken die Forschungen in Richtung Gegenwart. Die erste Erweiterung dieses Forschungsfeldes war die Formulierung „Archäologie des Mittelalters und der Neuzeit", und inzwischen schließen die Forschungen Ausgrabungen in Gartenanlagen des Barock, an militärischen Relikten und Gefangenenlagern der Weltkriege oder nach zerstörten jüdischen Kulträumen ein.

Während der Frühphase der Mittelalterarchäologie wurden ausgegrabene Sachgüter und Fundamente von Bauten von der Geschichtsschreibung allein zur Illustration der schriftlichen und bildlichen Überlieferung herangezogen, und man sprach ihr die eigenständige Position als Geschichtswissenschaft ab. Gegenwärtig gibt es inzwischen umgekehrte Bezüge: Zur Interpretation, dem Verständnis und der Auswertung von bildlicher Überlieferung aus dem Mittelalter oder der frühen Neuzeit werden archäologische Ergebnisse notwendig, und schriftliche Nachrichten werden zur Illustration archäologischer Befunde herangezogen. Im angelsächsischen Raum und in Mitteleuropa wird gegen die „tyranny of historical record" („Tyrannei der Schriftquellen") argumentiert.

Die Mittelalterarchäologie ist eine Wissenschaft, die ihre Quellen vornehmlich über Ausgrabungen gewinnt und dabei verschiedene naturwissenschaftliche Disziplinen einbezieht. Doch geht es nicht nur um die Freilegung der Überreste verschwundener Siedlungen mit dem „Spaten", sondern zugleich um die Untersuchung von noch aufrecht stehenden Ruinen von Burgen und Stadtmauern sowie besonders von immer noch genutzten Gebäuden wie Häusern und Kirchen. Diese „Monumentenarchäologie" erschließt mit archäologischen Methoden die aufeinander folgenden Phasen des Auf- und Umbaus von Haus und Hof, Kirche und Stadt.

Der Grund, warum erst jüngst das Mittelalter auch archäologisch erschlossen werden soll und kann, liegt im Wandel der Fragestellungen. Man will inzwischen Aspekte ehemaliger Lebenswirklichkeiten kennenlernen, die über Schrift- und Bildquellen nicht beantwortet werden können. Einsichtig ist, dass über Ernährung, Verbreitung und Häufigkeit von Krankheiten oder die allgemeine körperliche Konstitution des mittelalterlichen Menschen nur ausgegrabene und mit modernen anthropologischen Verfahren ausgewertete Friedhöfe berichten. Aber auch die Struktur eines kompletten Dorfes in der Merowingerzeit oder im hohen Mittelalter, was Anordnung der Anwesen, innere Gliederung der Gehöfte und die Nutzung der Gebäude angeht, und auch ihre wirtschaftliche Potenz sind nur in kleinen Ausschnitten über die schriftliche Überlieferung zu erfassen, z. B. anhand der Schenkung eines Hofes an die Kirche oder Nennung von Frondienstleistungen, nicht aber als gesamte Siedlung. So haben mit den Worten des französischen Mittelalter-Historikers Robert Fossier Ausgrabungen „weitaus mehr Aufschlüsse erbracht als eine ganze Wagenladung Urkunden".

Die Formierung der Mittelalterarchäologie

Zwar reichen die Wurzeln dieser Disziplin schon einige Jahrzehnte ins 19. Jh. zurück. Doch wurden andererseits noch um die Mitte des 20. Jhs. bei großen Ausgrabungen Schichten aus dem Mittelalter abgebaggert, weil die darunterliegenden römischen Relikte bedeutender zu sein schienen.

Den Beginn der heutigen Mittelalterarchäologie markieren die Forschungen von Paul Grimm im verlassenen Dorf Hohenrode am Südharz ab 1935, in Wharram Percy in Nordengland ab 1950 oder in Rougiers in der Provence ab 1961. Kennzeichnend für diesen Beginn ist die Folge der Jahre der Ersterscheinung von Fachzeitschriften: in England 1955, in Frankreich 1971, in Deutschland 1973, in Italien 1974 und in der Tschechoslowakei 1976. Auffällig ist – und deshalb ist nach den Gründen zu fragen –, warum in einer engen Zeitphase von wenigen Jahren mehrere Abhandlungen zur Eigenständigkeit der Mittelalterarchäologie veröffentlicht wurden. Aus verschiedenen Blickwinkeln wurden Stellungnahmen zu Methoden, Perspektiven und zukünftigen Aufgaben als Standortbestimmungen des Fachs ab den 1980er und 1990er Jahren diskutiert, so 1998 mit dem Ziel einer eigenständigen multidisziplinären Mittelalterwissenschaft. Ein erstes Handbuch legte 1975 Michel de Bouard vor, gefolgt 1987 von der *Einführung in die Archäologie des Mittelalters* von Günter P. Fehring und jüngst von Barbara Scholkmann *Das Mittelalter im Fokus der Archäologie* (2009).

Entscheidend für die Verselbständigung der Mittelalterarchäologie war der Wandel der Fragestellung: Man wollte von früheren Epochen anderes wissen, als die Geschichtsbücher boten. Neu war das Interesse an „Alltagsgeschichte" und an der Rekonstruktion der allgemeinen Lebensbedingungen aller gesellschaftlichen Gruppen zu verschiedenen Zeiten – und damit auch im Mittelalter. Die Geschichtswissenschaft ging dabei voran und über die Beschreibung der Ereignisgeschichte, über die Wirkung von politischen und militärischen Vorgängen hinaus fragte man nach dem Leben in Dorf und Kloster, nach dem Einfluss der Landschaften oder der Meere, des Klimas oder der Güte des Ackerbodens auf die Lebensumstände aller Menschen jeglichen Standes und unterschiedlicher Tätigkeit – seien sie Bauern, Handwerker, Kaufmänner oder Kleriker gewesen. Wie sah es in einem Dorf tatsächlich aus, in dem einzelne Gehöfte samt Bewohner vom Grundherrn an die Kirche verschenkt wurden (was immer gut dokumentiert ist)? Wie wurden die Häuser und Werkstätten genutzt, oder welches Gerät und Tischgeschirr wurde von wem benutzt? Was wurde von den Bauern auf dem Acker angebaut, und was wurde in Stadt und Land gegessen? Davon berichten Schriftquellen nur ausnahmsweise. Es reichte auch nicht mehr aus, dafür die Bildüberlieferung zu studieren, denn diese setzte erst im hohen oder gar späten Mittelalter ein. Offensichtlich konnten Antworten nur über die Hinzuziehung zahlreicher anderer Disziplinen gefunden werden; ganz wesentlich sind hier die Umweltgeschichte mit dem Bereich Klima (im weitesten Sinne) und die Auswertung von Tierknochen und Pflanzenresten (also naturwissenschaftliche Disziplinen), dann die Ergebnisse der Historischen Geographie und der Sprach- und Namengeschichte. Es zeigt sich, dass die Mittelalterarchäologie zu einer Mittelalter*kunde* geworden ist, zu einer komplexen Wissenschaft vom Mittelalter, bei der die ausgrabende Archäologie die Federführung übernommen hat.

Landschaftsarchäologie

Die Struktur des Besiedlungsmusters in den verschiedenen europäischen Landschaften, die Hierarchie der Siedlungen im Netz der Wegesysteme erforscht die Mittelalterarchäologie bisher mit Blick auf die wesentlichen Einheiten: Dörfer, Pfalzen, Adelssitze, Burgen, Städte, Kirchen und Klöster, Bergwerke und Steinbrüche, Glashütten und Köhlerplätze, Friedhöfe und Massengräber, Häfen und Straßen.

Das Netz der heutigen Siedlungen hat im Mittelalter zeitlich unterschiedliche Anfänge. In den Ländern auf dem Boden des ehemaligen Römischen Reichs gibt es Kontinuitäten seit der Antike, in den Ländern nördlich der Donau und östlich des Rheins entstanden die Siedlungen während und nach der Völkerwanderungszeit (im 5./6. Jh.), östlich der Elbe nach Einwanderung und Konstituierung der Slawen (im 7./8. Jh.). Dörfer wurden nach der Antike im 5. Jh. neu gegründet, Städte auf ehemals römischem Gebiet wuchsen im Mittelalter, entstanden im Osten und Norden aus Wurzeln im 7./8. Jh. neu; Befestigungen und Burgen als Wohnsitze des Adels kamen im Mittelalter ebenfalls hinzu, ebenso Klöster und Abteien. Rom, Paris, London, Köln oder Regensburg haben antike Wurzeln, Hamburg und Prag entstanden erst im 8./9. Jh. Die abendländischen Klöster wurden im Karolingerreich im 9. und 10. Jh. errichtet (der St. Galler Klosterplan als Idealgrundriss eines Klosters stammt von 820, Cluny wurde 909 gegründet) und breiteten sich in Filiationen über ganz Mitteleuropa aus. Die Burg als adliger Wohnsitz, die Turmhügelburg oder Motte, wurde in der Normandie im 10. bzw. frühen 11. Jh. erfunden und verbreitete sich dann in den nächsten beiden Jahrhunderten weit nach Norden und Osten über Europa und wurde von Normannen bis nach Sizilien gebracht. Andere Burgentypen wie Ringwälle im sächsischen Gebiet (Abb. 1a, 1b) oder slawische Holz-Erde-Befestigungen sind eine mittelalterliche Erfindung des 8./9. Jhs. vor dem Hintergrund bestimmter politischer und gesellschaftlicher Verhältnisse. Die Mittelalterarchäologie vergegenwärtigt diese Phasenabfolgen und bietet an verschiedenen zeitlichen Schnittstellen mit Blick auf die Konzeptionen – bei der Burg, der Stadt, dem Kloster nicht nur die Grundrisse, sondern die innere Gliederung – durch Ausgrabungen neues Wissen; denn die noch existierenden Bauten, seien es Ringwälle, Turmhügelburgen, Klöster oder Dorf und Stadt, sind seit langem bekannt und ihre Geschichte geschrieben, doch kann man nur den Endzustand vermessen, zu dem vielfältige Umbaumaßnahmen geführt haben und der den Ursprung völlig verdeckt.

Das wandernde Dorf

Eine Vielzahl von Dörfern ist in Mittel- und Westeuropa vollständig ausgegraben worden, mehrere hundert Siedlungen der Merowingerzeit und des hohen Mittelalters mit der Hierarchie der Gehöfte vom Herrensitz oder der Befestigung am Dorfrand sowie der Abfolge der Kirchenbauten bis zum Haus des Kleinbauern. Im Europa nördlich der Alpen beherrschte – anders als teilweise in den Mittelmeerländern – die ländliche Siedlung, das Dorf, den gesamten Siedlungsraum. Auffällig ist, dass diese Dörfer in der Regel kurzfristig, in wenig mehr als einer Generationsfolge, immer wieder neu gebaut wurden, indem man die Gehöfte und Häuser an derselben Stelle errichtete oder innerhalb der zugehörigen Gemarkung einige hundert Meter verlegte. Das ist zwar kein besonderes Verhalten der Dorfbewohner des frühen Mittelalters, vielmehr geht diese Sitte bis in die Steinzeit zurück – aber man blieb bis in die Karolingerzeit bei diesem altertümlichen Verhalten, was andeutet, dass andere als praktische Gründe dahinterstehen. Denn erst mit Aufkommen der fest gebauten Kirchen im 8. bis 10. Jh. blieben die Dörfer ortskonstant.

Dem Wohnen und Wirtschaften im ländlichen Raum während des Mittelalters widmet sich seit 1995 die internationale Arbeitsgemeinschaft RURALIA. Schon wesentlich länger trifft sich die europäische Wissenschaft der internationalen Burgenforschung unter dem Namen „Chateau Gaillard – Études de Castellologie médiévale", benannt nach der ersten Konferenz in der Normandie unter der Leitung von Michel de Bouard 1962.

Frühzeit der Stadt

Fragen zur europäischen Stadt im Mittelalter betreffen v. a. ihre Anfänge und ihre Wachstumsphasen. Bekannt war der Niedergang der antiken Stadt, vermutet wurde ein Hiatus bis zum Wiederaufleben der Stadt im hohen Mittelalter. In Rom selbst haben Ausgrabungen, z. B. im Bereich der Crypta Balbi, gezeigt, dass Sachgüter wie Töpfereiwaren, für die man ein Ende der Produktion in der Spätantike annahm, noch bis weit ins 7. Jh. hinein hergestellt, weiträumig verhandelt und intensiv gebraucht wurden. Ausgrabungen in der Mitte Roms haben repräsentative Gehöfte des Adels in den Ruinen der Kaiserforen des 9. und 10. Jhs. freigelegt (Abb. 2). In den Römerstädten am Rhein, in Köln und Mainz, wurden Siedlungsschichten und Hafenkais der Merowingerzeit nachgewiesen, also für eine Phase, für die man eine Lücke in der städtischen Besiedlung annahm. In den Ländern außerhalb der römischen Provinzen entwickelten sich ab dem 8. Jh. Zentralorte, Vor- und Frühformen der Stadt, Handwerker- und Kaufleutekonzentrationen, und ein dichtes Netz von Seehandelsplätzen an Nord- und Ostseeküste spiegelt einen intensiven Handelsverkehr für das 9. und 10. Jh. wider. Somit hat die Archäologie zur Diskussion aufgerufen, ob tatsächlich erst dann von Städten gesprochen werden darf, wenn Stadtrechte schriftlich überliefert sind – was erst im 12. Jh. häufiger wird –, oder ob nicht Orte mit einer großen Einwohnerzahl, Infrastruktureinrichtungen wie einem regelmäßigen Wegenetz, genormten Grundstücksgrößen, Hafenanlagen und Marktplätzen nicht auch Städte waren – und das dann bereits ab dem 9./10. Jh. In Handelsplätzen wie Dorestad, Haithabu oder Schleswig und auch im schwedischen Birka sind Kaimauern und weit ins offene Wasser reichende Schiffsbrücken aus Holz ausgegraben worden.

Gewaltige Umgestaltungen wurden in mittelalterlichen Städten vorgenommen, die erst durch die Mittelalterarchäologie nachgewiesen wurden: In Lübeck schuf man durch Aufschüttungen in den Flussniederungen, die den Stadthügel einschließen, breite Areale für neue Bebauung. In Braunschweig vergrößerte man das besiedelbare Stadtgebiet auf mehr als das Doppelte, indem man Niederungen bis zu einem Niveau auffüllte, so dass die neuen Flächen höher liegen als die ältesten Stadtkerne. In Konstanz schob man das Ufer des Bodensees durch den Bau von Kaimauern und Brücken weit in den See hinaus. Aus den ältesten Stadtplänen des 15./16. Jhs. wurde auf die Anfänge der städtischen Entwicklung zurückgeschlossen, um damit den Kern und die älteste Bebauung lokalisieren zu können. Doch haben Ausgrabungen die regelhafte Umplanung zahlreicher Städte um 1200 bis zu neuen Straßenführungen und Befestigungsringen nachgewiesen. Mauerzüge verliefen über aufgelassene Stadthäuser (so in Basel und Freiburg), Marktplätze wurden auf zuvor dicht besiedelten Arealen neu angelegt (dafür gibt es Dutzende von Beispielen) und das Parzellengefüge wurde verschoben (so in Schleswig). Widersprüche zwischen Schriftquellen und archäologischen Ergebnissen führen näher zur vergangenen Realität als überlieferte Idealbilder: In Köln wurden Töpfereien in eng bebauten Grundstücken ausgegraben, wo das Umfeld durch Feuer gefährdet war, obgleich Verordnungen dies schon seit Jahrzehnten untersagt hatten. Namen wie Goldschmiede-, Schwertfeger-, Töpfer-, Schuster- oder Salzstraße spiegeln nicht – wie nach dem Muster eines Basars – die Konzentration der Handwerker in der Stadt, sondern wurden anscheinend willkürlich gewählt: Ausgrabungen belegen, dass das Handwerk in den meisten hoch- und spätmittelalterlichen Städten in ungeordneter Gemengelage an den Straßen verteilt war. Nur die geruchsintensiven und auf Wasser angewiesenen Gerbereien lagen stets an den Bächen am Rande der Kernstadt. Ebenso hat sich gezeigt, dass sich die Spezialisierung der Handwerker erst im Hochmittelalter durchgesetzt hat. In manchen Häusern haben verschiedene Handwerker nebeneinander gearbeitet, oder – was deutlicher erkennbar ist – ein Handwerker beherrschte verschiedene Produktionsmethoden, etwa als Grobschmied und Schuster. Der Zusammenschluss der Handwerker in Gilden oder Zünften zur Sicherung ihres Berufes gegen Konkurrenz und als Interessenvertreter gegenüber dem Rat im Rahmen der Stadtgemeinde wurde erst im späten 12. und im 13. Jh. üblich.

Brüche im mittelalterlichen Netzwerk

Im Mittelalter sind Städte verlegt worden, z. B. das Handelszentrum von Haithabu an der Schlei nach Schleswig und dann

MITTELALTERARCHÄOLOGIE

Abb. 1a

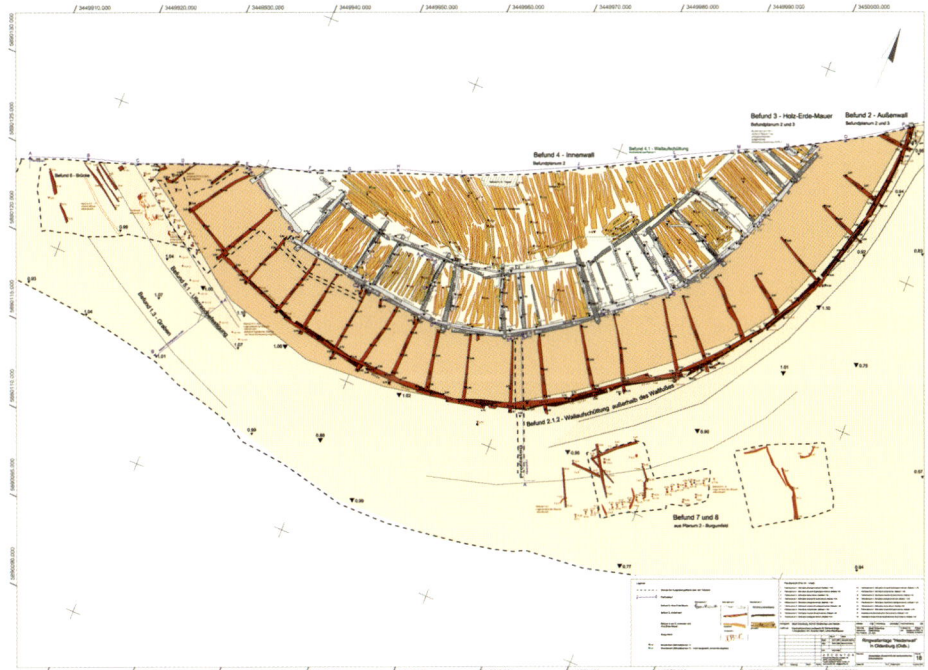

Abb. 1b

Abb. 1a, 1b: Der „Heidenwall" bei Oldenburg, eine Niederungsburg aus dem 11. Jh. mit einem Durchmesser von 56 m. a) Hölzerne Substruktionen der Holz-Erde-Mauer, aneinandergereihte Kästen aus Stämmen, ein schwimmendes Fundament für die Mauer. Der erste Ring aus Holzkästen wurde 1032, der zweite wenige Meter davor 1042 gebaut. b) Digitale Umzeichnung.

Abb. 2: Haus des 9./10. Jhs. auf dem Forum des Nerva in Rom mit eindrucksvollen Arkaden.

nach Lübeck. Kirchen und Klöster sind nach der Reformation aufgelöst und nach der Säkularisation zu Beginn des 19. Jhs. umgewandelt worden. Städte und Dörfer sind verlassen und aufgegeben worden, wüst gefallen, aus klimatischen, wirtschaftlichen oder politischen Gründen, und lassen sich heute, weil nicht überbaut, umfassend ausgraben. Burgen verloren mit Aufkommen der Feuerwaffen ihren militärischen Nutzen, wurden im Bauernkrieg zerstört oder einfach verlassen, nachdem in der Nähe ein moderneres Wasserschloss gebaut worden war. Ihre sichtbaren Ruinen, verstreut über ganz Europa, spiegeln den adligen Wohnstil eines halben Jahrtausends wider (grob gesagt von 1000 bis 1500) und haben als Relikte schon ein weiteres halbes Jahrtausend überdauert.

Gewerbesiedlungen und Transportwesen

Ausgrabungen in Erzrevieren gelten den Siedlungen und Bergwerken. In der Toskana, im Poitou, im Erzgebirge, im Schwarzwald (Abb. 3) oder in Böhmen hat man nicht nur die Abbaumethoden unter Tage untersucht, sondern auch die Lebensweise der Bergleute schon für die Karolingerzeit oder die Zeit um 1200, also für wesentlich frühere Epochen erforscht, als die überlieferte Bergwerksliteratur des 16. Jhs. (wie Agricola) oder die Bildüberlieferung diese schildern. Die Geschichte der Wassermühle ist für die Merowinger- und Wikingerzeit anhand zahlreicher Ausgrabungsbefunde detailliert beschreibbar geworden. Standorte von Glashütten in waldreichen Tälern der mitteleuropäischen Mittelgebirge oder an der Lagune von Venedig haben die Frühgeschichte der Glasproduktion erschlossen. Die Entdeckung von Schiffen aus Mittelalter und früher Neuzeit in Flüssen und an Meeresküsten und ihre Ausgrabung, d. h. Bergung, beleuchten Baugeschichte, Ladevolumen und Ausstattung der Besatzung in allen Details, eine neue Quelle zur Wirtschafts- und Alltagsgeschichte, seit neue Konservierungsmethoden erlauben, Unterwasserfunde auf Dauer museal aufzubewahren.

Kultbauten

Die Mitte des Lebens im Mittelalter waren die Religionen und damit ihre Kultbauten. Mehrfach wurde der Beginn des Mittelalters mit der Einführung des Christentums gleichgesetzt. Nicht vergessen werden soll aber, dass im weiten europäischen Raum gleichzeitig auch andere Religionen herrschten und ihre Geschichte erforscht wird. Die skandinavische Götterwelt hatte bis zur Durchsetzung des Christentums ab dem 10. Jh. neben den Bestattungssitten scheinbar kaum Kultbauten hinterlassen. Das Bild ist jedoch komplexer geworden: In Uppåkra bei Lund in Südschweden wurde ein Kultbau ausgegraben, der seit der vorrömischen Eisenzeit bis in die Wikingerzeit immer wieder an derselben Stelle erneuert worden ist und wohl ausgesehen hat wie eine mittelalterliche Stabkirche. Die Ausgrabung der Grundrisse von mächtigen, mehr als 60 m langen Hallengebäuden in vielen Siedlungen rund um die Nordsee bei den üblichen Bauerngehöften hat – angeregt durch die schriftliche Überlieferung – zur Deutung dieser Großbauten als Festhalle und zugleich Kulthalle unter der Regie der örtlichen Elite geführt, und somit hat es doch ein relativ dichtes Netz von derartigen religiös bestimmten Bauwerken gegeben. Auch in den Ländern der Slawen östlich der Elbe sind Götterbilder und Kultbauten archäologisch erforscht worden, die bis ins 11./12. Jh. standen, ehe dann das Christentum auch dort dominierte.

Landschaften im Süden Europas gehörten zur muslimischen Welt mit ihren Moscheen. Die Mittelalterarchäologie hat zusammen mit der Bauforschung auf der iberischen Halbinsel in jüngster Zeit nachgewiesen, dass christliche Kirchen nicht allein zur Zeit des Westgotischen Reichs gebaut worden sind, sondern vielfach noch weit später zur Zeit der islamischen Herrschaft. Die Umwandlung von Moscheen in Kirchen nach der Reconquista (8. Jh. über das 10./11. Jh. bis 1492) ist deutlicher erkennbar. Die Residenz des westgotischen Königs Reccared war nach den Ausgrabungen wesentlich bescheidener als die darüber errichtete arabische Palastanlage. Die Palastanlage und beachtlich große königliche Stadt Madinat al-Zahra als Hauptstadt des Umayyaden-Kalifats wurde 936 nur 5 km von Cordoba entfernt errichtet, dann aber bald wieder verlassen und ermöglicht heute das Studium einer islamischen Großstadt in vollem Umfang.

Im christlichen Europa ist der Beginn des Kirchenbaus außerhalb der ehemals römischen Provinzen, in denen seit der Spätantike steinerne Kirchen trotz zahlreicher Umbauten erhalten sind, erst durch die Archäologie erschlossen worden, weil diese Kirchen in der gesamten zweiten Hälfte des 1. Jts. nur im Grundriss erhalten sind, erkennbar an den Gruben der einst eingegrabenen Pfosten. Älteste Kirchen standen auf den Gräberfeldern, dann bei den dörflichen Siedlungen. Diese Holzpfostenkirchen haben oft erstaunlich lange bestanden, ehe sie durch Steinbauten ersetzt worden sind. Der Archäologe stößt dabei auf die Diskrepanz zwischen Bauten in den ländlichen Gehöften, die ebenfalls ein tragendes Gerüst aus eingegrabenen Holzpfosten hatten, die meist schon nach einer Generation erneuert wurden, oft verbunden mit der Verlagerung des Hauses. Wurden die Bauernhäuser so häufig erneuert, weil jeder Bauer aus Tradition ein neues Haus haben wollte? Oder weil das alte baufällig war, was aber bei den Holzkirchen anscheinend nicht der Fall war?

Schriftlichkeit

Die Verbreitung der Lese- und vor allem der Schreibkenntnisse wird für das Mittelalter zumeist unterschätzt, eine Art Plausibilitätserklärung, weil man meinte, dass eigentlich nur Kleriker, längst nicht alle Mönche, regelhaft lesen und schreiben konnten. Die archäologischen Befunde zeigen das anders, und zwar anhand allerlei Indizien: Die Zahl der Griffel aus Bein oder Bronze, mit denen man auf Wachstafeln schrieb, ist beachtlich groß, und zwar in allen städtischen Siedlungen und auch in Burgen. Hunderte archäologisch geborgene Bronzeschüsselpaare zum Händewaschen, die Hanseschalen oder romanischen gravierten Bronzeschalen, sind mit Bild und Schrift verziert. Die weltlichen Ritterszenen und religiösen Motive mit Heiligendarstellungen sind nur dann verständlich, wenn nicht nur der Auftraggeber und der Handwerker, sondern auch die Nutzer die Bilder verstanden haben und den Text lesen konnten. Natürlich ist es eine Frage der Zugehörigkeit zu einer gehobenen gesellschaftlichen Schicht. Runen ritzende Frauen sind in Süddeutschland während der Merowingerzeit nachgewiesen. Adlige Damen haben den Teppich von Bayeux in den 1180er Jahren gestickt und sicherlich die vielen Texte darauf auch lesen können. Überzeugender noch sind die Runentexte auf Holz aus der mittelalterlichen Hansestadt Bergen in Norwegen, wo man Hunderte von weggeworfenen Hölzern gefunden hat, auf denen alle Arten von Texten standen: Schuldverschreibungen, Liebesbriefe und Witze bis hin zu Versen des Vergil. Sie werden allgemein ins 12. bis 15. Jh. datiert. Ähnlich verblüffend sind die zahlreichen Schriften auf Birkenrinde in der Stadt Nowgorod in Russland aus der derselben Zeit, die auch vom Brief bis zur Dichtung alle Arten von Mitteilungen enthalten.

Abb. 3a, 3b: Das Verwaltungszentrum einer Bergleutesiedlung des 12. bis 16. Jhs. im Südschwarzwald (Sulzburg, Kreis Breisgau-Hochschwarzwald). a) An der Stelle eines römischen Badegebäudes aus dem 2. Jh. n. Chr. wurde im 12. Jh. eine kleine Kirche der Bergleute errichtet, um die herum ihre Familien bestattet wurden. Später wurde um 1300 nördlich ein quadratischer Hofkomplex errichtet mit einem Keller in der Nordostecke, einem zweistöckigen Haus im Südwesten – der Treppenaufgang ist erkennbar. Wiederum später in der zweiten Hälfte des 14. Jhs., als der Hof verschwunden war, wurde ein turmartiges Gebäude gebaut und am Schluss im 16. Jh. ein Zechenhaus der Bergleute mit Fliesenboden und halbrunder Apsis. Der Blei-Silber-Erzgang verläuft unmittelbar neben diesem Siedlungszentrum. b) Phasenplan.

MITTELALTERARCHÄOLOGIE

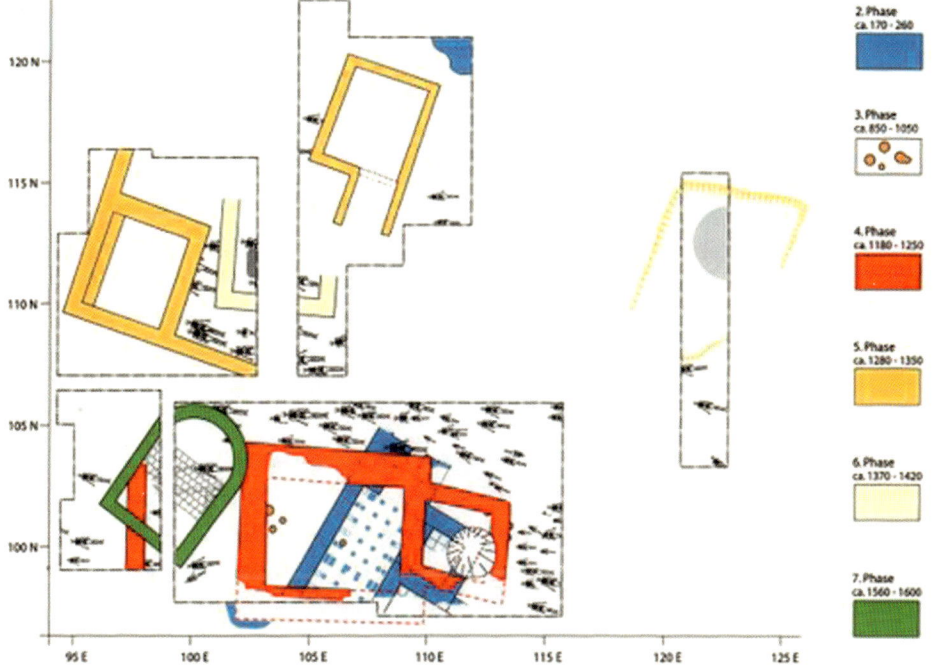

Geldwesen

In den germanischen Reichen der Merowingerzeit bildeten Goldmünzen in antiker Tradition die Währungsgrundlage. Die wirtschaftlichen Bedingungen führten zu einem immer stärker abnehmenden Goldanteil in den Münzen, der durch Silber und Kupfer ersetzt wurde, so dass seit dem fortgeschrittenen 7. Jh. die „Goldstücke" in Wirklichkeit schon fast zu Silbermünzen geworden waren. Der allgemeine Wechsel zur ausschließlichen Silberwährung, zum Pfennig oder Denar, unter den karolingischen Herrschern war daher nicht so revolutionär, wie es auf den ersten Blick scheint. Östlich der Elbe, bei den Slawen, und rund um die Ostsee fehlte noch eine Geldwirtschaft auf der Basis gezählter Münzen. Stattdessen wurde eine Gewichtsgeldwirtschaft entwickelt, die wie im Westen zwar auf Silber beruhte, das jedoch in Form von Schmuck, Barren oder fremden Münzen, die zerbrochen, zerschnitten oder zusammengeschmolzen nach Gewicht abgewogen im Marktbetrieb verwendet wurden. Dazu gehörten feine Waagen und genormte Gewichtssätze, die seit dem späten 9. Jh. bis in die Zeit nach 1000 von jedermann gebraucht wurden, nicht nur von Kaufleuten, sondern auch von Handwerkern und Bauern, was die große Zahl der Funde bei jeder Ausgrabung in den frühstädtischen Handelsplätzen, in Burgen oder in ländlichen Siedlungen bezeugt. Das Silber bestand aus importierten arabischen Dirhems, später seit 1000 aus englischen und deutschen Münzen. Waagen und Gewichte und das Gewichtssystem sind nach arabischem Vorbild aus dem Orient über Russland bis in das Ostseegebiet gebracht worden.

Mehrere Jahrhunderte hindurch stießen an der Elbe zwei verschiedene Währungsgebiete aufeinander.

Massengut und individueller Besitz

Die Ausgrabungstätigkeiten sind in fast allen modernen Staaten Europas außerordentlich zahlreich und umfassend, und ebenso unüberschaubar ist dadurch die Menge der geborgenen Fundmaterialien geworden. Die fortlaufend erscheinenden Veröffentlichungen bilden nur die kleine Spitze eines Eisberges; in den Archiven der archäologischen Denkmalpflege häufen sich die nicht ausgewerteten Grabungsdokumentationen. Es kann der Eindruck entstehen, dass der Inhalt der Bodenarchive einfach in die Behördenarchive verlagert wird. Gewissermaßen werden die Überreste mittelalterlichen Lebens, die damals als Abfall in den städtischen Latrinengruben landeten, heute nur in die Regale von Magazingebäuden umgelagert, und dies erst nach wenigen Jahrzehnten intensiver Feldforschung – eine wahrlich unbefriedigende Situation. Waren zu Anfang gerade die Sachgüter aus den Kloaken als Quelle zum alltäglichen Leben jener Epoche höchst willkommen, so verstopft die hundertfache Wiederholung sehr ähnlicher Anhäufungen von Keramik, Ofenkacheln, Schuhwerk und Metallschnallen die Regale und verhindert jede sinnvolle Auswertungsmöglichkeit. Der Zwang zur Konzentration erfordert die Präzisierung der Fragestellungen, also die Suche nach dem, was wir eigentlich wissen wollen; und das ist nur durch auswählende Entscheidungen zu erreichen.

Doch können sich Fragestellungen wandeln, wie die Forschungsgeschichte lehrt, und so müssen Funde vorerst weiterhin gespeichert werden. Nur Vorschläge können formuliert werden, wie vielleicht in nächster Zeit weiter gesucht und gefragt werden sollte: Die Numismatik hat Münzen als Einzel- und Schatzfunde seit langem als erstrangige Quellen für die Währungs-, Wirtschafts- und Handelsgeschichte ausgewertet. Münzen sind Massenprodukte. Demgegenüber sind Siegel, Typare, die bei Ausgrabungen erstaunlich häufig gefunden werden, immer Einzelstücke und gehörten jeweils einer Person unterschiedlichsten Ranges, ob Burgherr oder Kleriker, oder auch einer Körperschaft, beispielsweise einer Stadt, wie das Typar, gefunden in der wüst gewordenen Stadt Landsberg in Hessen. Der Siegelstempel einer Person mit Namen und Datum spiegelt deren Leben, Wohnort, Alter, Rang und Schicksal über die Hinweise in der schriftlichen Beurkundung hinaus. Siegelstempel verdienen eine systematische Sammlung und Bewertung in familiärer, politischer und wirtschaftlicher Hinsicht. Ähnlich bietet die Auswertung zahlreicher ausgegrabener Warenplomben aus Blei mit dem Stempel des Produzenten samt Produktionsort und Eigentümer wachsende Einsichten in das Wirtschaftsgefüge für die Handels- und Verkehrsgeschichte. Auf dem Feld der Volksfrömmigkeit hat die Auswertung der Pilgerzeichen des hohen Mittelalters und der Wallfahrtsmedaillons des späten Mittelalters und der Neuzeit Einblicke in die Mobilität der vormodernen, auch einfachen Bevölkerung geliefert – sie geben Aufschluss über das Pilgerwesen, über die Ziele und Wege der Pilger bzw. ihre Herkunft.

Die Gegenwart des Mittelalters

Der Mensch hat zu jeder Epoche seit der Steinzeit seine Umwelt verändert. Megalithgräber aus dem Neolithikum, mächtige Grabhügel aus der Eisenzeit oder Wallanlagen urgeschichtlicher Befestigungen sind trotz aller Überformung als Relikte im heutigen Landschaftsbild noch immer zu finden, wenn auch die Kulturen und ihre Träger, die sie errichtet haben, verschwunden sind. Aber das Mittelalter mit seinen Strukturen ist gegenwärtig, und wir leben in vieler Hinsicht noch immer innerhalb dieser Strukturen. Entscheidendes Kriterium waren das Christentum und seine Ausbreitung seit der Spätantike. Die Kirchen in den Dörfern und in den Städten, die Kapellen in den königlichen Pfalzen oder auf der Burg gehörten in die Mitte des Lebens und stehen zumeist heute noch. Jahrhundertealt sind Bauernhäuser in den Dörfern, Fachwerkbauten in den Städten. Stadtmauern und Häuserzeilen bilden oftmals immer noch den – denkmalgeschützten – Kern vieler stark gewachsener Städte. Das ist die „Gegenwart des Mittelalters" (Hartmut Boockmann 1988).

Aber alles Gewordene hat Geschichte, d. h. Dörfer und Städte, Kirchen und Burgen sind vielfach umgebaut und erneuert worden, und das Leben in Stadt und Kirche, Burg oder Kloster hat sich völlig verändert. Auch wenn manche Burgen noch vom Adel bewohnt werden, dienen sie doch zumeist dem Tourismus, in den Kirchen wird weiter Gottesdienst gefeiert, aber doch in anderem Stil und gewandelter Liturgie, wenn die Kirchen nicht schon zu Konzerthäusern o. Ä. geworden sind. Die Fachwerkhäuser des 12./13. Jhs. in den Altstädten sind mit modernen sanitären Anlagen ausgestattet, und unter manch einem Haus gibt es eine Tiefgarage. Aber trotz der Veränderungen ist das Mittelalter noch sichtbar mit seinen verschiedenen Bauten, ebenso die durchorganisierte Landschaft mit Wegenetz und Dichte der Dörfer und Städte sowie der Zahl der Kirchen. Erforscht werden kann die sakrale Landschaft mit Klöstern und Kirchen, die herrschaftlich und politisch strukturierte Landschaft mit Burgen und Pfalzen, die wirtschaftlich erschlossene Landschaft mit den Dörfern und ihrer Landwirtschaft sowie den „Industriestandorten" der Erz- und Salzgewinnung oder den Glashütten und Steinbrüchen.

Perspektiven der Mittelalterarchäologie

Die Archäologie wird sich zukünftig nicht mehr vordringlich nur Dörfern, Burgen, Städten, Gewerbesiedlungen oder Kirchen und Friedhöfen isoliert zuwenden, sondern im Sinne sowohl einer Landschaftsarchäologie als auch einer ganzheitlichen Sicht auf das Leben im Mittelalter eine Mittelalterwissenschaft entwickeln. Multidisziplinäres wissenschaftliches Forschen darf von keiner analytischen Trennung zwischen Archäologie und Geschichte ausgehen. Noch steht dem aber oftmals die institutionelle Trennung an den Universitäten und den Denkmalämtern entgegen, während Museen und Ausstellungen – so mustergültig im Archäologischen Landesmuseum in Schleswig oder in der Schwerpunktausstellung zur „Stadt um 1300" in Zürich und Stuttgart – dieses Zusammenwirken zur Schau stellen.

Sowohl bei den einzelnen Sachaltertümern als auch bei komplexen Befunden in Stadt und Land gilt es im europaweiten Vergleich Studien zur Wohn- und Wirtschaftsweise zu betreiben. Zwar gehen die modernen größeren Staaten Europas zumeist auf nachantike, früh- und hochmittelalterliche Reichsbildungen zurück, doch sind die Entwicklungen durchaus verschieden gewesen, was jeweils zu eigenen Forschungstraditionen auch im Bereich der Mittelalterarchäologie geführt hat. In den Ländern am Mittelmeer, teils auch in Westeuropa spielen Kontinuitätsstränge aus der Antike eine größere Rolle als in Mittel- und Nordeuropa, wo jeweils die Einführung des Christentums mit dem zeitlichen Gefälle vom 5. Jh. im Zentrum bis zum 11./12. Jh. im Norden und Osten zu unterschiedlichen Entwicklungssträngen geführt hat. Das gilt nicht zuletzt für die Siedlungsräume der Slawen im östlichen Mittel- und Osteuropa, die aufgrund ihrer späten Einwanderung bzw. Formierung jahrhundertelang eine eigene Tradition entwickelten, die später durch die deutsche Ostsiedlung in vielen Bereichen im 12./13. Jh. überformt wurde. Eine zu wünschende europaweite vergleichende Mittelalterarchäologie wird in Zukunft geographische Räume, Landschaften und historische Phasen der Geschichte stärker berücksichtigen müssen. Die Zusammenarbeit quer durch Europa hat begonnen. Umfassend informiert sich die Wissenschaft seit 1992 bei den alle fünf Jahre in einem anderen Land stattfindenden Konferenzen unter dem Titel „Medieval Europe".

Islamische Archäologie

von Julia Gonnella

Die Islamische Archäologie ist ein vergleichsweise kleines Fach, das eng mit der Islamischen Kunstgeschichte und auch mit der philologisch basierten Islamwissenschaft zusammenarbeitet. Sie untersucht zumindest theoretisch ein gigantisches geographisches Gebiet, das von Spanien bis Indonesien und von Afrika bis hin zu den Steppen Zentralasiens reicht. Zeitlich überspannt sie den Raum zwischen dem Jahr 622 (Auswanderung des Propheten Muhammads aus Mekka/Beginn der islamischen Zeitrechnung) bis praktisch in die Neuzeit, wobei das 18. und 19. Jh. erst in jüngster Zeit Interesse unter den Fachvertretern findet.

Über den Begriff „Islamische Archäologie" wird in der Kollegenschaft viel diskutiert. Anders als die Christliche oder die Biblische Archäologie sieht sich das Fach nicht auf die Kunst und Kultur einer spezifischen Religionsgemeinschaft beschränkt, sondern umfasst auch Studien zu kulturellen Hinterlassenschaften der christlichen, jüdischen und anderen religiösen Minderheiten im Vorderen Orient. Sicherlich verfolgt die Islamische Archäologie keine gezielt religiösen Fragestellungen, sondern forscht ähnlich wie die Mittelalterarchäologie zu gesellschaftlichen, historischen und kunstgeschichtlichen Themen. Der Begriff „Islamische Kunst und Archäologie" ist als Bezeichnung selbst erst seit den 1930er Jahren gebräuchlich und löste die früheren unter Einfluss der Kulturkreistheorie entstandenen nationalen Bezeichnungen wie „persische" oder „arabische Kunst" ab. Sowohl die nach nationalen als auch nach konfessionellen Gesichtspunkten unterschiedenen Bezeichnungen gelten heute als äußerst fragwürdig, da sie ein essentialistisches Kulturweltbild voraussetzen und starre Abgrenzungen insbesondere gegenüber dem „christlichen europäischen Mittelalter" ziehen, die so heute nicht mehr haltbar sind.

Geschichte des Fachs

Die Entwicklung des Faches ist komplex und lässt sich kaum von derjenigen der islamischen Kunst- und Baugeschichte trennen: Die verschiedenen Fachrichtungen wurden und werden auch immer noch häufig von ein und derselben Person vertreten. Seine Entstehung ist wie die der anderen Archäologien eng mit der Geschichte des Imperialismus und Nationalismus verwoben. Die Anfänge einer wissenschaftlichen Beschäftigung in Deutschland sind in der zweiten Hälfte des 19. Jhs. und im frühen 20. Jh. zu suchen, ein wenig später als in England und Frankreich, die als potente Kolonialmächte schon früher direkten Kontakt zu den Ländern des Vorderen

Orients und Asiens unterhielten. Das allgemeine Interesse galt dabei zunächst der Architektur, die im Hinblick auf die europäische Baukunst bewertet wurde. Zahlreiche Gebäude wurden von Reisenden und später Architekten dokumentiert, die in den Ländern primär vorislamische Kulturen erforschten und bei denen nun auch verstärkt das jüngere, islamisch-mittelalterliche Kulturerbe Beachtung fand. Gleichzeitig kamen islamische Artefakte unter europäischen Sammlern enorm in Mode. Insbesondere die große Nachfrage an den attraktiven farbig glasierten Keramiken spielte einen gewichtigen Grund für zahlreiche frühe Raubgrabungen, deren Folgen in Stätten wie im syrischen ar-Raqqa und Rusafa noch heute zu spüren sind.

Die wichtigsten frühen deutschsprachigen Zentren für islamische Kunst und Archäologie bildeten Wien und Berlin. In Wien lehrten Alois Riegl (1858–1905), Josef Stryzgowski (1862–1941) sowie Alois Musil (1858–1944), der für seine Untersuchungen der frühislamischen Palastanlage Qusayr Amra (Jordanien) bekannt wurde. Josef Stryzgowski untersuchte die Palastgassade von Mshatta, deren Datierung in die frühislamische Zeit seinerzeit noch umstritten war. Durch seine Intervention kam sie 1903 als Geschenk des osmanischen Sultans Abdülhamid II. an den deutschen Kaiser Wilhelm II. nach Berlin, wo sie bis heute in dem 1904 neu gegründeten Museum für Islamische Kunst das zentrale Ausstellungsobjekt bildet.

Das Museum für Islamische Kunst entwickelte sich zur Schaltstelle für die islamische Kunst und Archäologie in Berlin. Die Schlüsselrollen spielten Wilhelm von Bode (1845–1929) und v. a. Friedrich Sarre (1865–1945), der nicht nur als Sammler, sondern auch als Wissenschaftler das neugegründete Museum prägte. Zusammen mit dem Architekten Ernst Herzfeld (1879–1948) gilt er als Gründer der islamischen Kunstgeschichte und Archäologie überhaupt. In ihrer gemeinsamen Reise 1907/08 entlang des Euphrat und des Tigris nahmen die beiden Forscher erstmalig systematisch islamische Baudenkmäler auf und sahen sich gezielt nach einem Grabungsort um. Ihre Entscheidung fiel auf die über 50 km lange und 8 km breite Ruinenstadt Samarra, die zwischen 836 und 892 als Residenz der abbasidischen Kalifen diente. Finanziert durch die Berliner Kaiser-Wilhelm-Gesellschaft sowie durch Spendengelder legten sie zwischen 1911 und 1913 Teile von drei Kalifenpalästen, der Großen Moschee und zahlreichen Wohnhäusern frei. Die von ihnen ausgegrabenen Stuckverkleidungen, Wandmalereien, Fliesen sowie Glas und Keramik wurden erstmalig in größerem Umfang publiziert und stellten gleichzeitig wichtige Funde dar, die im neuen Berliner Museum ausgestellt werden sollten.

Nach dem Ersten Weltkrieg gestaltete es sich schwieriger, Grabungslizenzen für deutsche Unternehmen ohne die Unterstützung der osmanischen Antikenbehörde zu erhalten, und die finanziellen Fördermittel für archäologische Projekte in Deutschland wurden knapper. Zusammen mit dem New Yorker Metropolitan Museum konnte das Berliner Museum für Islamische Kunst immerhin unter der Beteiligung von Oscar Reuther (1880–1954) und Ernst Kühnel (1882–1964) an zwei Kampagnen in der sasanidischen Hauptstadt Ktesiphon teilnehmen, in der auch einige abbasidische Wohnhäuser freigelegt wurden

Abb. 1: Blick auf Takht-i-Sulaiman mit Ruinen des ilkhanidischen Palastes, Iran.

(1928/29 und 1931/32). Außerdem beteiligte sich das Museum an den von der Görres-Gesellschaft geleiteten Ausgrabungen in Tabgha/Khirbat al-Minya (1936–39) am Westufer des Sees Genezareth. Funde aus beiden Orten befinden sich heute im Berliner Museum für Islamische Kunst.

Einen Einschnitt für die Weiterentwicklung des Faches bedeutete der Nationalsozialismus in Deutschland und der damit verbundene Weggang jüdischer Kollegen, allen voran Ernst Herzfeld, der von seinen Grabungen in Persepolis aus über London nach Amerika emigrierte, und Richard Ettinghausen (1906–1979), der später als Professor in Princeton und New York weitreichenden Einfluss auf die nachfolgende Generation von Islamischen Kunsthistorikern in Amerika nehmen sollte.

Nach dem Zweiten Weltkrieg entwickelte sich das Fach in West- bzw. Ostdeutschland unterschiedlich. In der Bundesrepublik Deutschland wurde die Islamische Archäologie primär durch die Forschungen am Deutschen Archäologischen Institut (DAI) repräsentiert. Klaus Brisch (1923–2001) unternahm von Kairo aus Ausgrabungen am frühislamischen Wüstenschloss Djebel Seis (1962–64), der Bauforscher Wolfgang Müller-Wiener (1923–1991) leitete von Istanbul aus zahlreiche Projekte zur islamischen Architektur und Stadtgeschichte und Christian Ewert (1935–2006) von Madrid aus zu Nordafrika und Spanien. Barbara Finster führte als langjährige Mitarbeiterin des DAI Untersuchungen zur frühislamischen Architektur in Irak und Jemen durch (1971–94). Zunächst von Istanbul und dann vom 1961 neugegründeten Teheraner Institut aus wurden die Grabungen in Takht-i Sulaiman (1959–77/68–75) organisiert, die sowohl das sasanidische Feuerheiligtum Atur Guschnasp sowie die spektakulär um den warmen Quellsee angelegte Residenz des mongolischen Fürsten Abaqa Khan (1234–82) zum Ziel hatten (Abb. 1).

Für die Islamische Archäologie von nachhaltiger Bedeutung war die Person von Michael Meinecke (1940–1995), der seine grundlegenden Studien zur mamlukischen Architektur zunächst von Kairo und dann von der neugegründeten DAI-Außenstelle in Damaskus aus leitete, von wo er zahlreiche Projekte in Syrien durchführte, insbesondere seine Ausgrabungen in der abbasidischen Residenzstadt ar-Raqqa (1982–94, Abb. 2) sowie seine Feldforschungen und Restaurierungsprojekte im südsyrischen Bosra. Er gab auch den Anstoß zu weiteren Unternehmungen von Fachkollegen, darunter den Grabungen der frühislamischen Stadt Medinat al-Far in Nordsyrien (Claus-Peter Haase), den stadtgeschichtlichen Untersuchungen zu Damaskus (Dorothée Sack) wie auch zu den Forschungen zum kreuzfahrerzeitlichen Tartus und zur mittelsyrischen Assassinen-Burg Qal'at Masyaf (Michael Braune).

In der DDR wurden Ausgrabungen zur islamischen Zeit nicht gefördert. Dafür wurde das Fach seit Ende der 60er Jahre im Rahmen der Orientarchäologie an der Universität Halle-Wittenberg von Burchard Brentjes und Karin Rührdanz gelehrt. In der Bundesrepublik wurde islamische Archäologie nur begrenzt in Tübingen (im Rahmen der Orientalistik durch Heinz Gaube), in Bonn (im Rahmen der außereuropäischen Kunst, u. a. durch Christian Ewert) und in Bamberg (zunächst zwischen 1987 und 1993 durch wechselnde Stiftungsgastprofessuren) unterrichtet.

Seit der Wiedervereinigung werden in Deutschland Projekte zur Islamischen Archäologie weiterhin im Rahmen vom oder in Kooperation mit dem DAI durchgeführt, darunter in Afghanistan (Bagh-i-Babur, Herat), Ägypten (Kairo Altstadt, Aswan), in der Mongolei (Karakorum), im Oman (Oasenstudien), Spanien (Ar-Rumaniya bei Cordoba), Syrien (Altstadt Damaskus, osmanischer Palast in Hama, Survey Orontestal) und in der Türkei (Holzhäuser in Istanbul, Bauforschungen in Hasankeyf). Gerade im Vergleich zu der Klassischen, Ägyptischen, Vorderasiatischen wie auch der Vor- und Frühgeschichtlichen Archäologie spielt die Islamische Archäologie jedoch eine begrenzte Rolle am Institut, und kein Fachvertreter ist beratendes Mitglied der Zentraldirektion.

Seit den letzten fünfzehn Jahren werden einige islamische Grabungen auch außerhalb des DAI durchgeführt, darunter die Ausgrabungen auf der Aleppiner Zitadelle durch die Hochschule für Technik und Wirtschaft in Berlin (seit 1996), die Untersuchungen zu der frühislamischen Kalifenresidenz Rusafat Hisham durch die Technische Universität Berlin (in Kooperation mit dem DAI, seit 1999) sowie die Ausgrabungen der frühislamischen Stadtanlage Kharab Sayyar in Syrien durch das Seminar für Vorderasiatische Archäologie der Universität Frankfurt am Main (seit 1998, Abb. 3). Das

Seminar für islamische Kunstgeschichte und Archäologie an der Universität Bamberg hat 2007 und 2008 an zwei Kampagnen in der Freitagsmoschee von Golpaygan (Iran) gearbeitet und forscht momentan zu der Khoja-Zamadi–Moschee in Bukhara.

Einen wesentlichen Forschungsstandort über alle Jahre hinweg besaß und besitzt die Islamische Archäologie immer noch mit dem Museum für Islamische Kunst in Berlin und seinen wichtigen Grabungsfunden aus Samarra, Ktesiphon, tabgha, Baalbek und Milet sowie Takht-i Salaiman und Raqqa. Die Aufarbeitung der Funde gehört seit jeher zu den zentralen Aufgaben der Museumsmitarbeiter (siehe ausführliche hierzu Kröger 2009).

Die Themen der Islamischen Archäologie

Die islamische Frühzeit

Das für die Islamische Archäologie sicherlich zentrale Interessengebiet ist die Beschäftigung mit der islamischen Frühzeit und die Fragestellung, inwieweit die nachhaltigen politischen Transformationen durch die materiellen Hinterlassenschaften dokumentiert werden. Waren die frühen Archäologen wie Ernst Herzfeld v. a. an aus der vorislamischen Zeit tradierten Kontinuitäten fasziniert, so untersucht man heute auch Brüche und Veränderungen. Da das schriftliche Quellenmaterial aus der islamischen Frühzeit sehr begrenzt ist, spielt die Isla-

Abb. 2: Luftbild der nordsyrischen Stadt ar-Raqqa aus dem Jahr 1939.

mische Archäologie dabei mehr noch als für andere Zeitstellungen eine außerordentliche Rolle als Primärquelle.

In den Themenkomplex „Frühislam" fallen Untersuchungen zu dem wichtigsten neuen Gebäudetypus, der Moschee, wie auch zu den frühen Residenzen der neuen islamischen Machthaber. Hier sind insbesondere die Arbeiten zur frühislamischen Moschee im Iran von Barbara Finster und ihre umfangreichen Untersuchungen im Jemen und im Irak zu nennen wie auch die Arbeit von Dorothée Sack zur umayyadischen Moschee in Rusafa. Grabungen in einem bedeutenden frühislamischen Palast, dem syrischen Wüstenschloss Djebel Seis, hat Klaus Brisch durchgeführt (1963–65). Die Ergebnisse der Grabung werden demnächst von seinem Mitarbeiter Klaus Schmitt veröffentlicht.

Hat man sich früher auf die Untersuchung von einzelnen Gebäuden konzentriert, so erforscht man heute – nicht zuletzt dank fortgeschrittenerer Prospektionsmethoden – deutlich größere Areale wie Siedlungen oder Städte. Die sicherlich wichtigsten aktuellen Untersuchungen auf diesem Gebiet sind die von der Technischen Universität in Berlin geleiteten Forschungen in der erwähnten nordsyrischen Kalifenresidenz Rusafa, wo zahlreiche außerhalb der Stadtmauer gelegenen Palast- und Wohnanlagen erfasst werden konnten (Dorothée Sack). Eine weitere Grabung untersucht die im ehemaligen Grenzgebiet zu Byzanz gelegene Anlage von Hisn Maslama/Medinat al-Far (Claus-Peter Haase). Mit der von dem umayyadischen Kalifen Walid I. (705–15) gegründeten Stadt Anjar im Libanon wurde eine mit Kolonnaden und Tetrapylon stark in der spätantiken Tradition stehende Stadt erforscht (Barbara Finster). Von großem Interesse auch für die Islamische Archäologie sind die aktuellen Arbeiten des DAI in der saudi-arabischen Oasenstadt Tayma (seit 2004), die erstmalig in größerem Umfang das bislang noch völlig unzureichend bekannte vorislamische archäologische Erbe der arabischen Halbinsel dokumentieren.

Die Stadt

Der zweite wichtige Schwerpunkt der Islamischen Archäologie und Bauforschung gilt dem Themenkomplex „Stadt" und den damit verbundenen Fragen zu Siedlungsmustern, städtischer Nutzung sowie auch zur Geschichte einzelner Gebäudetypen. Dabei konnten insbesondere archäologische und stadtgeographische Arbeiten nachhaltig dazu beigetragen, dass man sich heute von dem lange vorherrschenden Konzept der spezifisch „islamischen Stadt" verabschiedet hat.

Von großem Interesse für die archäologische Forschung waren dementsprechend städtische Neugründungen. Schon Ernst Herzfeld und Friedrich Sarre waren von der ungewöhnlichen Topographie der 836 neugegründeten Hauptstadt Samarra mit ihren gigantischen Palästen und schematisch angelegten Wohnquartieren für die Militärangehörigen fasziniert. Mit der von Harun ar-Raschid (763–809) neugegründeten Residenzstadt ar-Raqqa in Nordsyrien konnte Michael Meinecke eine hufeisenförmige Variante der nur aus der Literatur bekannten Rundstadt Bagdad erfassen (Abb. 2). Eine wesentlich kleinere, mit vier runden Ecktürmen und Bastionen versehene quadratische Stadt wird seit 1998 an der syrisch-türkischen Grenze mit Kharab

Sayyar (1998–heute) ausgegraben (Jan Waalke-Meyer).

Das DAI hat darüber hinaus immer wieder Untersuchungen zu speziellen Gebäudetypen primär durch Bauforscher gefördert, darunter zur Entwicklung der nordafrikanischen und spanischen Moschee (Christian Ewert), zu Handelsbauten (im Iran: Wolfram Kleiss) und zur islamischen Lehrschule/Madrasa (v. a. durch Hansjörg Schmid). Aktuell untersucht Felix Arnold den noch wenig bekannten Typus der spanisch-islamischen Landvilla in ar-Rumaniya bei Cordoba (seit 2006). Der in enger Zusammenarbeit zwischen dem DAI und dem Aga Khan Trust for Culture ausgegrabene moghulzeitliche Garten Bagh-i-Babur in Kabul schließlich stellt die erste Gartengrabung der Islamischen Archäologie überhaupt dar (Ute Franke).

Weniger archäologisch als stadtgeographisch sind die Untersuchungen von Heinz Gaube und Eugen Wirth, insbesondere zu Isfahan und Aleppo, die jedoch die mittelalterlichen und neuzeitlichen Stadtforschungen nachhaltig beeinflusst haben. Als wichtige stadthistorische Arbeiten sei auch auf die Studien von Wolfgang Müller-Wiener zu Konstantinopel/Istanbul (besonders zu den Häfen) und Dorothée Sack zu Damaskus verwiesen, welche die Stadtentwicklung bis in die vorislamische Zeit zurückverfolgen.

Vergleichsweise selten in Deutschland sind Untersuchungen im ländlichen Bereich. Hier seien beispielhaft der Survey von Karin Bartl mit der Universität Amsterdam aus den 80er Jahren zur frühislamischen Besiedlung im nordsyrischen Balikh-Tal zu nennen sowie die in Kooperation mit dem DAI und der Universität Tübingen aktuell durchgeführten Forschungen zu Transformationsprozessen in Oasensiedlungen im Oman von Jutta Häser.

Grenzsituationen

Einen dritten, in Deutschland nur teilweise abgedeckten Themenkomplex der Islamischen Archäologie bilden geographische und kulturelle Grenzsituationen, vornehmlich zwischen der islamischen und christlich-europäischen Welt. Während Spanien von deutscher Seite praktisch nicht bearbeitet wird, so beschäftigen sich primär Kunsthistoriker mit dem Spannungsfeld Süditalien (z. B. Thomas Dittelbach zur Capella Palatina). Ein breites und auch in der deutschen Forschung viel beachtetes Gebiet ist hingegen das kreuzfahrerzeitliche Mittelalter im Vorderen Orient, über das gerade in jüngerer Zeit zahlreiche neue Projekte sowohl zu den Kreuzfahrern als auch zu den lange nicht weiter berücksichtigten islamischen Kontrahenten, insbesondere zu den Aiyubiden (1171–1250) und Mamluken (1250–1517), durchgeführt worden sind (Michael Meinecke und Lorenz Korn). Auch die Burgenforschung hat in jüngster Zeit wesentliche neue Untersuchungen geleistet (Mathias Piana zu Sidon, Toron, Tripoli, Montfort, Thomas Biller zum Crac de Chevalier, Michael Braune zu Tartus und Masyaf, Hanspeter Hanisch zur Damaszener Zitadelle). Umfangreiche Ausgrabungen, die einen breiten Überblick über die Funktion und Nutzung der Burgen geben, fanden von deutscher Seite allerdings nur auf der Aleppiner Zitadelle statt (Julia Gonnella). Völlig vernachlässigt werden in Deutschland Siedlungssurveys.

Industrie und Handwerk

Einen grundlegenden Forschungsbereich stellt die Aufarbeitung und Kontextualisierung der Kleinfunde dar – ein für die Islamische Archäologie besonders wichtiges Thema, da die meisten der in den Museen ausgestellten islamischen Artefakte aus dem Handel stammen und damit nur selten gesicherte Zuweisungen besitzen. Dabei müssen sich Islamische Archäologen immer wieder mit dem Vorwurf auseinandersetzen, sich bevorzugt mit elitären Luxus- statt mit Alltagsobjekten zu befassen. Tatsächlich steht die Aufarbeitung der islamischen „Kleinkunst" jedoch derart am Anfang, dass selbst diese Grundlagenforschung bedeutet.

Da viele der Grabungen sich primär mit Architekturfragen beschäftigen, kommt es allerdings eher selten zu umfangreichen Publikationen. Umfassend wurde und werden noch immer die Keramik- und Glasfunde aus den Grabungen in ar-Raqqa veröffentlicht (Peter Miglus, Andrea Becker, Julian Henderson), wo mit Sondagen auch Glas- und Keramikproduktionsstätten untersucht worden sind. Die frühislamische Keramik von Kharab Sayyar und Rusafa wird von Martina Müller-Wiener bearbeitet.

Abb. 3: Abbasidische Stockverkleidung aus Kharab Sayyar.

Ganz wesentliche Ergebnisse für die Neuklassifizierung der mittelalterlichen Kleinkunst wird die Aufarbeitung der reichhaltigen Aleppiner Grabungsfunde hervorbringen, darunter zum Glas (Rachel Ward), zur Keramik (Verena Daiber, Veronique Francois, Julia Gonnella, Rosalind Haddon) und zum Metall (Julia Gonnella, Anja Heidenreich).

Handel

Ein weiteres zentrales Thema der Islamischen Archäologie bildet der Handel (Seidenstraße, indischer Ozean, Mittelmeerhandel), der schon immer eine wesentliche Grundlage für die Ökonomie des Vorderen Orients und den Austausch mit Europa und Asien bildete. Untersuchungen zu den Handelsstrukturen und ihren Veränderungen spielen von daher stets eine wichtige Rolle, gerade auch im Hinblick auf die Formierung der späteren europäischen Hegemonialstellung.

Die Islamische Archäologie liefert hierfür grundlegende Daten. Dies trifft insbesondere für den Transfer von Gütern und Technologien wie auch deren Einfluss auf die „heimischen" Produktionen zu. So haben beispielsweise schon die Funde chinesischer Keramik in Samarra auf die wesentliche Bedeutung des Fernosthandels mit dem Abbasidischen Reich aufmerksam gemacht. Sie zeigen ebenfalls, wie die Ankunft der technisch hochwertigen chinesischen Waren die islamische Keramikproduktion fundamental revolutionierte. Den regen Fernhandel mit China konnten in der Zwischenzeit zahlreiche internationale Untersuchungen an den Seehäfen entlang des Roten Meeres, an der ostafrikanischen Küste, im Indischen Ozean über Sri Lanka bis nach China wesentlich präziser verfolgen. Die chinesischen Funde in der mongolischen Hauptstadt Karakorum dokumentieren die nicht minder vitale Landverbindung zwischen Fernost und dem Vorderen Orient. Die auf der Aleppiner Zitadelle ausgegrabene umfangreiche Sammlung an hochwertigem Yüan-zeitlichem (1279–1368) Blau-Weiß-Porzellan (Abb. 4) und Seladon zeigt die ungewöhnlich hohe Nachfrage nach chinesischen Erzeugnissen im späteren Mittelalter – genau wie die zahlreichen Imitationsversuche der lokalen Töpfer.

Islamische Peripherien

Immer wieder haben Islamische Archäologen darauf hingearbeitet, sich auch mit den Randgebieten der islamischen Welt zu beschäftigen, und in jüngster Zeit wurden v. a. im englischsprachigen Raum mehrere Arbeiten zum islamischen Afrika, zu China oder auch zu Südostasien durchgeführt. In Deutschland selbst sind Forschungen in diesen Gebieten eher rar. Selbst das islamische Indien wird im deutschsprachigen Raum vernachlässigt. Die derzeitigen Untersuchungen von Ebba Koch (Wien) zur Moghul-Hauptstadt Agra bilden eine seltene Ausnahme.

Große Beachtung hingegen findet seit kurzem die Beschäftigung mit einer „zeitlichen Peripherie", nämlich dem 18. und 19. Jh., einem Zeitraum, der im Fach lange als deutlich zu modern erachtet wurde. In Deutschland wurden die Forschungen stark durch die stadtgeschichtlichen Arbeiten von Heinz Gaube beeinflusst, in denen immer auch die jüngere Zeit vor dem Hintergrund der weltwirtschaftlichen und politischen

Veränderungen, v. a. unter Bezugnahme auf schriftliches Quellenmaterial, betrachtet wurde. Auch das DAI wandte sich mit mehreren Projekten dieser Zeitstellung zu, darunter in Damaskus (Altstadt Damaskus, Hama), Kairo (Altstadt) und Istanbul (Holzhäuser). Thematisiert wird jeweils die spätosmanische Architektur, auch im Hinblick auf die rasanten städtebaulichen Veränderungen der letzten Jahrzehnte, in denen viele Städte im Vorderen Orient weite Teile ihres alten Baubestandes eingebüßt haben. Das Orientinstitut der „Deutschen Morgenländischen Gesellschaft" in Beirut hat in diesem Sinne ebenfalls verschiedene städtebauliche Untersuchungen angeregt, darunter das von Stefan Weber geleitete Projekt zu Tripoli, das gleichzeitig Fragen zur späteren Nutzung für die Bewohner stellt. Viele der jüngeren Studien werden als interdisziplinäre Forschungsprojekte durchgeführt, wie das zu dem Beiruter Stadtviertel Zuqaq al-Blat, das in Zusammenarbeit mit Geographen, Orientalisten, Soziologen und Bauforschern entwickelt wurde. Rein archäologisch gesehen, wird das 18. und 19. Jh. bislang lediglich auf der in diesem Zeitraum als einfaches Wohnviertel genutzten Aleppiner Zitadelle erforscht. Als einzige Arbeit, die sich im deutschsprachigen Raum mit dieser Zeitstellung im Iran auseinandersetzt, sei auf die Studie von Markus Ritter zu den qadjarischen Moschee- und Madrasabauten verwiesen.

Institutionen und Ausblick

Gerade im internationalen Vergleich zeigt sich, dass die Islamische Archäologie in Deutschland ihre Stärke v. a. in der Feldforschung besitzt, nicht nur in Form von Ausgrabungen und archäologischen Surveys, sondern seit jeher auch in bauhistorischen Forschungen, die unter anderem dazu geführt haben, dass man sich in Deutschland bis heute vorrangig mit Architektur und weniger mit Grabungsfunden beschäftigt. Ein weiteres Merkmal des Faches ist die enge Anbindung an die Islamwissenschaften und die damit häufig verbundene historische Ausrichtung der Forschung. In diesem Zusammenhang muss auch die enge Verknüpfung mit der islamischen Numismatik erwähnt werden, die in Deutschland immerhin gleich mit zwei bedeutenden Zentren, in Tübingen (Lutz Illisch) und Jena (Stefan Heidemann), ungewöhnlich gut vertreten ist.

Die Stärken des Faches beinhalten jedoch gleichzeitig institutionelle Schwächen. Während Islamische Archäologen immer wieder die enge Zusammenarbeit mit der Islamwissenschaft betonen, so sehen Islamwissenschaftler die Archäologie häufig als peripheres Nebengebiet und fördern diese wie auch andere nichtphilologische Disziplinen, so die Ethnologie oder die Soziologie, eher selten. Dies liegt teilweise an der insgesamt schlechten Ausstattung der gegenwärtigen Wissenschaftsförderung, die nur bedingt Raum für fachliche Um- oder Neustrukturierungen der Universitätslandschaft bietet. Darüber hinaus wird die Islamische Archäologie gerne von anderen Fachvertretern mitbehandelt. Dies trifft v. a. für die Kollegen der Vorderasiatischen Archäologie zu, welche beispielsweise im Rahmen der Siedlungsarchäologie, wie sie das DAI in Jordanien, Syrien oder Afghanistan durchführt, ausgewählte Gebiete von der frühen Bronzezeit bis in das islamische Mittel-

Abb. 4: Chinesischer Porzellanteller (14. Jh.) aus den Grabungen auf der Aleppiner Zitadelle, Syrien.

alter dokumentieren. Nicht immer werden für die islamische Zeit Fachkollegen hinzugezogen, welche die Funde in einen größeren Kontext stellen. Schon als Fortschritt zu werten ist, dass in altorientalischen Grabungen abdeckende islamische Schichten heutzutage systematisch dokumentiert werden.

Die mangelnde Institutionalisierung und damit auch die entsprechende fehlende Einbindung in die deutsche archäologische Wissenschaftslandschaft ist von daher sicherlich das größte Manko des Faches. Feste Ausbildungsmöglichkeiten bestehen derzeit nur an der Universität in Bamberg (Reguläre Professur seit 1997) und begrenzt in München (Professur seit 2002), Berlin (Lehrveranstaltungen) und in Bonn (Lehre durch zeitbegrenzte Mitarbeiter), wo primär Islamische Kunstgeschichte und weniger Archäologie unterrichtet wird. In Berlin wird islamische Baugeschichte im Rahmen der historischen Bauforschung an der Technischen Universität gelehrt. Eine ordentliche Professur für Islamische Kunst und Archäologie bleibt in Berlin immer noch ein großes Desiderat. Immerhin besitzt das Fach seit 2005 mit der von Barbara Finster ins Leben gerufenen „Ernst Herzfeld Gesellschaft" erstmalig eine nationale Fachvertretung, die sich jährlich trifft und ihre aktuellen Projekte vorstellt.

Bedingt durch das zunehmende Interesse der Länder im Vorderen Orient und in Mittelasien an ihrer jüngeren Vergangenheit, wird die Islamische Archäologie und Kunstgeschichte jedoch zwangsläufig eine immer wichtigere Rolle spielen. Auch in Europa ist das Interesse an der islamischen Kultur und Gesellschaft im Zuge der jüngsten politischen Entwicklungen deutlich gestiegen. Es bliebe von daher zu wünschen, dass das Fach besser in die deutsche Wissenschaftslandschaft eingebunden würde, nicht nur um im internationalen Wissensdiskurs kompatibel zu bleiben, sondern auch um zu einem erweiterten Geschichtsverständnis beizutragen.

ANHANG

Literaturverzeichnis

Allgemeine Literatur zu Geschichte und Methoden der Archäologie

B. Bäbler, Archäologie und Chronologie. Eine Einführung (Darmstadt 2004)

P. Bahn/M. Beard/J. Henderson, Wege in die Antike. Kurze Einführung in die Archäologie und Altertumswissenschaft (Stuttgart/Weimar 1999)

M. Benz/C. Maise, Archäologie (Stuttgart 2006)

J. Bergemann, Orientierung Archäologie. Was sie kann, was sie will (Reinbek bei Hamburg 2000)

R. Bianchi-Bandinelli, Klassische Archäologie. Eine kritische Einführung (München 1978)

A. H. Borbein/T. Hölscher/P. Zanker, Klassische Archäologie. Eine Einführung (Berlin ²2009)

G. Daniel, 150 Years of Archaeology (London 1978)

Ders., Towards a History of Archaeology (London 1981)

M. K. H. Eggert, Archäologie. Grundzüge einer Historischen Kulturwissenschaft (Tübingen/Basel 2006)

T. Fischer, Bilder von der Vergangenheit. Zur Geschichte der archäologischen Fächer, Schriften des Lehr- und Forschungszentrums für die antiken Kulturen des Mittelmeerraumes – Centre for Mediterranean Cultures (ZAKMIRA) 2 (Wiesbaden 2005)

M. Heinz/M. K. H. Eggert/U. Veit (Hrsg.), Zwischen Erklären und Verstehen? Beiträge zu den erkenntnistheoretischen Grundlagen archäologischer Interpretation. Tübinger Archäologische Taschenbücher 2 (Münster/New York/München/Berlin 2003)

T. Hölscher, Klassische Archäologie. Grundwissen (Stuttgart ²2006)

F. Lang, Klassische Archäologie. Eine Einführung in Methode, Theorie und Praxis (Tübingen/Basel 2002)

F. G. Maier, Von Winckelmann zu Schliemann. Archäologie als Eroberungswissenschaft des 19. Jahrhunderts, in: Von Winckelmann zu Schliemann, ANTIKE WELT-Jubiläumsausgabe (Mainz 1994) 35–59

T. Murray/Chr. Evans, Histories of Archaeology. A Reader in the History of Archaeology (Oxford 2008)

C. Renfrew/P. Bahn, Basiswissen Archäologie. Theorien, Methoden, Praxis (Mainz 2009)

W. Schiering, Zur Geschichte der Archäologie, in: U. Hausmann (Hrsg.), Allgemeine Grundlagen der Archäologie, (München 1969) 11–161

A. Schnapp, La conquête du passé. Aux origines de l'archéologie (Paris 1993); dt.: Die Entdeckung des Vergangenheit. Ursprünge und Abenteuer der Archäologie (Stuttgart 2009)

E.-R. Schwinge (Hrsg.), Die Wissenschaften vom Altertum am Ende des 2. Jahrtausends n. Chr. (Stuttgart/Leipzig 1995)

H. Sichtermann, Kulturgeschichte der klassischen Archäologie (München 1996)

U. Veit u. a. (Hrsg.), Spuren und Botschaften. Interpretationen materieller Kultur. Tübinger Archäologische Taschenbücher 4 (Münster/New York/Berlin/München 2003)

Weiterführende Literatur zu einzelnen Bereichen

Antike, Mittelalter und Renaissance

D. Boschung/S. Wittekind (Hrsg.), Persistenz und Rezeption. Weiterverwendung, Wiederverwendung und Neuinterpretation antiker Werke im Mittelalter, Schriften des Lehr- und Forschungszentrums für die antiken Kulturen des Mittelmeerraumes – Centre for Mediterranean Cultures (ZAKMIRA) 6 (Wiesbaden 2008) 319–348

N. Gramaccini, Mirabilia. Das Nachleben antiker Statuen vor der Renaissance (Mainz 1996)

G. C. Hansen, Ausgrabungen im Altertum, Das Altertum 13 (1967) 44–50

N. Himmelmann, Antike Götter im Mittelalter, Winckelmann-Programm 1985 (Mainz 1985)

P. Jacks, The Antiquarian and the Myth of Antiquity. The Origins of Rome in Renaissance Thought (Cambridge 1993)

G. Kleiner, Die Begegnungen Michelangelos mit der Antike (Berlin 1949)

R J. Levy, The Making of Camden's Britannia, Bibliothéque d'humanisme et de Renaissance 26 (1964)

J. Poeschke (Hrsg.), Antike Spolien in der Architektur des Mittelalters und der Renaissance (München 1996)

J. von Schlosser, Die Kunst- und Wunderkammern der Spätrenaissance (Leipzig 1908)

R. Weiss, The Renaissance Discovery of Classical Antiquity (Oxford 1988)

Antiquare und Archäologen im 18. und 19. Jahrhundert

D. Boschung, Montfaucon, Spence, Winckelmann. Drei Versuche des 18. Jahrhunderts zur Antike, in: T. Fischer (Hrsg.), Bilder von der Vergangenheit. Zur Geschichte der archäologischen Fächer (2005), 105–144

S.-G. Bruer, Die Die Wirkung Winckelmanns in der deutschen Klassischen Archäologie des 19. Jahrhunderts, Akademie der Wissenschaften und der Literatur Mainz, Abhandlungen der geistes- und sozialwissenschaftlichen Klasse 1994, Nr. 2 (Stuttgart 1994)

H. Cancik/M. Völher, Humanismus und Antikerezeption im 18. Jahrhundert, Bd. 1: Genese und Profil des europäischen Humanismus im 18. Jahrhundert, Bibliothek der klassischen Altertumswissenschaften Bd. 123 (Heidelberg 2009)

E. Gerhard, Archäologische Thesen, Archäologischer Anzeiger zur Archäologischen Zeitung 8 (1850) 203–206

F.-W. v. Hase, Zur Frühgeschichte des *Römisch-Germanischen Zentralmuseums Forschungsinstitut für Vor- und Frühgeschichte in Mainz* und der *Römisch-Germanischen Kommission des Deutschen Archäologischen Instituts* in Frankfurt am Main, in: H. Beck/D. Greuenich/H. Steuer/D. Hakelberg (Hrsg.), Zur Geschichte der Gleichung „germanisch-deutsch", Sprache und Namen, Geschichte und Institutionen (Berlin/New York 2004)

J. Helling, Nicolas-Claude Fabri de Peiresc, 1580–1637 (Brüssel 1980)

I. Herklotz, Cassiano dal Pozzo und die Archäologie des 17. Jhs (München 1999)

R. Lullies/W. Schiering (Hrsg.), Archäologenbildnisse. Porträts und Kurzbiographien von Klassischen Archäologen deutscher Sprache. Zabern (Mainz 1988)

S. Rocheblave, Essai sur le comte de Caylus (Paris 1889)

E. S. Sünderhauf, Griechensehnsucht und Kulturkritik. Die deutsche Rezeption von Winckelmanns Antikenideal 1840–1845 (Berlin 2004)

Archäologische Traktate des 16.–19. Jahrhunderts

J. Boucher de Perthes, Antiquités celtiques et antediluviennes. Mémoire sur l'industrie primitive et les arts à leur origine (Paris 1847-1864)

W. Camden, Britannia (London 1586)

A. C. F. de Caylus, Recueil d'antiquités égyptiennes, étrusques, grecques et romaines, 7 Bde. (Paris 1752–1757)

J. W. von Goethe, Winckelmann und sein Jahrhundert. In Briefen und Aufsätzen, mit einer Einleitung von H. Holtzhauer (Leipzig 1969)

J. G. Graevius, Thesaurus antiquitatum romanorum, 12 Bde. (Utrecht 1694–1699)

J. Gronovius, Thesaurus antiquitatum graecorum, 13 Bde. (Leiden 1694–1703)

G. E. Lessing, Laokoon oder über die Grenzen der Mahlerey und Poesie (Berlin 1766)

B. de Montfaucon, L'Antiquité expliquée et représentée en figures, 15 Bde. (Paris 1719–1724)

J. Spon, Recherche des antiquités et curiosités de la ville du Lyon (Lyon 1673)

N. Revett/J. Stuart, The Antiquities of Athens (London 1761)

J. J. Winckelmann, Gedanken über die Nachahmung der griechischen Werke in der Malerei und Bildhauerkunst (1754–1755)

Ders., Sendschreiben von den Herculanischen Entdeckungen (Dresden 1762)

Ders., Geschichte der Kunst des Alterthums (Dresden 1764)

Ders., Kleine Schriften, Vorreden, Entwürfe, hrsg. v. W. Rehm, mit e. Einl. von H. Sichtermann (Berlin 1968)

Ders., Briefe. 4 Bände. Hrsg. von Walther Rehm und Hans Diepolder (Berlin 1952–1957)

O. Worm, Danicorum Monumentorum Libri Sex (Kopenhagen 1643)

Die Ausgrabungen des 19. und frühen 20. Jahrhunderts

H. Carter/A.C. Mace, The tomb of Tut-Ankh-Amen, 3 Bde. (London 1923–1933)

J. Cobet, Heinrich Schliemann. Archäologe und Abenteurer (München 1997)

L. Deuel, Das Abenteuer Archäologie. Ausgrabungsberichte aus dem Nahen Osten (München [5]1977)

A. J. Evans, The Palace of Minos, 4 Bde. (London 1921–1935)

A. J. Evans, Scripta Minoa (London 1909)

R. Fischer, Babylon. Entdeckungsreisen in die Vergangenheit (Stuttgart 1985)

W. M. Flinders Petrie, Seventy Years in Archaeology (London 1931)

B. Gräslund, The Birth of Prehistoric Chronology. Dating Methods and Dating Systems in Nineteenth Century Scandinavian Archaeology (Cambridge 1987)

C. Jörgensen Thomsen, Leitfaden für nordische Altertumskunde, Hamburg 183 (Orig.-Ausg. Kopenhagen 1836)

M. O. Korfmann (Hrsg.), Troia. Archäologie eines Siedlungshügels und seiner Landschaft (Mainz 2006)

H. Kyrieleis (Hrsg), Olympia 1875–2000. 125 Jahre deutsche Ausgrabungen. Internationales Symposion, Berlin, 9.–11. November 2000 (Mainz 2002)

F.G. Maier, Von Winckelmann zu Schliemann. Archäologie als Eroberungswissenschaft des 19. Jahrhunderts, in: Von Winckelmann zu Schliemann, ANTIKE WELT-Jubiläumsausgabe (Mainz 1994) 35–59

A. Michaelis, Geschichte des Deutschen Archäologischen Instituts 1829–1879 (Berlin 1879)

Ders., Ein Jahrhundert kunstarchäologischer Entdeckungen (Leipzig [2]1908)

G. Rodenwaldt, Archäologisches Institut des Deutschen Reiches 1829–1929 (Berlin 1929)

A. Rottloff, Archäologen (Mainz 2009)

H. Schliemann, Ithaka, der Peloponnes und Troja (Leipzig 1869)

Ders., Trojanische Altertümer (Leipzig 1874)

Ders., Mykenä (Leipzig 1877)

Ders., Ilios (Leipzig 1881)

Ders., Orchomenos (Leipzig 1881)

Ders., Troja (Leipzig 1883)

Ders., Tiryns (Leipzig 1886)

C. Trümpler (Hrsg.), Das große Spiel, Archäologie und Politik (Köln 2008)

S. Wenk, Auf den Spuren der Antike. Theodor Wiegand, ein deutscher Archäologe (Bendorf 1985)

H. V. F. Winstone, Howard Carter und die Entdeckung des Grabmals von Tut-Ench-Amun (Köln 1993)

W. Wolf, Funde in Ägypten. Geschichte ihrer Entdeckung, Sternstunden der Archäologie 5 (Göttingen 1966)

C. Schuchhardt, Die Ausgrabungen Schliemanns in Troja, Tiryns, Mykenä, Orchomenos und Ithaka (1891, Ndr. Leipzig 2000)

Archäologie im Nationalsozialismus

S. Altekamp, Klassische Archäologie, in: J. Elvert/J. Nielsen-Sikora (Hrsg.), Kulturwissenschaften und Nationalsozialismus (Stuttgart 2008) 167–209

R. Bollmus, Das Amt Rosenberg und seine Gegner. Studien zum Machtkampf im nationalsozialistischen Herrschaftssystem, Studien zur Zeitgeschichte 1 (München [2]2006)

H. Härke (Hrsg.), Archaeology, Ideology and Society. The German Experience (Frankfurt a. M. u. a. 2000)

U. Halle, „Die Externsteine sind bis auf weiteres germanisch!" Prähistorische Archäologie im Dritten Reich, Sonderveröffentlichungen des Naturwissenschaftlichen und Historischen Vereins für das Land Lippe 68 (2002)

K. Junker, Das Archäologische Institut des Deutschen Reiches zwischen Forschung und Politik. Die Jahre 1929 bis 1945 (Mainz 1997)

M. H. Kater, Das „Ahnenerbe" der SS 1935–1945. Ein Beitrag zur Kulturpolitik des Drit-

ten Reiches, Studien zur Zeitgeschichte 6 (München ²1997)
M. Maischberger, German Archaeology during the Third Reich, 1933–45: A Case Study based on Archival Evidence, Antiquity 76 (2002) 209–218
B. Näf (Hrsg.), Antike und Altertumswissenschaft in der Zeit von Faschismus und Nationalsozialismus, Kolloquium Zürich 14.–16. Oktober 1998 (Mandelbachtal 2001)

Neue Impulse im 20. Jahrhundert

A. Assmann/D. Harth (Hrsg.), Kultur als Lebenswelt und Monument (Frankfurt a. M. 1991)
J. Assmann, Das kulturelle Gedächtnis. Schrift, Erinnerung und politische Identität in frühen Hochkulturen, München 1992
J. Assmann/T. Hölscher (Hrsg.), Kultur und Gedächtnis (Frankfurt a. M. 1988)
H. Behrens, Brauchen wir in Deutschland mehr als 100 Archäologien?, Archäologisches Nachrichtenblatt 2 (1997) 22-23
S. R. Binford/L.R. Binford (Hrsg.), New Perspectives in Archaeology (o. O. 1968)
G. Carver, Digging in the Dirt. Excavation in a New Millenium (Oxford 2004)
J. Derrida, Grammatologie (Frankfurt a. M. 1974)
H. Flashar (Hrsg.), Altertumswissenschaft in den 20er Jahren. Neue Fragen und Impulse (Stuttgart 1995)
E. Panofsky, Idea. Ein Beitrag zur Begriffsgeschichte der älteren Kunsttheorie (Leipzig 1924)
Ders., Meaning in the Visual Arts (New York 1955)
Ders., Sinn und Deutung in der bildenden Kunst (Köln 1978)
A. Riegl. Stilfragen. Grundlegung zu einer Geschichte der Ornamentik (Berlin 1893)
Ders., Die spätrömische Kunstindustrie nach den Funden in Österreich-Ungarn dargestellt in 2 Bänden (Wien 1901/1923)
E.-R. Schwinge (Hrsg.), Die Wissenschaften und das Altertum am Ende des 2. Jahrtausends n. Chr. 6 Vorträge gehalten auf der Tagung der Mommsen-Gesellschaft 1995 in Marburg (Stuttgart u. a. 1995)
B.G. Trigger, A History of Archaeological Thought (Cambridge 1989)

J.-P. Vernant, Mythos und Religion im alten Griechenland (Frankfurt a. M. 1995)
P. Vidal-Naquet, Der schwarze Jäger. Denkformen und Gesellschaftsformen in der griechischen Antike (Frankfurt a. M./New York 1989)
H.H. Wimmer, Die Strukturforschung in der Klassischen Archäologie (Bern u. a. 1997)

Die archäologischen Disziplinen

Ur- und Frühgeschichte

N. Benecke, Der Mensch und seine Haustiere. Die Geschichte einer jahrtausendealten Beziehung (Stuttgart 2001)
R. Bernbeck, Theorien in der Archäologie (Tübingen/Basel 1997)
N. Conard (Hrsg.), Woher kommt der Mensch? (Tübingen 2006)
H. J. Eggers, Einführung in die Vorgeschichte (Berlin 2004)
M. K. H. Eggert, Prähistorische Archäologie. Konzepte und Methoden (Tübingen/Basel 2001)
Ders., Archäologie. Grundzüge einer Historischen Kulturwissenschaft (Tübingen/Basel 2006)
M. Fansa/S. Burmeister (Hrsg.), Rad und Wagen. Der Ursprung einer Innovation. Wagen im Vorderen Orient und Europa (Mainz 2004)
U. von Freeden/S. von Schnurbein (Hrsg.), Spuren der Jahrtausende. Archäologie und Geschichte in Deutschland (Stuttgart 2003)
S. Jacomet/A. Kreuz (Hrsg.), Archäobotanik. Aufgaben, Methoden und Ergebnisse vegetations- und agrargeschichtlicher Forschung (Stuttgart 1999)
A. Leube/M. Hegewisch (Hrsg.), Prähistorie und Nationalsozialismus. Die mittel- und osteuropäische Ur- und Frühgeschichtsforschung in den Jahren 1933–1945 (Heidelberg 2002)
C. Lichter (Hrsg.), Vor 12.000 Jahren in Anatolien. Die ältesten Monumente der Menschheit (Karlsruhe 2007)
J. Maran/C. Juwig/H. Schwengel/U. Thaler (Hrsg.), Konstruktion der Macht – Architektur, Ideologie und soziales Handeln (Hamburg 2006)

H. Müller-Beck, Die Steinzeit. Der Weg der Menschen in die Geschichte (München 2009)

S. von Schnurbein (Hrsg.), Atlas der Vorgeschichte (Stuttgart 2009)

G. A. Wagner (Hrsg.), Einführung in die Archäometrie (Berlin/Heidelberg/New York 2007)

Archäologie Ägyptens

J. Assmann, Ägypten. Eine Sinngeschichte (München 1996)

J. Assmann/G. Burkard/W. V. Davies (Hrsg.), Problems and Priorities in Egyptian Archaeology, Studies in Egyptology (London/New York 1987)

M. Bietak, The Present State of Egyptian Archaeology, in: JEA 65, 1979, S. 156–160

E. C. M. van den Brink (Hrsg.), The Nile Delta in Transition. 4th–3rd Millenium B.C. Proceedings of the Seminar held in Cairo 21.–24. October 1990 at the Netherlands Institute of Archaeology and Arabic Studies (Tel Aviv 1992)

W. R. Dawson/E. P. Uphill/M. L. Bierbrier, Who was Who in Egyptology (London ³1995)

Deutsches Archäologisches Institut (Hrsg.), Menschen, Kulturen, Traditionen. Die Forschungscluster des Deutschen Archäologischen Instituts (Berlin 2009)

G. Dreyer/D. Polz (Hrsg.), Begegnung mit der Vergangenheit. 100 Jahre in Ägypten Deutsches Archäologisches Institut Kairo 1907–2007 (Mainz 2007)

H. Guksch/E. Hofmann/M. Bommas (Hrsg.), Grab und Totenkult im Alten Ägypten, (München 2003)

E. Hornung, Einführung in die Ägyptologie. Stand, Methoden, Aufgaben (Darmstadt ⁴1993)

D. Polz, Der Beginn des Neuen Reiches. Zur Vorgeschichte einer Zeitenwende, SDAIK 31 (Berlin/New York 2007)

R. Schulz/M. Seidel (Hrsg.), Ägypten. Die Welt der Pharaonen (Köln 1997)

S. J. Seidlmayer, Gräberfelder aus dem Übergang vom Alten zum Mittleren Reich. SAGA 1 (Heidelberg 1990)

Vorderasiatische Archäologie

R. Bernbeck, Theorien in der Archäologie (Tübingen 1997)

J. S. Cooper/G. M. Schwartz (Hrsg.), The Study of the Ancient Near East in the Twenty-First Century (Winona Lake 1996)

G. Emberling (Hrsg.), Catastrophe! The looting and destruction of Iraq's past (Chicago 2008)

M. Heinz/D. Bonatz (Hrsg.), Bild – Macht – Geschichte. Visuelle Kommunikation im Alten Orient (Berlin 2002)

B. Hrouda/J. Bottéro, Der Alte Orient – Geschichte und Kultur des alten Vorderasiens (Gütersloh 1991)

B. Kuklick, Puritans in Babylon. The Ancient Near East and American Intellectual Life, 1880–1930 (Princeton 1996)

M. T. Larsen, The Conquest of Assyria. Excavations in an antique land 1840–1860 (London/New York 1996)

H. J. Nissen, Geschichte Altvorderasiens (München 1999)

Ders., Vorderasiatische Archäologie, in: Der Neue Pauly. Enzyklopädie der Antike, Bd. 15/3 (Stuttgart/Weimar 2003), 1049–1056

S. Pollock, Ancient Mesopotamia. The Eden that never was (Cambridge 1999)

S. Pollock/R. Bernbeck (Hrsg.), Archaeologies of the Middle East. Critical perspectives (Malden u. a. 2005)

W. Orthmann (Hrsg.), Der Alte Orient. Propyläen der Kunstgeschichte 14 (Berlin 1975)

J. Renger, Die Geschichte der Altorientalistik und der vorderasiatischen Archäologie in Berlin von 1875 bis 1945, in: W. Arenhövel (Hrsg.), Berlin und die Antike (Berlin 1979), 151–192

M. Roaf, Mesopotamien. Bildatlas der Weltkulturen (Augsburg 1998)

G. Roux/Johannes Renger, Irak in der Antike (Mainz 2005)

B. Salje (Hrsg.), Vorderasiatische Museen. Gestern, heute, morgen; Berlin, Paris, London, New York. Kolloquium aus Anlaß des einhundertjährigen Bestehens des Vorderasiatischen Museums Berlin (Mainz 2001)

T. J. Wilkinson, Archaeological Landscapes of the Near East (Tucson 2003)

Klassische Archäologie

S. Altekamp, Der Archäologe als Dilettant: Traditionen des Amateurhaften in der deutschen Klassischen Archäologie, in: S. Altekamp/M. Hofter/M. Krumme (Hrsg.), Posthumanistische Archäologie. Historizität und Wissenschaftlichkeit von Interessen und Methoden, Kolloquium Berlin 1999 (München 2001) 17–36

A. Borbein/T. Hölscher/P. Zanker (Hrsg.), Klassische Archäologie. Eine Einführung (Berlin 2000)

A. Hauptmann/V. Pingel (Hrsg.), Archäometrie. Methoden und Anwendungsbeispiele naturwissenschaftlicher Verfahren in der Archäologie (Stuttgart 2008)

C. Häuber/F. X. Schütz, Einführung in Archäologische Informationssysteme. Ein Methodenspektrum für Schule, Studium und Beruf mit Beispielen auf CD (AIS) (Mainz 2004)

N. Himmelmann-Wildschütz, Klassische Archäologie. Kritische Anmerkungen zur Methode, JdI 115 (2000) 253–323

I. Hodder, Archaeological Theory Today (Cambridge 2001)

T. Hölscher, Klassische Archäologie am Ende des 20. Jahrhunderts. Tendenzen, Defizite, Illusionen, in: E.-R. Schwinge (Hrsg.), Die Wissenschaften vom Altertum am Ende des 2. Jahrtausends n. Chr. (Stuttgart/Leipzig 1995) 197–228

Ders., Aus der Frühzeit der Griechen. Räume – Körper – Mythen. Lectio Teubneriana 7 (Leipzig 1998)

Ders., Vorläufige Überlegungen zum Verhältnis von Theoriebildung und Lebenserfahrung in der Klassischen Archäologie, in: S. Altekamp/M. Hofter/M. Krumme (Hrsg.), Posthumanistische Archäologie. Historizität und Wissenschaftlichkeit von Interessen und Methoden, Kolloquium Berlin 1999 (München 2001) 173–192

Ders. (Hrsg.), Klassische Archäologie. Grundwissen (Darmstadt ³2008)

H. P. Isler, Klassische Archäologie am Ende des 20. Jahrhunderts, in: H. Friesinger/F. Krinzinger (Hrsg.), 100 Jahre Österreichische Forschungen in Ephesos. Akten des Symposions Wien 1995 (Wien 1999) 23–58

F. Lang, Klassische Archäologie. Eine Einführung in Methode, Theorie und Praxis (Tübingen/Basel 2002)

R. Osborne, Greek archaeology. A survey of recent work, AJA 108 (2004) 87–102

Übersicht über Studiengänge der Klassischen Archäologie an deutschsprachigen Universitäten im Internet: http://www.darv.de/studieng.html

Provinzialrömische Archäologie

A.-M. Adam, L'enseignement de la Reichsuniversität de Strasbourg, in: A.-M. Adam u. a. (Hrsg.), L'archéologie en Alsace et en Moselle au temps de l'annexion (1940–1944) (Metz 2002)

T. Bechert, Die Provinzen des römischen Reiches. Einführung und Überblick (Mainz 1999)

Ders., Römische Archäologie in Deutschland (Stuttgart 2003)

M. Bertram, Zur Situation der deutschen Ur- und Frühgeschichtsforschung während der Zeit der faschistischen Diktatur, Staatliche Museen zu Berlin. Forschungen und Berichte 31 (1991) 23 ff.

K. Böhner, Das Römisch-Germanische Zentralmuseum, eine vaterländische und gelehrte Gründung des 19. Jahrhunderts, Jahrbuch des Römisch-Germanischen Zentralmuseums Mainz 25 (1978) 1 ff.

R. Braun, Die Anfänge der Limesforschung, in: Bayer. Jahrb. f. fränk. Landesforsch. 42 (1982) 1 ff.

Ders., Die Anfänge der Erforschung des raetischen Limes, Kleine Schriften des Limesmuseums Aalen 33 (Stuttgart 1984)

Ders., Frühe Forschungen am obergermanischen Limes in Baden-Württemberg, Kleine Schriften des Limesmuseums Aalen 45 (Stuttgart 1991)

Ders., Der römische Limes in Deutschland, Archäologie in Deutschland Sonderheft (Stuttgart 1992)

L. Clemens, Tempore Romanorum constructa. Zur Nutzung und Wahrnehmung antiker Überreste nördlich der Alpen während des Mittelalters. Monogr. zur Gesch. d. Mittelalters 50 (Stuttgart 2003)

J. Dendorfer, Weihbischof Wartenberg und das römerzeitliche Regensburg, in: G. H. Waldherr (Hrsg.), 500 Jahre auf den Spuren der Römer. Geschichte der Erforschung des römischen Regensburg (Regensburg 1994) 87 ff.

E. Fabricius, F. Hettner, O. von Sarvey, (Hrsg.), Der obergermanisch-raetische Limes des Römerreiches. Abt. A: Streckenbeschreibungen, Abt. B: Beschreibung der Kastelle (1894–1937)

P. Filtzinger, Römische Archäologie in Südwestdeutschland gestern und heute, in: P. Filtzinger, D. Planck, B. Cämmerer, (Hrsg.), Die Römer in Baden-Württemberg (Stuttgart ³1986) 13 ff.

T. Fischer, (Hrsg.), Die römischen Provinzen – eine Einführung in ihre Archäologie, (Stuttgart 2001)

Ders., Im Boden lesen. Moderne Prospektionsmethoden in der Archäologie, in: Kosmos der Zeichen. Schriftbild und Bildformel in Antike und Mittelalter. ZAKMIRA-Schriften 5 (2007) 343–358

F.-R. Herrmann, Die archäologische Erforschung der Römerzeit in Hessen, in: D. Baatz/F. R. Herrmann (Hrsg.), Die Römer in Hessen (Stuttgart 1982) 13 ff.

M. Ott, Die Entdeckung des Altertums. Der Umgang mit der römischen Vergangenheit Süddeutschlands im 16. Jahrhundert. Münchner historische Studien, Abteilung bayerische Geschichte, Band 1 (Kallmünz 2002)

E. Schallmayer (Hrsg.), Hundert Jahre Saalburg. Vom römischen Grenzposten zum europäischen Museum (Mainz 1997)

F. Unruh, „Einsatzbereit und opferwillig". Drei Wissenschaftler des Rheinischen Landesmuseums Trier im Dienst in den besetzten Westgebieten (Wolfgang Dehn, Wolfgang Kimmig, Harald Koethe), in: H.-P. Kuhnen (Hrsg.) Propagana. Macht. Geschichte. Archäologie an Rhein und Mosel im Dienst des Nationalsozialismus. Schriftenreihe des Rhein. Landesmus. Trier 24 (2002) 151–188

N. Zieling, Spurenlese. Beiträge zur Geschichte des Xantener Raumes (Xanten 1989) 69 ff.

Epigraphik

G. Alföldy, Die römischen Inschriften von Tarraco (Berlin 1975)

J. Bergemann, Römische Reiterstatuen. Ehrendenkmäler im öffentlichen Bereich (Mainz 1990)

W. Eck, CIL VI 1508 (Moretti, IGUR 71) und die Gestaltung senatorischer Ehrenmonumente, Chiron 14 (1984) 201 ff.

Ders., Mommsen e il metodo epigrafico, in: Concordia e la X Regio. Giornate di Studio in onore di Dario Bertolini, Atti del Convegno Portogruaro 22–23 ottobre 1994 (Padua 1995) 107 ff.

Ders., Lateinische Epigraphik, in: F. Graf (Hrsg.), Einleitung in die lateinische Philologie (Stuttgart 1997) 92 ff.

Ders., Worte und Bilder. Das Herrschaftskonzept Diocletians im Spiegel öffentlicher Monumente, in: D. Boschung/W. Eck (Hrsg.), Die Tetrarchie. Ein neues Regierungssystem und seine mediale Präsentation (Wiesbaden 2006) 323 ff.

Ders., Militärdiplome als Inschriften der Stadt Rom, in: M. L. Caldelli/G. L. Gregori/S. Orlandi (Hrsg.), Epigrafia 2006. Atti dell' XIV Rencontre sur l'épigraphie in onore di Silvio Panciera (Rom 2008) 1121 ff.

W. Eck/H. von Hesberg, Tische als Statuenträger, MDAI (R) 111 (2004) 143 ff.

J. Fejfer, Roman Portraits in Context (Berlin 2008)

J. Gruterus, Inscriptionum Romanarum Corpus Absolutissimum (Heidelberg 1616)

J. Munk Højte, Roman Imperial Statue Bases from Augustus to Commodus (Aarhus 2005)

J. C. von Orelli, Inscriptionum Latinarum Selectarum Amplissima Collectio (Zürich 1828)

M. G. Schmidt, Corpus Inscriptionum Latinarum (Berlin 2001)

H. Wrede/R. Harprath, Der Codex Coburgensis, das erste systematische Archäologiebuch (Coburg 1986)

Biblische Archäologie

J. N. Tubb, Archaeology & The Bible (London 1990)

P. R. Davies, In Search of „Ancient Israel". A Study in Biblical Origins (Sheffield 1992)

W. G. Dever, What Did the Biblical Writers Know and When Did They Know It? (Grand Rapids 2002)

I. Finkelstein / N. A. Silberman, Keine Posaunen vor Jericho: Die archäologische Wahrheit über die Bibel (München 2006)

V. Fritz, Einführung in die Biblische Archäologie (Darmstadt ²1993)

O. Keel/M. Küchler, Orte und Landschaften der Bibel. Ein Handbuch und Studien-Reiseführer zum Heiligen Land 1 ff. (Zürich 1982 ff.)

G. W. Ramsey, The Quest For The Historical Israel (London 1982)

Y. Tsafrin u. a. (Hrsg.), Tabula Imeerii Romani. Judaea-Palestrina (Jerusalen 1998).

D. Vieweger, Archäologie der biblischen Welt (Göttingen ²2006)

G. Ernest Wright, Biblical Archaeology (Philadelphia 1962)

Wolfgang Zwickel, Einführung in die biblische Landes- und Altertumskunde (Darmstadt 2002)

Christliche Archäologie

C. Andresen, Einführung in die Christliche Archäologie (Göttingen 1971)

A. Arbeiter, in: Der Neue Pauly 13 (1999) 640–646, s. v. Christliche Archäologie

B. Brenk (Hrsg.), Spätantike und frühes Christentum. PKG Suppl.-Bd. 1 (Frankfurt/M 1977)

F. W. Deichmann, Einführung in die Christliche Archäologie (Darmstadt 1983)

M. Dennert, Die Christliche Archäologie und das Deutsche Archäologische Institut, RömQSchr 104, 2009, 105–140

A. Effenberger, Frühchristliche Kunst und Kultur von den Anfängen bis zum 7. Jahrhundert (Leipzig 1986)

J. Engemann, in: LThK I ³(1993), s. v. Archäologie/Christliche Archäologie

G. Koch, Frühchristliche Kunst. Eine Einführung (Stuttgart 1995)

S. Ristow, Christliche Archäologie – gestern und heute, in: T. Fischer (Hrg.), Bilder von der Vergangenheit. Zur Geschichte der archäologischen Fächer (Wiesbaden 2005) 215–245

M. Schmauder/R. Wisskirchen (Hrsg.), Spiegel der Wissenschaft. Zur Geschichte der Christlichen Archäologie vom 16. bis 10. Jahrhundert dargestellt an Autoren und Büchern. Ausstellungskatalog Bonn (Bonn 1991)

H. R. Seeliger, Christliche Archäologie oder spätantike Kunstgeschichte? Aktuelle Grundlagenfragen aus der Sicht der Kirchengeschichte, RACr 61 (1985) 167–187

W. F. Volbach/J. Lafontaine-Dosogne (Hrsg.), Byzanz und der christliche Orient. PGK Bd. 3 (Berlin 1968)

R. Warland, Von der Christlichen Archäologie zur Spätantiken Archäologie, Zeitschrift für Antikes Christentum 2, 1998, 3–15

W. Wischmeyer, Die Entstehung der Christlichen Archäologie im Rom der Gegenreformation, Zeitschrift für Kirchengeschichte 89 (1978) 136–149

Mittelalterarchäologie

A. Andrén, Between Artifacts and Texts. Historical Archaeology in Global Perspectice (New York/London 1998)

Archeologia medievale (1974 ff.)

Archaeologica historica (1976 ff.)

Archéologie médiévale (1971 ff.)

Beiträge zur Mittelalterarchäologie in Österreich (1985 ff.)

T. C. Champion, Medieval archaeology and the tyranny of the historical records, in: D. Austin, L. Alcock (Hrsg.), From the Baltic to the Black Sea. Studies in Medieval Archaeology (Boston 1990) 79–95

Château Gaillard. Etudes de Castellologie médiévale/Studien zur mittelalterlichen Wehrbau- und Siedlungsforschung (1962 ff.)

G. P. Fehring, Einführung in die Archäologie des Mittelalters (Darmstadt ²1992)

Ders., Die Archäologie des Mittelalters. Eine Einführung (Darmstadt/Stuttgart ³2000)

Ders., Stadtarchäologie in Deutschland. Archäologie in Deutschland Sonderheft 1996 (Stuttgart 1996)

S. Felgenhauer-Schmiedt, Die Sachkultur des Mittelalters im Lichte der archäologischen Funde. Europäische Hochschulschriften Reihe XXXVIII Archäologie Bd. 42 (Frankfurt am Main 1993)

S. Frommer, Historische Archäologie. Versuch einer methodologischen Grundlegung der Archäologie als Geschichtswissenschaft (Büchenbach 2007)

J. Graham-Campbell, Magdalena Valor (Hrsg.), The Archaeology of Medieval Europe, Bd. 1:

Eighth to Twelfth Centuries AD (Aarhus 2007)

Landesdenkmalamt Baden-Württemberg/Stadt Zürich (Hrsg.), Stadtluft, Hirsebrei und Bettelmönch. Die Stadt um 1300 (Stuttgart 1992)

Medieval Archaeology (1957 ff.)

Medieval Europe. International Conference of Medieval and Later Archaeology (York 1992, Brügge 1997, Basel 2002, Paris 2007)

J. Moreland, Archaeology and Text (London 2001)

U. Müller, Zwischen Gebrauch und Bedeutung. Studien zur Funktion von Sachkultur am Beispiel mittelalterlichen Handwaschgeschirrs (5./6. bis 15./16. Jahrhundert). ZAM Beiheft 20 (Bonn 2006)

Reallexikon der Germanischen Altertumskunde Bd. 1–35, 2 Registerbde. (Berlin/New York 1973–2008)

Ruralia. The Jean-Marie Pesez Conferences on Medieval Rural Archaeology I (1995) – VIII (2009)

B. Scholkmann, Das Mittelalter im Fokus der Archäologie. Archäologie in Deutschland Sonderheft plus 2009 (Stuttgart 2009)

Dies., Die Tyrannei der Schriftquellen? Überlegungen zum Verhältnis materieller und schriftlicher Überlieferung in der Mittelalterarchäologie, in: M. Heinz, M. K. H. Eggert, U. Veit (Hrsg.), Zwischen Erklären und Verstehen (Tübingen 2003) 239–257

R. Schreg, Archäologie der frühen Neuzeit. Der Beitrag der Archäologie angesichts zunehmender Schriftquellen, in: Archäologie der frühen Neuzeit. Mitteilungen der Deutschen Gesellschaft für Archäologie des Mittelalters und der Neuzeit 18, 2007, 9–20

H. Steuer (Hrsg.), Zur Lebensweise in der Stadt um 1200. Ergebnisse der Mittelalter-Archäologie. ZAM Beiheft 4 (Köln Bonn 1986)

Ders., „Objektwanderung" als Quelle der Kommunikation. Die Möglichkeiten der Archäologie, in: Kommunikation und Alltag in Spätmittealter und früher Neuzeit. Veröff. des Instituts für Realienkunde des Mittelalters und der frühen Neuzeit Nr. 15 (Wien 1992) 401–440

Ders., Entstehung und Entwicklung der Archäologie des Mittelalters und der Neuzeit in Mitteleuropa. Auf dem Wege zu einer eigenständigen Mittelalterkunde. Zeitschrift für Archäologie des Mittelalters 25/26, 1997/98, 19–38

C. Theune, Ganzheitliche Forschungen zum Mittelalter und zur Neuzeit, in: Sebastian Brather/Dieter Geuenich/Christoph Huth (Hrsg.), Historia archaeologica (Festschrift für Heiko Steuer zum 70. Geburtstag). Ergänzungsbd. zum Reallexikon der Germanischen Altertumskunde Bd. 70 (Berlin/New York 2009) 755–764

Zeitschrift für Archäologie des Mittelalters (ZAM) (1973 ff.)

Islamische Archäologie

S. Blair – J. Bloom, the Mirage of Islamic Art: Reflections on the Study of an Unwieldy Field, tha Art Bulletin, 85, 1, 152 ff.

R. Ettinghausen, In Memoriam. Ernst Herzfeld, Ars Islamica, 1951, XV–XVI, 261–67

Ders., Islamic Art and Archaeology, in: T. C. Young (Hrsg.), Near Eastern Culture and Society (Princeton 1951) 17–47

J. Gierlichs/A. Hagedorn (Hrsg.), Islamische Kunst in Deutschland (Mainz 2004).

O. Grabar, Islamic Art and Archaeology, in: L. Binder (Hrsg.), The Study of the Middle East (New York 1976) 229–64

C.-P. Haase (Hrsg.), Islamische Kunst in Berliner Sammlungen. 100 Jahre Museum für Islamische Kunst (Berlin 2005)

A. Hagedorn, The Development of Islamic Art History in Germany of Islamic Art in the Late Nineteenth and Early Twentieth Centuries, in: Stephen Vernoit (Hrsg.), Discovering Islamic Art. Scholars, Collectors and Collections, 1850–1950 (London 2000) 117–27

T. Insoll, The Archaeology of Islam (London 1999)

J. Johns Archaeology and the History of Early Islam, Journal of the Economic and Social History of the Orient 46/4 (2003) 411–36

L Korn, Islamische Kunstgeschichte und Archäologie. Letztes Fach der Orientalistik, in: Abbas Poya/Maurus Reinkowski (Hrsg.), Das Unbehagen in der Islamwissenschaft. Ein klassisches Fach im Scheinwerferlicht der Politik und der Medien (Bielefeld 2008) 135–48

J. Kröger, Ernst Herzfeld und Friedrich Sarre, in: Ann C. Gunter/Stefan R. Hauser (Hrsg.),

Ernst Herzfeld and Development of Near Eastern Studies 1900–1950, (Leiden/Boston 2005) 45–99

Ders., Die Erforschung der Dschazira durch Friedrich Sarre und Ernst Herzfeld während der Reise im Euphrat- und Tigrisgebiet vom Oktober 1907 bis Januar 1908, in: A. v. Gladiss (Hrsg.), Die Dschazira. Kulturlandschaft zwischen Euphrat und Tigris (Berlin 2006) 127–37

Ders., Das Berliner Museum für Islamische Kunst und Froschungsinstitution der Islamischen Kunst im 20. Jahrhundert in XXX. Deutscher Orientalistentag. Orientalistik im 21. Jahrhundert. Welche Vergangenheit, welche Zukunft. Hg. v. R. Brunner, J. P. Laut, M. Reinkowski, 2009. http://orient.ruf.uni-freiburg.de/dotpub/kroeger.pdf

E. Kühnel, Die islamische Kunstforschung der letzten Jahre, Internationale Monatsschrift für Wissenschaft, Kunst und Technik 9/13 (1915) 1425–32

Ders., Ergebnisse und Aufgaben der islamischen Archäologie, in: H. H. Schaeder (Hrsg.), Der Orient in deutscher Forschung. Vorträge der Berliner Orientalistentagung Herbst 1942 (Leipzig 1942) 253–59

M. Milwright, An Introduction to Islamic Archaeology (Edinburg 2010)

A. Northedge, Archaeology and Islam, in: G. Barker (Hrsg.), Companion Encyclopaedia of Archaeology (London 1999) 1077–1107

Ders., Samarra and Islamic Archaeology, in: A. C. Gunter/S. R. Hauser (Hrsg.), Ernst Herzfeld and Development of Near Eastern Studies 1900–1950 (Leiden/Boston 2005) 385–403

A. Petersen, What is Islamic archaeology?, Antiquity 79 (2005) 100–06.

M. Rogers, From Antiquarianism to Islamic Archaeology, Quaderni dell'Istituto Italiano di Cultura par la R. A. E., 2 n. S. (Kairo 1974) 1–65

D. J. Roxburgh, Au Bonheur des Amateurs: Collecting and Exhibiting Islamic Art, ca. 1880–1910, Ars Orientalis XXX (2000) 9–38

S. Vernoit, The Rise of Islamic Archaeology, Muqarnas, 14, 1997, 1–10

Ders. (Hrsg.), Discovering Islamic Art. Scholars, Collectors and Collections, 1850–1950 (London 2000)

A. Walmsley, Archaeology and Islamic Studies: The development of a relationship, in: K. v. Folsach/H. Thrane/I. Thuesen (Hrsg.), From Handaxe to Khan. Essays presented to Peder Mortensen on the occasion of his 70th birthday (Aarhus 2004) 317–29.

D. Whitcomb, Islamic Archaeology, http:\oi.uchchicago.edu/OI/AR/02–03_AR_TOC.html

Ders. (Hrsg.), Changing Social Identity with the Spread of Islam. Archaeological Perspectives (Chicago 2003)

Abbildungsnachweis

Umschlag: akg-images/Gilles Mermet
Frontispiz: Creative Commons Attribution License 2.0/bot

Jeorjios Martin Beyer: Die Geschichte der Archäologie bis ins 20. Jahrhundert
Abb. 1, 49: GNU Free Documentation License 1.2
Abb. 3: GNU License 1.2/kmayse
Abb. 4: Creative Commons Attribution License 3.0/ Marcok
Abb. 5: Creative Commons Attribution License 2.0/ Anthony M.
Abb. 6: GNU License 1.2/Foeke Noppert
Abb. 7, 29, 36: Wikimedia Commons
Abb. 8, 9, 26, 40: akg-images
Abb. 11 nach: C. Dati, Delle Jodi del Commendatore Cassiano dal Pozzo orazione, 1664
Abb. 12: bpk/ RMN/ Franck Rause
Abb. 13: bpk/ RMN/ Hervé Lewandowski
Abb. 14, 46: bpk
Abb. 15: Jens Wickert
Abb. 17: GNU Free Documentation License 1.2/ Clemens Franz
Abb. 18, 41: gemeinfrei
Abb. 19: National Portrait Gallery, London
Abb. 20: nach: Description de l'Égypte
Abb. 21: nach: Palestine Exploration Fund, July 1900
Abb. 27: Creative Commons Attribution License 2.0/ ccarlstead
Abb. 28: GNU License 1.2/Bobak Ha'Eri
Abb. 31 nach: AW, Jubiläumsausgabe 1994/43, 56
Abb. 32: GNU License 1.2/Rémih
Abb. 33: National Photo Company Collection (Library Congress); public domain
Abb. 37: nach: O.Worm, Musei Wormian Historia, 1655
Abb. 38: nach: M. S. Dower, Flinders Petrie: A Life in Archeology, 1995, 399
Abb. 39: aus: A. Conze/C. Humann/R. Bohn, Die Ergebnisse der Ausgrabungen zu Pergamon 1880–1881, Heidelberg 1882
Abb. 42: G. Eric and Edith Matson Photograph Collection (Library of Congress); public domain
Abb. 45: bpk/ Bayerische Staatsbibliothek/ Archiv Heinrich Hoffmann
Abb. 47: Creative Commons Attribution-Share Alike 2.5

Joseph Maran: Ur- und Frühgeschichte
Abb. 2: gemeinfrei

Dominik Bonatz: Vorderasiatische Archäologie
Abb. 1: nach: A. H. Layard, Discoveries in the Ruins of Niniveh and Babylon, 1853
Abb. 2: nach: C. L. Woolley, Ur Excavations II: The Royal Cemetery, 1934

Katja Sporn: Klassische Archäologie zu Beginn des 21. Jahrhunderts
Abb. 1.: W.-D. Niemeier, DAI Athen
Abb. 2: Screenshot: R. Förtsch
Abb. 3: M. Heinzelmann, Archäologisches Institut, Universität Köln
Abb. 4: H. Bankel, V. Hinz, S. Franz

Thomas Fischer: Provinzialrömische Archäologie
Abb. 2: Historische Aufnahme, nach G. Süsskind/A. Wigg (Hrsg.), Der römische Limes in Deutschland: 100 Jahre Reichs-Limeskommission, AiD Sonderheft (1992) 10 Abb. 1
Abb. 3: Historische Aufnahme, nach M. Klee, Der Limes zwischen Rhein und Main. Vom Beginn des obergermanischen Limes bei Rheinbrohl bis zum Main bei Großkrotzenburg (Stuttgart 1989) 11 Abb. 2
Abb. 4: Creative Commons Attribution License 3.0/ Holger Weinandt

Werner Eck: Epigraphik und Archäologie
Abb. 1: PD Wikimedia/Mcschreck
Abb. 3: A. Caballos

Wolfgang Zwickel: Biblische Archäologie
Abb. 1: Kinneret Regional Project

Heiko Steuer: Mittelalterarchäologie
Abb. 2: H. Heine/NLD

Julia Gonnella: Islamische Archäologie
Abb. 1: Lorenz Korn
Abb. 2: DAI Damaskus/Archäologische Mission ar-Raqqa
Abb. 3: Projekt Kharab Sayyar, Institut für Archäologische Wissenschaften Archäologie und Kulturgeschichte des Vorderen Orients, Goethe-Universität Frankfurt am Main
Abb. 4: Kay Kohlmeyer

Daniel Polz: Archäologie Ägyptens
Abb. 1: C.L.F. Panckoucke, *Description de l'Égypte : ou recueil des observations et des recherches qui ont été faites en Égypte pendant l'expédition de l'armée francaise* (2. éd.), 4. Antiquités descriptions 4, Paris 1821, Taf. 48, Fig. 5]
Abb. 2: C.R. Lepsius, *Denkmäler aus Aegypten und Aethiopien*, Abtheilung I, Berlin 1849–1859, Blatt 14]
Abb. 3–6: DAI Kairo

Alle übrigen Abbildungen von den jeweiligen Verfassern.